# 乡村振兴战略中新乡贤文化建构研究

刘社瑞 著

湖南大学出版社·长沙

学出版社

奎金资助项目

## 内 容 简 介

本书紧扣乡村振兴战略提出并实施的时代背景,依托文化学、社会学、管理学、传播学等多学科相关理论,对新乡贤文化建构进行全面系统研究。梳理了乡贤文化的历史发展与演变过程,阐述了新乡贤文化的定位与价值,分析了新乡贤文化的构成要素与层级关系,提出了新乡贤文化的建构目标、原则与机制,凝练了新乡贤文化建构的双重路径与三种模式。在连接历史与现实、结合理论与实践中致力于新乡贤文化建构研究,以此助力乡村文化建设,为乡村振兴战略实施提供有力的文化支撑。

**图书在版编目(CIP)数据**

乡村振兴战略中新乡贤文化建构研究/刘社瑞著. —长沙:湖南大学出版社,2020.9

ISBN 978-7-5667-2034-4

Ⅰ.①乡…  Ⅱ.①刘…  Ⅲ.①农村文化—建设—新乡

Ⅳ.①G127.613

中国版本图书馆 CIP 数据核字(2020)第 172182 号

## 乡村振兴战略中新乡贤文化建构研究

XIANGCUN ZHENXING ZHANLÜE ZHONG XIN XIANGXIAN WENHUA JIANGOU YANJIU

| | |
|---|---|
| **著　者:** | 刘社瑞 |
| **责任编辑:** | 方雨轩 |
| **印　装:** | 广东虎彩云印刷有限公司 |
| **开　本:** | 710 mm×1000 mm　1/16　**印张:** 13.25　**字数:** 245 千 |
| **版　次:** | 2020 年 9 月第 1 版　**印次:** 2020 年 9 月第 1 次印刷 |
| **书　号:** | ISBN 978-7-5667-2034-4 |
| **定　价:** | 48.00 元 |

出 版 人:李文邦

出版发行:湖南大学出版社

社　　址:湖南·长沙·岳麓山　　　　邮　　编:410082

电　　话:0731-88822559(营销部),88823547(编辑室),88821006(出版部)

传　　真:0731-88822264(总编室)

网　　址:http://www.hnupress.com

电子邮箱:501267812@qq.com

# 序

刘社瑞副教授的《乡村振兴战略中新乡贤文化建构研究》一书即将付梓，前几天专程送来书稿，希望我为该书作序。展卷细读，觉得该书对新乡贤文化建构的研究，无论是维度还是深度，都很有新意，主要表现在以下几个方面。

突出时代特色。该书把乡村振兴战略作为新乡贤文化建构研究的时代背景，这是贯穿该书始终的现实维度。乡村振兴战略是"五位一体"总体布局、"四个全面"战略布局在"三农"工作中的体现，实施乡村振兴战略是关系全面建设社会主义现代化国家的全局性、历史性任务。为了完成这一任务，必须走中国特色乡村振兴之路。精准把握乡村现状、充分整合乡村资源、坚决遵循乡村发展规律、统筹城乡融合发展视角，是写好乡村振兴这篇大文章的生动注脚。这些振兴乡村的举措都与新乡贤文化有着千丝万缕的联系，如何在乡村振兴战略视域下培育新乡贤群体、建构新乡贤文化成为时代新课题。因而，该书把新乡贤文化与乡村振兴连接在一起，既敏锐感知时代需求，又突破现有研究成果的单一维度。

整合历史文献。新乡贤文化脱胎于传统乡贤文化，是传统乡贤文化的传承和发展，研究新乡贤文化离不开对传统乡贤文化的了解，这是在该书第二章引入的历史维度。该书设置专章详细阐述乡贤文化内涵、特征与作用，尤其是梳理了各朝各代乡村治理制度及乡贤文化的变迁，文献很多、时空跨度大，工作量巨大，需要作者具备扎实的古文功底和很强的把控能力。难能可贵的是，作者克服困难，耐心坚持，终于在该书中完整呈现乡贤文化变迁轨迹与图谱，弥补了现今乡贤文化研究中要么只关注几个朝代，要么只简单加以介绍的缺陷。

彰显内生视角。通读书稿发现，以乡村文化建设的内生性视角来看待新乡贤文化，关注农民主体的生产生活与文化实践，突出新乡贤这一内生主体基础的时代特质是该书内容设计的总要求，贯穿在该书第三章、第四章、第五章、第六章中。乡村振兴战略的实施为新乡贤的"出场"搭建了宽广的舞台，为新乡贤文化的兴起培植了肥沃的土壤。新乡贤作为扎根于乡村广袤大地上的特有人力资源和优质人力资本，在实现"产业兴旺、生态宜居、乡风文明、治理有效、生活富裕"中发挥着重要作用。新乡贤文化作为乡村文化的有机组成部分，具有嵌入乡村振兴战略的天然优势。本土内生较之外部嵌入，更能在乡村共同体形成同频共振、持续长效的作用机制。挖掘乡村自身优势，从接受"输血"转换成自身"造血"，在不断释放乡村内生潜能中提高新乡贤文化建设成效。这是该书的一大亮点，也是该书拓展深度的具体表现。

注重理论高度。新乡贤文化建构是一项系统工程，需要相关理论进行指导。该书在第四章论述新乡贤文化的构成要素与层级关系、第六章论述新乡贤文化建构的理论依据时，都体现出较好的理论储备和学术积累。尤其是首次以制度经济学的话语体系和范式来阐释新乡贤文化建构的强制性路径和诱致性路径，使该书除了有大量的新乡贤文化建设的乡村实践，更使研究内容具有较好的学理支撑，一定程度上使得该书内容更为深入和深刻，保障了研究的深度推进。

当然，该书对新乡贤文化建构的研究也还有需要继续努力和不断完善的地方，如建构主体如何形成合力，建构效果如何评估，等等。希望作者在课题后续研究中，拓宽新视野，引入新方法，再创佳绩！

是为序。

向志强

（湖南大学新闻与传播学院副院长、教授、博士生导师）

2020 年 7 月于长沙岳麓山

# 目　次

# 第一章 绪 论

乡村振兴战略是党的十九大提出的一项重大战略，是新时代"三农"工作的总抓手，着眼于解决当前中国发展不平衡，特别是城乡发展不平衡问题。随着乡村振兴战略的稳步推进，乡村产业高质量发展，生态环境得到改善，精神文明建设大力推进，基层治理模式不断创新，乡民生活日益富足，乡村振兴战略推动社会发展成果更多更好地惠及了乡村群众。乡村振兴战略的实施需要汇聚全党上下、社会各界的力量，新乡贤就是其中最突出的代表群体之一。新乡贤积极参与乡村建设与发展，在完善乡村治理体系、传承乡村优秀文化、助力乡村经济发展等方面发挥着重要作用。乡村振兴是包括产业振兴、人才振兴、文化振兴、生态振兴、组织振兴的全面振兴，既需要政策和物质的支持，也需要文化和人才的支撑。新乡贤文化作为一种新型文化形态，既汲取了传统文化的精华，又融入了社会主义核心价值观；既传承着传统乡贤文化的基因，又植入了鲜明的时代内涵。重视新乡贤力量，建设新乡贤文化，使之成为助推乡村振兴的重要举措和有力支撑日益迫切。新乡贤文化建设是一个系统工程，需要政府、新乡贤、乡民等不同主体合力推进，需要学界对这种新型文化形态加以系统研究，从而指导新乡贤文化建设的具体实践。如何把握新乡贤及其文化的内涵和特征，如何多视角全方位研究新乡贤文化，如何切实高效建构新乡贤文化是当前亟待解决的新课题。本书从文化学、社会学、管理学、传播学等多学科的理论视角出发，探讨新乡贤文化的多维建构，探究社会主义新农村建设中的新乡贤文化建设，以此助推乡村振兴战略的全面实施。

## 第一节 选题背景与选题意义

本书是在乡村振兴战略提出并实施的背景下，紧密结合乡村实际情况，分析目前党和国家在进行乡村治理与乡村文化建设方面遇到的问题和挑战，分析新乡贤参与乡村治理的现实缘由，充分挖掘新乡贤文化在道德引领、基层治理、人才输送等方面所承载的功能价值。通过对新乡贤文化历史溯源、理论架构的深入研究和对新乡贤文化乡村实践的深入思考来丰富新乡贤文化的研究成果。

## 一、选题背景

本书选题来源于笔者主持的国家社会科学基金一般项目"乡村振兴战略中新乡贤文化建构与传播研究",本书是该项目的阶段性研究成果。本书选题从乡村振兴战略出发,以坚持农业农村优先发展,加快推进农业农村现代化的视角统领课题研究,以乡村对新乡贤文化的急迫需求和生动实践为现实依据,既高度契合国家战略,又具有现实有力支撑。具体表现为以下几方面。

乡村振兴战略的提出并实施。"三农"问题是中国改革和发展的工作重心,事关党和国家全面建成小康社会和努力实现中国梦的发展大局,是中国现代化建设进程中必须解决的重大课题。为此中央政府制定了"乡村振兴"的国家战略,聚焦曾在城镇化建设中被忽略的乡村建设。习近平总书记于 2017 年 10 月 18 日在党的十九大报告中首次明确提出实施"乡村振兴"国家战略。2015 年,中央一号文件提出"创新乡贤文化,弘扬善行义举,以乡情乡愁为纽带吸引和凝聚各方人士支持家乡建设,传承乡村文明",2016 年、2017 年,中央一号文件又提出要培育新乡贤文化。2018 年,中央一号文件《中共中央　国务院关于实施乡村振兴战略的意见》指出要积极发挥新乡贤作用。乡村振兴战略总要求是"产业兴旺、生态宜居、乡风文明、治理有效、生活富裕",其内涵丰富、高瞻远瞩,是国家层面的顶层设计。乡村振兴是乡村政治、经济、文化、生活等方面的全方位振兴,以新乡贤为代表的各种优质人才是坚实支撑,以新乡贤文化为代表的新型文化是强力引导。实现产业兴旺需要大量的既熟悉乡村又掌握市场经济规律的经营管理人才和科技研发人才,生态宜居的实现需要充足的致力于环境保护和美丽乡村建设的人才,乡风文明的实现需要较多的传承优良家风、家训的人才,治理有效的实现需要一批具有治理意愿和治理能力的人才,生活富裕的实现也需要优质的能提供医疗卫生、教育、文化等基本公共服务的人才。乡村对人才的需求催生出大量的新乡贤,为新乡贤文化建设奠定了基础。随着乡村振兴战略的实施,新乡贤文化日渐引起政府和学界高度重视。中央文件强调要培育富有地方特色和时代精神的新乡贤文化,积极引导发挥新乡贤在乡村振兴中,特别是在乡村治理中的积极作用。因此,乡村振兴战略的提出并实施成为新乡贤文化建构的政策背景。

当今乡村治理的现实需求。乡村振兴战略的实施对"三农"问题的解决起到了良好的促进作用,但当今乡村治理仍处于困境之中,不可避免地存在着一些亟待解决的难题。随着中国现代化进程的加速,工业化、城镇化迅速推进,传统乡村基于经济理性或生计压力的因素,大量乡村人口单向流入城市,中国乡村面临着人才流失与主体缺位的问题,不可避免地带来了中国城乡关系的失衡，造成土地荒芜化、乡村空心化、文化空洞化。传统乡村社会秩序被破坏，乡土归依消弭，乡村精英流失，乡村文化断层，这些已成为乡村振兴发展的障碍。要清除这些障碍，需要构建乡村治理新体系，需要"建立健全党委领导、政府负责、社会协同、公众参与、法制保障的现代乡村社会治理体制，坚持自治、法治、德治相结合，确保乡村社会充满活力、和谐有序"。三治结合为新乡贤发挥作用提供了广阔的舞台，新乡贤群体普遍具有乡村治理意愿和治理能力，在情感嵌入、资源输送、提供公共服务等方面显示出治理优势。新乡贤文化将新时代的精神内涵与传统文化相结合，对建设乡村公共文化设施、推动乡村文化产业发展、形成良好乡村文化氛围等方面具有积极作用。释放新乡贤群体能量，涵养新乡贤文化价值，使之为乡村治理作出贡献。基于上述现实需求，新乡贤文化的建构成为亟须攻克的重要课题。

传统乡贤文化的高度认同。"乡贤"一词源于东汉时期，原是指在"皇权不下县，县下惟宗族，宗族皆自治"的社会背景之下，国家对有作为的官员，或有崇高威望、为社会作出重大贡献的社会贤达去世后追加的荣誉称号。传统乡贤群体根植于基层乡村之中，以学识能力治理乡村，以贤良品德教化乡民，以浓厚的乡情维系族群。历朝历代的乡贤以其个人威望和学识能力得到乡民的敬重和拥戴，内生于中国传统乡土社会的乡贤文化引人向贤、见贤思齐，在乡贤们治理家乡、教化民风、反哺桑梓的过程之中被不断地传承发扬，在乡村社会具有高度认同。新乡贤文化继承传统乡贤文化，但并非是对传统乡贤文化的重复和照搬，而是在新时代被赋予了新的内涵，促成了传统与现代的有机对接。历史悠久的乡贤文化的高度认同，是研究新乡贤文化建构的历史使然。

各地新乡贤文化建设的乡村实践。尽管目前我国大部分地区的新乡贤文化建设依旧处于摸索阶段，但也有部分地区的建设实践取得了一定的成果。东部地区，如浙江省绍兴市上虞区将新乡贤文化与新农村建设紧密联系，充分发挥优秀新乡贤群体的示范引领作用，组建了一系列规范成熟的乡贤组织，如乡贤研究会、乡贤参事会、乡贤基金会，借助组织推动乡村善治；中部地区，如湖北省武汉市李家岗湾成立了蕴含着新乡贤文化的基层组织"李家岗湾乡贤理事会"，其中大部分成员都在乡村之外拥有自己的事业，通过将资源带回乡村为家乡建设作出贡献，"李家岗湾乡贤理事会"在公共设施建设、文明乡风培育、优秀人才引进以及乡村企业产业发展等方面发挥了积极的作用；西部地区，如贵州省铜仁市印江少数民族聚集区搭建相关平台，印江县的大部分乡镇成立了乡贤参事会等蕴含新乡贤文化的基层交流平台，并因地制宜推出了"乡贤会精准扶贫""乡贤会村级集体经济"等多样化模式，改善了印江少数民族聚集区的经济状况，加快了当地治理现代化转型。新乡贤社会功能的日益发挥促成了新乡贤文化建设的完善，我国东中西部各具特色的实践成果为新乡贤文化建设提供了坚实的基础，也为新乡贤文化建构研究提供了鲜活的案例。

## 二、选题意义

新乡贤文化的出现既是历史与现实的统一，也是合规律性与合目的性的统一。新乡贤文化延续传统乡贤文化的核心内涵，发挥着重要的凝聚人心、道德教化、价值引领的功能，它在全面推进中国城乡一体化进程、建设社会主义新农村、改善农村治理水平和践行社会主义核心价值观方面发挥着积极作用。新乡贤文化是中华优秀传统文化的延续与发展，是一种有影响力有号召力的榜样文化，也是一种与当代治国理政实践相结合的新型文化，培育和建设新乡贤文化必须赋予其时代内涵。弘扬新乡贤文化，不断探索新乡贤文化建设路径与策略成为时代新课题，其研究不仅关乎优秀传统文化的继承与发展，也关乎乡村振兴战略的推进，更关乎社会主义精神文明建设，具有重要的理论意义和现实意义。

### （一）理论意义

从理论上来说，新乡贤文化自从被提出后，在学界一直受到较多的关注，目前的研究成果多是从政治学和社会学的角度出发，对其意义、内涵、种类划分、价值作用等方面进行研究。本研究在已有研究成果基础上，以新乡贤文化建构为具体研究对象，梳理了乡村振兴战略中新乡贤文化相关概念及特征，分析新乡贤文化建构对乡村振兴战略的助推作用，同时，更注重从多学科视角切入研究，深刻揭示其内在规律和作用机理，因而具有较好的理论价值与理论意义，主要表现在以下三个方面。

一是提升新乡贤文化建构研究的理论水平。引入并阐述新乡贤文化建构的理论依据，探讨并分析新乡贤文化双重建构路径与三种建构模式，特别是揭示新乡贤文化建构路径与建构模式之间的内在关系、运行规律及作用机理，从而提升研究的理论水平。

二是增强新乡贤文化建构研究的整体性。新乡贤文化建构是一项系统工程，涉及多门学科，需要多元主体，更离不开清晰的建构目标、具体的建构原则和灵活的建构机制，本书全面探讨新乡贤文化的多维建构和整体构架，从而增强研究的整体性。

三是拓展新乡贤文化建构的研究方法。依据新乡贤文化建构主体的分类及现实案例对新乡贤文化建构的乡村实践进行分析，从全国东中西部选取具有代表性的村落进行田野调查，从而拓展新乡贤文化建构研究方法。

## （二）现实意义

对于理论的探讨和研究都是为了服务实践。"三农"问题一直都是党和政府长期关注的问题，近年来我国新农村建设取得了一定成就，但是乡村发展仍然面临许多困境，乡村空心化、社会失序、文化断裂、人才流失等问题亟须解决。新时代的新乡贤群体出身于乡村、成长于乡村，对乡村社会和乡村文化有亲身体会，对于乡村治理有天然优势，在后天方面又有丰富的经济、人脉资源。本研究通过总结当前新乡贤文化建设成果，分析和探究新乡贤文化建构的内在规律，最终目的是用来指导实践，现实意义主要表现在以下三个方面。

一是促进新乡贤文化切实服务乡村振兴。乡村振兴既需要大量的优质人才，也需要先进的乡村文化，新乡贤文化已全面融入乡村振兴。脱胎于中国优秀传统乡村文化的新乡贤文化，必将为乡村经济发展、乡风文明建设、乡村幸福提升发挥重要作用。

二是推动新乡贤文化更好地传递社会主义核心价值观。新乡贤群体是社会主义核心价值观的践行者，新乡贤文化彰显了社会主义核心价值观。新乡贤文化作为培育和弘扬社会主义核心价值观的重要载体和具体呈现，必将促进社会主义核心价值观在社会主义新农村中更广泛地传递与践行。

三是推进新乡贤文化在社会主义新农村广泛传播。建构与传播密不可分，建构中有传播，传播中有建构，因而新乡贤文化的整体建构，必将促进全社会认同新乡贤文化，传颂新乡贤文化，使新乡贤文化得以广泛传播。

# 第二节　文献综述

本书主要围绕新乡贤文化建构进行研究，笔者阅读了大量的国内外相关文献。国内文献梳理首先从乡贤文化的历史发展脉络入手，明晰乡贤与新乡贤概念，了解各自内涵、特征与功能价值。随后是研读了关于新乡贤文化建设的相关文献，梳理了新乡贤文化建设的主体、载体、路径、策略，并通过对乡村文化传播相关文献的研读，来整体把握新乡贤文化。在对国外文献进行研究时，由于新乡贤文化是我国特有的文化形态，因此多聚焦于与新乡贤、新乡贤文化概念相似的乡村精英、乡村文化、乡村治理等议题，以此类比研究新乡贤文化。

从文献数量分析。截至 2020 年 6 月，通过在中国知网上以"新乡贤"为关键词进行主题检索，共检索出文献 790 篇，其中期刊 578 篇，博硕士论文 84 篇，报纸 108 篇，会议报告 7 篇等。相关文献数量统计如图 1.1。

图 1.1　"新乡贤"相关文献数量

从文献主题分析。新乡贤相关研究成果中的主题不仅包括"乡村治理""乡村文化""乡村建设"和"基层治理"等重大议题，也包括"乡贤理事会""村两委""村干部"等具体话题。同时，它们都与乡村振兴战略这一大的时代背景相契合。主题词频见图1.2。

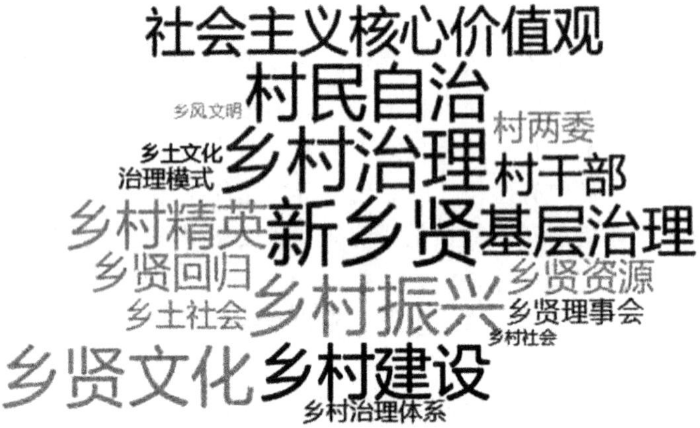

图 1.2　"新乡贤"相关主题词频

从文献主题比重分析，新乡贤相关研究成果的主题分布较为集中，其中研究占比较大的主题有"乡村治理""乡贤文化""乡村振兴"，它们的比重分别是16.23%，14.42%和13.52%。主题比重见表1.1。

表 1.1　"新乡贤"相关文献主题比重

| 关键词 | 词频 | 比重 |
| --- | --- | --- |
| 新乡贤 | 416 | 26.79% |
| 乡村治理 | 252 | 16.23% |

续表

| 关键词 | 词频 | 比重 |
|---|---|---|
| 乡贤文化 | 224 | 14.42% |
| 乡村振兴 | 210 | 13.52% |
| 社会主义核心价值观 | 55 | 3.54% |
| 村民自治 | 29 | 1.87% |
| 基层治理 | 28 | 1.80% |
| 乡村精英 | 27 | 1.74% |
| 乡村建设 | 24 | 1.55% |
| 村干部 | 20 | 1.29% |
| 乡贤回归 | 19 | 1.22% |
| 乡村治理体系 | 18 | 1.16% |
| 乡贤理事会 | 16 | 1.03% |
| 乡土社会 | 16 | 1.03% |
| 乡风文明 | 14 | 0.90% |
| 村两委 | 14 | 0.90% |
| 乡贤资源 | 12 | 0.77% |
| 乡村社会 | 12 | 0.77% |
| 乡土文化 | 11 | 0.71% |
| 治理模式 | 10 | 0.64% |

从早期研究分析，最早对新乡贤及新乡贤文化开展研究的学者主要有王先明、程建忠、吴铭、杨军、何慧丽和潘家恩等人，其研究成果与新乡贤概念的界定和对其作用的探究有关。早期研究成果见表1.2。

表1.2 "新乡贤"早期研究成果

| 题名 | 作者 | 来源 | 年份/期数 | 下载次数 | 被引量 |
|---|---|---|---|---|---|
| "新乡贤"的历史传承与当代建构 | 王先明 | 中国民政 | 2014/09 | 506 | 8 |
| 弘扬乡贤文化 建设社会主义新农村 | 程建忠 | 先锋 | 2015/01 | 229 | 0 |

续表

| 题名 | 作者 | 来源 | 年份/期数 | 下载次数 | 被引量 |
|---|---|---|---|---|---|
| 新乡贤的制度基础 | 吴铭 | 共产党员（河北） | 2015/02 | 355 | 0 |
| 乡贤文化与乡村治理探究 | 杨军 | 未来与发展 | 2015/03 | 1871 | 31 |
| 如何做一个"新乡贤" | 何慧丽 | 学术评论 | 2015/02 | 332 | 3 |
| "乡贤文化"在推进践行社会主义核心价值观中的作用探究 | 杨军 | 西安文理学院学报（社会科学版） | 2015/02 | 801 | 33 |
| 新乡贤在培育社会主义核心价值观中载体作用探究 | 杨军 | 文化学刊 | 2015/03 | 424 | 11 |
| 弘扬乡贤文化　发挥乡村新乡贤作用 | 杨军 | 文化学刊 | 2015/05 | 1635 | 21 |
| 学习南唐村的"新乡贤"用新思想建设乡村 | 潘家恩 | 学术评论 | 2015/03 | 167 | 0 |

　　而目前最新的研究成果更注重对新乡贤文化建设现状和新乡贤参与乡村治理路径的考察。如陈彤对福州地区乡村进行实地考察，朱艳琳、谢乾丰对吉安市进行实地考察，了解新乡贤在当地发展状况；唐珂、曹桂茹、王新城、周鹏等人则对新乡贤参与乡村治理的问题提出了自己的思考。最新研究成果见表 1.3。

表 1.3　"新乡贤"最新研究成果

| 题名 | 作者 | 来源 | 年份/期数 | 下载次数 | 被引量 |
|---|---|---|---|---|---|
| 基于乡村振兴战略的农村社会治理创新目标与路径研究 | 曹桂茹 王新城 | 农业经济 | 2020/06 | 161 | 0 |
| 乡贤文化与农村基层治理问题若干思考 | 周鹏 | 山西农经 | 2020/11 | 7 | 0 |
| 新乡贤参与乡村文化振兴分析与对策 | 李梅 刘淑兰 吴俊林 | 云南农业大学学报（社会科学版） | 2020/03 | 205 | 0 |
| 新乡贤在地化发展调查报告——基于福州地区乡村的问卷调查 | 陈彤 | 经济界 | 2020/03 | 3 | 0 |

续表

| 题名 | 作者 | 来源 | 年份/期数 | 下载次数 | 被引量 |
|---|---|---|---|---|---|
| 改革开放以来中国农民代际价值观差异及其引领 | 林志友 胡爽 | 社会科学战线 | 2020/06 | 86 | 0 |
| 最美新乡贤（5）树高千尺不忘根 | 邓进民 肖杰夫 | 湖南农业 | 2020/06 | 1 | 0 |
| 传统中国社会乡绅治理的实现逻辑及现实启示 | 蒲映竹 | 中共乐山市委党校学报（新论） | 2020/03 | 0 | 0 |
| 比较语境下新乡贤内涵之探讨 | 李秀芸 杨雪英 李义良 | 江苏海洋大学学报（人文社会科学版） | 2020/03 | 53 | 0 |
| 乡村振兴战略视域下新乡贤文化的培育和建设研究——以吉安市为研究对象 | 朱艳琳 谢乾丰 | 老区建设 | 2020/10 | 0 | 0 |
| 新乡贤参与乡村治理的功能定位研究 | 唐珂 | 农村经济与科技 | 2020/09 | 19 | 0 |

## 一、国内文献综述

国内对新乡贤文化的研究多着眼于其必要性与可行性的分析，对新乡贤文化产生与发展、建构与传播等规律的认识和把握尚处于探索阶段。目前研究成果主要集中于乡村治理和社会主义新农村建设等领域中。

### （一）乡贤文化的历史发展脉络

原始社会时期，将氏族部落中较大年龄和较高威望的"尊者"称为乡贤；西汉时期能成为民间预备人才的，必须是"孝""廉"兼具的人；之后出现的乡三老，体现乡贤治村的雏形；随后的唐代耆老、宋代乡约、清代保甲制度皆是乡贤文化的体现。

#### 1. 乡贤文化产生的社会基础

费孝通从知识分子、传统的中国绅士以及乡村、城镇和都市两大主题出发，将理论与现实结合，采用社会学、社会人类学方法，从政治、经济、文化多方面入手，系统研究中国传统社会中绅士阶级产生的根源。张仲礼广泛考察了十九世纪中国绅士阶层的基本构成、特征、人数、社会和政治特权、科举生涯，以及绅士阶层对社会政策和文化的影响。瞿同祖通过阐释清代士绅和地方政府的关系，将士绅分为官绅和学绅。他认为士绅身份以官宦身份或仕宦资格的取得为前提。官绅包括现职、退休、罢黜官员，其中包括捐赠、购买的方式最终获得官爵和职位的人，这些人中一部分可能并没有真才实学。而学绅则是通过科举考试取得功名或学衔的人。瞿同祖认为，士绅较社会其他阶层更具有优越性，其中通过了最高级别的科举考试成为官员的士绅的影响范围要比没有通过科举考试的官员影响范围更大，他们具有阶级意识和一种集体的归属感，彼此之间相互认同，并且具有相似的态度、兴趣和价值观，特别是儒家的价值观。

**2. 乡贤群体界定**

王先明（2014）指出，乡贤是一个群体，他们是一群根植于乡村沃土的，在乡里德行高尚，得到公众肯定，且对乡里公共事业有所贡献的人。袁灿兴、陈明（2015）梳理了不同朝代对于乡贤的具体界定与典型代表人物及其事迹。楼宇烈（2017）给乡贤界定提出了四条标准，并从传统的儒学、道家文化中总结出传统乡贤文化的内涵。

**3. 乡贤文化内涵及历史价值**

孙丽珍（2019）指出乡贤文化是中国传统文化的重要组成部分，在沟通精英文化与民间文化、国家权力与基层管理等方面具有重要的社会纽带作用。王敏静（2019）将乡贤文化定义为乡贤在促进经济建设、改善农村治理和引领文明风俗过程中的所有精神活动和产物的总和，它涵盖科学和文化知识、思想信仰、政治立场、道德修养等，还包括乡贤组织机构、文化设施等。

**4. 传统乡贤在文学艺术作品中的形象分析**

朱言坤（2018）从《白鹿原》入手阐释"乡贤治乡"和"乡官治乡"两种治理模式，分析传统乡贤的人物定位。杨超高（2018）对当代作家关仁山作品中大量乡贤与乡绅形象作了系统分析，将民间传统文化与乡贤精神紧密关联，认为乡贤文化的构建可以引导乡村伦理的重建。邱其濛（2020）在考察晚清至"五四"时期中国电影中的乡贤形象后发现，这一段时间正是中国乡贤形象发生转折的时候，虽然也有电影将乡贤塑造成"土豪劣绅"的形象，将其放在农民阶级的对立面，但是也有很多电影中的乡贤形象体现了乡村中的人文精神，他们在宗族自治、民风教化、伦理维系和激发乡土情结、保持集体认同等方面起到了不可替代的作用。而在现代民族救亡运动中，乡贤也发挥了凝聚人心、团结乡民共同抗争的积极作用。对文艺作品中乡贤形象的探究也有助于了解当时民众对乡贤的态度和乡贤的地位。

（二）新乡贤概念辨析及界定

研究者对于新乡贤概念的辨析和界定，主要围绕新乡贤的主体构成、角色定位、具体类型以及与传统乡贤的区别等问题展开探讨。

1. 探讨新乡贤群体定义

王先明（2014）提出新乡贤是一批有奉献精神的现代精英，从乡村走出去的他们回归乡土，以自己的经验、学识、专长、技艺、财富以及文化修养和道德力量参与新农村建设和治理。张颐武（2015）则从地域空间方面将乡贤分为"在场乡贤"和"不在场乡贤"，在场乡贤扎根本土，把现代价值观传递给村民；不在场乡贤可能人不在当地，但由于通信和交通便利，他们可以以各种方式关心和支持家乡发展。郎友兴等（2017）认为，新乡贤是在当代乡村各方面处于领先地位，为当地公共利益作出贡献并得到村民尊敬的乡村精英的代表。靳业葳（2017）结合乡村社会利益结构与社会矛盾角度，分析新乡贤产生的社会背景，将新乡贤特指为在社会主义新农村建设过程中，在一定地域范围内以其特有的身份和地位，致力于农村建设、风习教化和维护秩序，为一方百姓造福的贤能之士。萧子扬、黄超（2018）提出新乡贤是"基于自我知觉和社会知觉，在后乡土中国背景下，一切愿意为农村脱贫和农业振兴贡献自己力量，积极投身乡村治理和乡村事业的人"。

2. 探讨新乡贤群体特征

张兆成（2016）总结了新乡贤的五个特征，即地域性特征、平民化特征、社会声誉高、掌握先进文化和秉承主流价值观、有现代道德观念与民主法治意识。他从制度背景、结构组成、价值观、思维方式和社会功能五个方面强调新乡贤和传统乡贤的区别，同时论证了新乡贤与传统乡贤之间辩证否定与继承的联系。胡鹏辉、高继波（2017）提出，新乡贤这一概念应包含四个方面的内涵：首先要拥有某种知识和某种文化，不仅要了解科学知识，还要具有经济眼光并熟悉乡村社会的交往规则，这是参与乡村生活并发挥作用的前提；另外还包括道德高尚、有一定的经济基础、抱有参与乡村公共事务的意愿这几个维度。基于此，将新乡贤界定为：在新的时代背景下，有资财、有知识、有道德、有情怀，能影响农村政治经济社会生态并愿意为之作出贡献的贤能人士。

3. 探析新乡贤和传统乡贤的不同

李秀芸（2020）利用比较分析，从场域、语境和使用范围这几个方面比较了新乡贤和传统乡贤之间的差别，新乡贤相较传统乡贤来说，包含的主体更广泛，只要有良好的文化修养，高尚的道德品行，综合能力强，愿意贡献乡里的群体都可以视为新乡贤；新乡贤还应具有法治思维和自律责任意识；不再是乡村治理的主导者，应该是协作者或组织者。

**（三）新乡贤及新乡贤文化功能与价值**

这也是新乡贤文化研究领域的重点之一。许多学者主要围绕新乡贤及新乡贤文化在乡村建设、基层治理、文化培育和价值观塑造等方面的作用进行研究。

**1. 探索新乡贤在乡村治理中的作用**

王文峰（2016）认为新乡贤在农村治理中的作用主要有四个：首先是依据人际关系方面独特的优势成为政府与群众间的纽带；其次是利用新乡贤的独立地位成为农村事务的参与者和监督者，从中立的角度监督和评估公共事务；再次是依靠高尚的人品美德成为村中德育典范和领导者；最后是依据自己的资源成为当地文明的传承者，记录乡风乡史，记住乡根民魂。杨琴（2017）提出新乡贤通过乡贤参事会参与到乡村的"三治"中，他们可以出资援助，弘扬优秀文化，调解纠纷，参与村务管理，在全面建成小康社会中具有积极作用。范景鹏（2018）从统战的角度认为，新乡贤能在统一战线、团结群众等方面发挥作用，通过助力发展、引领风气、化解矛盾，推动村规民约制定并进行合法性审查等方式来聚人心、得人心，切实把乡村群众的思想和行动统一到乡村振兴战略上来。

**2. 探索新乡贤在精神文明建设中的作用**

刘淑兰（2016）强调新乡贤文化在道德和伦理方面具有独特的人文价值，可以帮助乡村改善文化设施、发展文化产业，让乡村形成良好的文化氛围。新乡贤作为乡村的道德楷模和代表，把传统文化和新时代精神内涵相结合，组织乡村文化活动，引入乡村文化项目，促进乡村文化事业的发展，帮助乡村文化摆脱困境。王洋（2018）提出，新乡贤文化也是中国优秀传统文化的重要组成部分，有利于弘扬社会主义核心价值观。新乡贤文化中的很多内容也与社会主义核心价值观相符合，如其蕴含的仁、义、礼、智、信等观念也是当今社会所倡导的。高德（2019）则从破解乡村发展的人才瓶颈、促进乡村地区政治文明的发展、实现社会和谐发展等方面阐述新乡贤文化的时代价值。

**3. 探索新乡贤文化参与乡村治理优势**

舒隽（2018）认为目前乡村治理处于精英流失、文化断层、治理主体面临信任危机等困境中，理性回归的新乡贤与乡村"熟人社会"的乡土特质相符合，可以强化乡村治理的内生基础，有效弥补乡村治理的缺陷，帮助乡村道德价值回归。刘传俊（2019）认为新乡贤文化可以利用人力资源强化内生基础，让乡风文明化，引导资金和技术回流，提升公共服务质量。张兴宇（2020）从基层民主的角度出发，认为新乡贤群体在人员构成上囊括了体制外精英，这有助于扩大基层民主协商的参与人员范围，另外，新乡贤群体可以将传统的亲缘和地缘关系与协商过程联系起来，形成联系村两委和基层民主之间的纽带。

4. 探索新乡贤群体在乡村治理中扮演的角色

朱冬亮（2020）考察了福建的一些乡村，认为新乡贤群体中的返乡精英扮演着政府"代理人"、村民"当家人"和个体"理性人"三种角色，但是在引导返乡精英扮演新乡贤角色的同时，也需要避免出现"寡头"治理的现象，这需要在村庄内部建立完善的平衡、激励和约束机制。刘开君（2020）认为目前新乡贤发挥作用主要有四种形式，一是以企业家、专业技术人才和单位公职人员为主的本地乡贤投入资本；二是专业技术人才、文艺界人士、名人之后等居多的本地乡贤投入智慧；三是长期在外发展的驻外乡贤利用制度化平台投入资本；四是驻外乡贤利用人力资本和社会资本聚拢资源实现智慧回归。

（四）新乡贤及新乡贤文化建设路径与措施

一些学者主要围绕新乡贤及新乡贤文化建设具体路径和主要措施进行研究。

1. 新乡贤群体培育研究

文学平（2016）探讨新乡贤推选的标准，认为地域性身份要素、品德要素、能力要素、声望要素是新乡贤和传统乡贤都需要满足的具体要素，但是在内涵和价值观念方面，两者有所不同，新乡贤应该与社会主义核心价值观相契合。季中扬（2018）探讨了新乡贤文化的传承和创新，目前新乡贤群体突破了身份的限制，一直生活在当地的宗族长老、经济能人、教师和干部等都可以包含进来，外来乡贤也可以参与政府的新农村建设，主持或参与民间的"新乡建"。当代新乡贤评选方式也是借鉴和传承了明清时期乡贤"推选"制度，现在建设乡贤名录制、书写乡贤事迹、建设乡贤文化场所等做法也与古代乡贤书写有异曲同工之妙。庞慧敏（2018）认为在网络时代下，同样需要培养乡村文化传播的意见领袖。其中，培养"网络新乡贤"不仅能够将现实社会嵌入网络社群中，还能发挥意见领袖的二级传播作用。

2. 新乡贤文化建设路径和措施研究

邓坚（2018）认为新乡贤文化建设，首先需要转变观念，为新乡贤文化的发展打下基础，形成尊重、珍惜、关爱乡邻的社会文化氛围；其次需要开放渠道，欢迎四方乡贤的归来；再次需要探索新乡贤新的服务乡村的方式，为在场乡贤和不在场乡贤创造施展才华的空间；最后需要完善激励机制，以鼓励更多村民参与乡村建设。这些具体做法为新乡贤文化建设带来思路和启示。余彩龙（2018）认为新乡贤文化建设需要通过加强对古今乡贤资源的保护，加强新乡贤与村民的交流，通过赞扬新乡贤来加强新乡贤的文化认同、情感认同和荣誉认同。朱毅峰（2019）着重强调了教育习俗，认为当代乡贤文化的创新在于扩大了教化功能，表现为向教育资源的转化及教育实践的展开，无论是整理流传下来的历史文献资料，还是新乡贤修建房舍回馈乡邻的举措，都可视为当地的德育资源，所以地方政府开始引导年轻人学习新乡贤文化，尊敬新乡贤，学习新乡贤，引导他们成长为新乡贤，建设新乡贤文化。边春慧（2018）从文化角度出发深入探索新乡贤文化建设，充分促进新乡贤文化资源整合，共同塑造传统乡贤和新乡贤的形象，培育乡村文化的骨干力量，讲好并传承乡贤故事，同时增加新乡贤人文和道德力量的传播载体。曾天雄（2020）认为塑造新乡贤文化需要唤起乡村的"文化自觉"，将具有新价值取向的新乡贤无缝嵌入乡村治理结构中，并在探索和保护传统乡贤文化的同时收集新乡贤文化特色故事，重视新乡贤文化的德育功能，把新乡贤文化的培养作为社会主义核心价值观的基本工程，将新乡贤文化转化为公众意识和行动意识。

3. 新乡贤文化建设经验与教训

潘立峰（2019）在总结浙江上虞区新乡贤文化建设经验时，发现目前新乡贤文化建设过于注重经济优势和资源优势，与村两委之间关系失衡，存在以个人威信取代法律和制度威信的现象，提出要注意处理官民互动行为，注意发挥新乡贤能力与资源的真正优势，既要重视品德也要建立明确制度。龚丽兰（2019）认为新乡贤可以作为乡村振兴内生主体的基础，但必须注意用情感利益牵引，激发新乡贤回归动力，建立新乡贤参与乡村振兴的机制。此外，必须重视组织建设，为新乡贤参与农村建设和创新创业创造平台。

（五）乡村文化及新乡贤文化传播方式与策略

目前对乡村文化和新乡贤文化传播方式和策略的研究成果较少，这一方面的研究主要围绕乡村文化及新乡贤文化传播主体、载体、策略等进行。

1. 对乡村文化和新乡贤文化传播主体的探讨

沙垚（2015）探讨了乡村文化传播的主体性。无论是村民、农民，还是农民工，人始终是乡村文化的载体和传播的主体。在社会变革的背景下，传播需要人的主体性视角，农民才是农村的主人和文化的传承者。

2. 对新乡贤文化传播载体的探讨

陈燕（2017）分析乡村文化传播的差序性，认为城市文化信息传播高度集中，农村文化信息传播相对贫瘠。乡村传播媒体有"外源性媒介"和"内生性媒介"两大类。外源性媒介是指广播、电视、电话、报纸和杂志等，尽管传播迅速，但受到农村地区对硬件条件的接受程度和农民自身文化媒体素养的影响，传播是单向的，媒体的使用没有深入，它与农民自身的环境和生活没有密切联系；内生性媒介是指乡村自设的传播媒介，具有实时性、开放性和互动性，更加依靠人际传播和群体传播。为了弥合差距，政府应加强基础设施建设，制定相应政策，指导大众传播和人际传播的协调发展。外源性传播媒介应增强用户思维，并为农村地区提供丰富的和可访问的文化信息资源。农民的媒介素养也要相应提高，参与并融入传播中。邓坚（2018）分析新乡贤文化传播载体，提出既要重视电视、电脑、手机等各种高效、快捷的传播载体，也要采用流行的交流方式和话语体系，将传统与现代相结合，现代媒体与张贴标语相结合，图片与文字相结合。徐浪静（2020）则提出要着重发挥文化礼堂在乡村文化建构中的价值，根据建构主义理论，中国乡村文明的建设是一个村民主动建构自己知识和经验的过程。而新农村文化礼堂的建设提供了一个学习机制，因为建设礼堂的过程需要依靠大量的资料、档案，这对村民有一定的影响。另外，修复、改建地方祠堂也让新乡贤感受到了自己与传统乡贤之间的文化关联，这有助于提高新乡贤的责任意识，以文化礼堂为锚，也发挥了场所的教化作用。

3. 对新乡贤文化传播策略的探讨

李兴亮（2016）探究整合营销传播策略在新乡贤文化传播中的运用，并认为必须通过多媒体传播新乡贤文化。微博、微信等新媒体的推广将有助于新乡贤与民众互动，促使人们获得更多有关新乡贤的有关信息；现场展示为人们提供了身临其境的体验，增强了新乡贤文化的存在感；最后将纪念品出售或者赠送给游客，可以使人们更长时间记住新乡贤。许思文（2017）阐释以艺术创作、主题演讲及晚会为中心的新乡贤文化传播，利用电视剧、纪录片、文学专栏等艺术作品立体化宣传乡贤，扩大新乡贤文化传播覆盖面，讲好有温度的故事；在各区举办"新三乡"主题晚会和主题演讲活动，以生活化、感人的故事激发全社会争做新乡贤的热情；在学校开展学乡贤活动，组织文史专家研究发掘整理乡贤资料，将群众身边的好人好事做成各种形式的材料，在社会掀起崇学乡贤的风潮；通过出台系列礼遇、优待、奖励政策，关心乡贤工作生活，鼓励他们为家乡作出贡献，调动新乡贤回乡建设的积极性。

## 二、国外文献综述

在国外研究中，以"local culture"（乡贤文化）为主题直接检索，无法得到与之匹配的文献。检索与之相近的"rural culture"（乡村文化）、"rural governance"（乡村治理）则获得大量关于"乡贤"的论述，其成果主要集中在以下几个方面。

### （一）贤人统治

国外学者曾提出"贤人统治"的观点，这和我国"乡贤治村"的传统不谋而合。相关成果较为集中。

#### 1. 贤人治国理论

这种理论所宣扬的模式与乡贤治乡从本质上来说具有一定的相似之处。古希腊哲学家柏拉图（Plato）主张贤人之治，与权力集中于君主一人的理论迥然相异，贤人治理理论所强调的并不是传统意义上的"法治"而是"知识之治"，他认为真正的权威并非贤人而是理性，城邦正义的实现要求在城邦中具有智慧、勇敢或者节制等不同优秀品质的贤能人才履行各自的职责，统治者和被统治者处于各自的位置各司其职，以便真正实现城邦的正义。由于人类的正义在于通过智慧支配身体，所以国家的智慧是国家的灵魂，哲学中通常认为拥有知识、热爱真理、无私无畏，具有极好的理解力和记忆力的人们才是智慧的化身和代表。为了实现柏拉图所追求的理想统治状态，因此有必要赋予具备智慧的人们统治权。

#### 2. 对贤人统治理论的批评

美国著名的民主理论家罗伯特·达尔（Robert Alan Dahl）高度关注柏拉图的贤人统治理论，并对其提出了严厉的批评，他认为贤人统治理论的基本假设无法得到证明，给出了三个原因：首先，在于该理论的第一前提是不存在的，即不能证明客观道德知识是存在的，这是道德哲学研究迄今为止得出的最终结论。只有极少数哲学家仍然相信客观道德知识的存在，然而仅仅少部分人相信的事物是具有极强争议性的，无法支撑其理论假定的主观性。其次，即便存在客观的道德知识，也不能证明只有少数人能习得或掌握。罗伯特·达尔认为，"柏拉图本人并没有令人信服地解释，为什么只有少数人才能够学习'王政学'。后来的护卫者的倡导者也常常忽视了说明一点，那就是，为什么他们的统治'科学'只有少数人才能习得"。最后一点理由是，贤人统治容易导致暴政的产生。罗伯特·达尔认为，当国家统治权交给精英人群后，尽管他们前期十分睿智可靠，但他们之后的几年或者几十年可能会发生改变，届时权力将被统治精英滥用，"如果说人类历史曾给过我们什么教训的话，那就是，国家的监护者们必定会走向贪污腐化、任人惟亲……用高压手段迫使人民服从，国家的监护者很可能会变成暴君"。

### 3. 精英俘获研究

与罗伯特·达尔对贤人统治的批评较为相似的讨论是近几年来，国外学术界对"elite capture"，即"精英俘获"，表现出警惕与审视的态度，该词更偏向贬义色彩，是指"公共资源偏向少数具有较高社会地位的个人，从而损害了更多人的福利"。Stern Mwakalimi Kita 通过在非洲东南部马拉维地区进行对照试验来评估非洲酋长在气候变化适应和减少灾难风险伤害中的作用。研究发现，不管酋长存在与否都无法阻止精英俘获现象，但是酋长的干预摇摆在善意与恶意之间。所以作者提出以后的关于气候和灾害风险的任务安排还是要关注当地的政治文化。Ryan Sheely 则通过在肯尼亚的随机试验，检验了参与式机构中"mobilization"与精英俘获之间的关系，虽然 mobilization 可以提高公民对公共事务的参与度，但精英俘获仍然可以适应这种变化。

### （二）乡村精英

中国特殊的国情和乡土社会结构是新乡贤文化产生的重要背景条件，因而具有其独特性，国外没有明确提到"新乡贤"这一概念。通过对新乡贤文化内涵进行深入研究和比对，笔者发现与之较为相近的是"乡村精英"这一主题，国外学者多集中在乡村精英的作用研究上，成果又多以乡村精英对经济发展、乡村治理以及文化传播中的作用这三个研究视角为主。

### 1. 乡村精英对乡村地区经济发展的作用研究

Stephen K. Wegren（2000）认为，乡村精英作为一种现代化引擎，推动了乡村商业化经营的发展和社会结构的变革，从而促进了农村社会更广泛的经济转型。Frederic Aparisi 和 Vicent Royo（2014）通过对中世纪和前现代的欧洲农村社会的社会结构内部经济分层过程进行研究，解析了乡村精英的概念及其与农业资本主义形成之间的关系。此外，Frederic Aparisi（2015）将十五世纪瓦伦西亚王国中部地区的乡村精英阶层作为其研究对象，核心重点放在对该群体经济活动的研究，并对其类型进行广义上的划分，他认为工匠、教师、公证人、小商人以及低级神职人员等均属于乡村精英的范畴。Susanne 等人（2018）将目光放在北欧，研究了挪威、瑞典和丹麦的乡村精英阶层，发现乡村精英及其移民活动与乡村的复原力有密切关联，对当地农村社会的经济发展和人口增长产生重要影响。

2. 乡村精英对乡村治理的作用研究

Nobuhiro Mizuno（2013）将关注点放在非洲后殖民时期乡村精英与政治结构的联盟关系，在这样的联盟中，各国政府保护乡村精英的权力，并将其资源和特权移交给乡村精英。Paniagua（2015）选择了西班牙中部的三个偏远农村作为研究对象，归纳了乡村精英的个人特征，并分析了乡村精英与当地农村社会政治模式以及持久性之间的关联性。

3. 乡村精英在文化传播中的作用研究

在 2016 年湖北首届乡贤论坛中，新加坡国立大学研究员李孜以印度尼西亚巴厘岛竹屋度假村为例，讲述了当地乡村精英运用互联网自媒体渠道传承文化，推动当地经济发展，增强当地文化自信的事迹。并提出，专家到乡村指导，必须看到当地的文化优势，考虑当地人的利益，善用互联网渠道，发展自媒体，激发乡村文化内生力。Reza Hudiyanto 和 Nur Had（2019）则从传统文化保护角度出发，分析了东爪哇国的文化和经济利益转换，认为企业家在文化传播过程中具有重要作用，当地政府可以充分发挥文化传播公司的作用，推动文化向经济利益转化。国外研究者对乡村精英的作用研究有助于与新乡贤进行类比，从而进一步探索新乡贤文化的功能作用。

（三）乡村文化

国外关于乡村文化研究的理论和实践源远流长，其中大部分关于农村的研究来自他们的建设经验和实践探索。为了便于研究，我们将其归类成两个层面：关于本国乡村文化的研究与关于中国乡村文化的研究。

1. 关于本国乡村文化的研究

国外关于乡村文化的研究比较早，比如英国托马斯·莫尔就曾在《乌托邦》一书中设想过一个理想国度，乌托邦的成员之间互帮互助，所有公民都和睦相处，没有城市的界限。英国罗伯特·欧文甚至将这一理想国度具象化，1823 年，他在美国进行了"新和谐村"的实验，并认为"要培养智育、德育、体育全面发展的一代新人，必须把教育与生产劳动结合起来"。进入二十世纪后，国外学者对乡村文化的研究更趋向于实践探索，美国学者罗杰斯（Everett M. Rogers）在其著作《乡村社会变迁》中不仅考察了现代化进程中美国格局的变化，还解释了乡村家庭、乡村教育以及乡村组织在社会变迁进程中的变化，并强调了教育在农村社会的重要性。法国学者孟德拉斯（Henri Mendras）在《农民的终结》中深入研究了本国乡村的现代化进程，他指出，尽管法国的城市和现代工业吸收了各方资源，但乡村始终拥有如诗般美好的田园生活。进入二十一世纪后，仍有许多学者关注乡村文化研究，比如美国学者Brenda（2005）认为乡村社会经济的发展离不开文化建设的推动，整合文化是经济发展的重要刺激要素。John Mccarthy（2006）提出可以通过政策助力文化聚集区的形成，从而增强乡村社会的凝聚力。Michela Addis（2005）通过对消费者行为、娱乐和教育等方面进行分析，提出新兴技术与知识能够在促进文化消费的同时提高乡民文化素养和乡村文化生活水平。Sergei Shubin（2010）强调乡村文化资本具有通过调节个人意愿和文化倾向来排斥个人的功能。Emily Beaumont，David Brown（2018）提出当地海洋冲浪文化促使冲浪者与非冲浪者的相似价值观相互交织。

2. 关于中国乡村文化的研究

国外关于中国乡村文化的早期研究常带有某种目的性和政治导向，后来才逐渐转向学术研究。相关研究成果较为丰富，且具有较高的学术价值。明恩溥的著作《中国乡村生活》从社会学的角度，对中国传统乡村文化进行了系统详细的描述，这本书对中国传统文化在国内外的传播产生了深远的影响。1918年，美国学者葛学溥曾带领学生于中国广东凤凰村进行了为期一年的社会调查，其研究成果《华南的乡村生活——广东凤凰村的家族主义社会学研究》一书详细介绍了凤凰村的人口、制度、乡民信仰与宗教活动，对汉学和乡村文化研究起到了开创性的作用。英国学者莫里斯·弗里德曼也曾通过考察新加坡华人社区与文献研究的方式对中国乡村的宗族文化展开深入探讨，其代表作有《中国东南的宗族组织》。

（四）乡村治理

一直以来，乡村社会治理与未来走向都是国外学者的关注重点。我们将研究内容分为关于外国乡村治理的研究与关于中国乡村治理的研究。

1. 关于外国乡村治理的研究

罗杰斯在《乡村社会变迁》一书中，以美国乡村社会的变迁为线索，从职业、家庭、学校和乡村组织多方角度探析了乡村的现代化过程。Anna Pudianti，Joesron Alie Syahbana，Atiek Suprapti（2016）将印度尼西亚班图尔日亚尔塔曼宁村作为研究案例，提出在乡村治理过程中，确立城乡之间的文化联系并基于此进行良性互动，是乡村转型的最佳收益途径。英国利兹大学学者 Rowshan Hannan（2014）认为，乡村政府与当地发展机构、拥有民主控制企业的自治协会进行协同治理对减少贫困现象有诸多助益。新村运动是韩国有名的农村改造运动，韩国学者郑起焕在谈到新村运动时提出，新村运动的成功很大程度上得益于韩国政府的有效引导与援助，投入足够预算用于新农村建设、建立村领导培训中心、为贫困人口提供培训机会等。当时的政府并非寄希望于参与式发展，而是恢复村民的自主治理，不仅显著提升了农业发展水平，而且加强了农民组织建设，激发了村民合作、参与与自立意识，提高了韩国的人力资本水平。

2. 关于中国乡村治理的研究

印度学者杜赞奇在其著作《文化、权力与国家：1900—1942 年的华北农村》中，对二十世纪上半叶中国华北地区的农村社会进行了调查研究，提出了"国家政权建设"与"权力的文化网络"概念，在这两个中心概念的基础上探讨了近代化进程中中国华北农村的社会结构、政治结构以及文化结构。日本学者田原史起（2012）通过田野调查的方式，探讨了中国乡村精英与乡村治理之间的关系。Scott Rozelle 等（2013）则从不同的角度入手，研究农村社会基础设施的质量，探讨其与乡村治理的关系，研究得出在治理较为落后的社区，基础设施项目也相对难以发挥作用。

尽管不同国家之间的国情可能迥然相异，但其乡村社会治理具有一定的共性。国外学者关于乡村治理的理论研究为探讨新乡贤文化与乡村治理之间的关联性提供了丰富的分析视角，具有重要的参考价值。

## 三、国内外文献述评

目前，国内外学者从历史、文化等角度对新乡贤及新乡贤文化进行过一些探讨。国内研究主要是将新乡贤文化与国情联系起来，并将其作为乡村振兴战略中的重要举措，强调其在乡村振兴中的具体作用。这一类研究偏向实践，将新乡贤视为解决乡村现实问题的优质人力资源，将新乡贤文化的建设放在乡村治理的大环境背景中讨论，更多着眼于新乡贤群体的特征、资源优势，及其与乡村社会现状的嵌合程度，以此为切入点讨论新乡贤参与乡村政治、经济和文化建设的路径和机制。有的研究从探究传统乡贤文化着手，追溯新乡贤文化的兴起，理清新乡贤文化发展的脉络，通过文献研读、实地考察等手段，明晰新乡贤文化的新时代内涵和精神，充实新乡贤文化研究的内容，为新乡贤文化的建设打下坚实的理论基础。

但是，国内对于新乡贤文化研究的内容还较为单一和集中，从多学科视角出发对新乡贤文化建构进行研究的还较少，即使有与建构相关的内容，也仅仅是零散分布在其他研究中。简而言之，目前关于新乡贤文化建构话题的研究成果还缺乏全面性和系统性。

在国外，与新乡贤概念比较接近的是乡村精英，国外学者对乡村精英的研究较多出现在二十世纪九十年代，与新乡贤相比，乡村精英对个人能力和影响力要求较多，对个人道德则没有严格要求。国外一些乡村精英在乡村社会中发挥着积极作用，推动了当地的发展。这对我国培育新乡贤群体以及发展新乡贤文化有一定的借鉴意义。西方国家的乡村人口占比较低，城乡二元结构没有那么突出，所以他们针对乡村文化研究的内容主要侧重于历史文化资源保护，随着西方城市化的发展，乡村精英研究已经逐渐式微。总之，国外因其国情与中国不同，对乡贤文化的研究大多从宏观角度审视其在乡村治理、乡村文化培育中的价值与作用。

国内外对于新乡贤文化的研究处于起步阶段，对新乡贤文化建构有所涉及，但在全面探讨和深刻揭示其内在运行规律方面的研究较少，存在较大上升空间。因此，对新乡贤文化建构的整体研究已经成为亟待攻克的课题，这正是本研究努力的方向和着力点。

## 第三节 研究思路与研究内容

本研究立足乡村振兴时代背景，以文化建构相关理论为指导。为了更好更快地建构新乡贤文化，必须以其内在规律为依据。本研究重点对新乡贤文化双重建构路径与三种建构模式进行探讨，力求揭示其内在运行与发展规律，用以指导新乡贤文化建构的具体实践。同时结合乡村文化建设，提出推动新乡贤文化高质高效建构的政策建议，并最终运用到乡村振兴战略的具体实施中。

### 一、研究思路

思路决定研究的整体设计、方法采用和重点难点，关乎课题研究的水准和质量，本书的研究思路分为整体思路和具体思路。

整体思路。遵循"提出问题—分析问题—解决问题"的基本逻辑并以此系统全面地开展乡村振兴中新乡贤文化建构研究。

具体思路表现在以下三个层面。

第一，宏观与微观梳理。宏观上，从传播学、政治学、历史学和社会学等视角出发，梳理新乡贤文化的内容逻辑起点和价值逻辑起点，分析新乡贤文化的框架体系与层级功能；微观上，从新乡贤文化建构的具体层面，梳理当今实践现状，分析新乡贤文化的时代价值和功能。

第二，横向与纵向比较。本研究以全国不同地区新乡贤文化为样本进行横向比较，归纳分析当今新乡贤文化建构的经验与不足；对新乡贤和传统乡贤进行纵向比较，阐释新乡贤文化与传统乡贤文化的异同。

第三，历史与现实关联。将新乡贤文化建构置于双重语境下，在历史溯源中探求新乡贤文化根基之所在；在现实呼唤中注入新乡贤文化新的内涵。通过连接历史与现实，使新乡贤文化建构更为高效。

## 二、研究内容

在中国传统社会中，乡贤历来是受社会民众普遍推崇与尊重的文化群体。传统乡贤文化是中华民族数千年来乡村治理的智慧结晶。新乡贤文化以传统乡贤文化为基础，以乡土乡情为纽带，以退休公职人员、成功经商人士、学有所成的专家学者和回乡创业的农村精英为主体，在推进农村产业兴旺、生态宜居、乡风文明、治理有效和生活富裕等方面发挥着重要作用。要建构好新乡贤文化，需要从以下四个方面着力进行。

第一，新乡贤文化建构的历史起点。作为深植于乡村沃土之中的新乡贤文化具有深厚的底蕴和广阔的脉络，传统乡贤文化是其历史源头。

第二，新乡贤文化建构的时代定位。新乡贤文化不仅是对传统乡贤文化的批判性继承和创新性发展，更是在乡村振兴战略这一新的时代节点和时代方位下孕育而生。

第三，新乡贤文化建构的理论遵循。注入时代内涵的新乡贤文化有其自身框架体系、构成要素、层级功能，建构时应引入适配的文化建构理论。

第四，新乡贤文化建构的乡村实践。乡村振兴战略作为新乡贤文化产生的时代背景，深刻影响新乡贤文化的乡村实践。不同地区、不同资源的乡村建构路径与建构模式各不相同。

建构新乡贤文化，能使广大农村望得见山，看得见水，记得住乡愁，碰得到乡贤，从而服务于乡村振兴。要达到这个目的，需要凝练新乡贤群体价值，提升新乡贤文化认同度和美誉度；需要注重城乡一体化发展，共同推动新乡贤文化落地并生根；需要建立并完善新乡贤激励机制，促使新乡贤文化持续发展；需要政府、媒体、社会协同发力，确保新乡贤文化高效建构。因此本书内容紧密围绕上述要求，从新乡贤文化的历史溯源到当今时代价值，从新乡贤文化的构成与建设的相关理论到广大乡村的具体实践，力求系统全面、生动具体。

## 第四节　研究方法与创新点

研究对象的内涵、特征及内在规律能否准确把握，课题研究目标能否顺利完成，课题研究成果是否达到高水准，这些都离不开切实可行的研究方法和创新思维。本研究框架结构和内容设计基于连接历史和现实，涉及多学科理论知识，重在化解新乡贤文化建构的困境，需要多种研究方法互为支撑及贯彻始终的创新思维。

## 一、研究方法

本研究从传播学、政治学、历史学和社会学等视角出发，采用了多种研究方法，主要有文献研究法、比较分析法、田野调查法、深度访谈法、规范研究法等。

### （一）文献研究法

文献研究法主要是指对文献进行收集、识别和分类，并通过文献研读形成对事实的科学认识的方法。通过利用各级图书馆丰富的藏书和网络资源，对新乡贤文化的文献资料进行系统收集和梳理，并在这项工作的基础上，掌握与新乡贤文化研究有关的最新研究动态，总结目前新乡贤文化研究领域中的热点、重点和不足之处，并从中寻找研究切入点，为课题研究做好充分的理论准备，并奠定课题研究基础。文献研究法是本研究的主要研究方法，作为一种基础性的研究方法，文献研究法贯穿了整项研究始终，并在寻找新乡贤文化建构的历史逻辑起点工作中重点使用。

### （二）比较分析法

比较分析法是一种根据特定标准对客观事物进行比较，以了解事物的本质和规律，正确评估事物，发现异同，并总结其一般规律和特殊规律的研究方法。因此，通过纵向对比我国不同历史时期乡贤文化的内涵特征与功能价值，了解乡贤文化发展演变过程；通过横向比较我国东中西部地区新乡贤文化的建设情况，了解各地新乡贤文化建设的具体举措和经验。

### （三）田野调查法

田野调查法是在社会科学研究领域中被重视的一种研究方法，通过实地参与现场并记录人和事物来反映所研究对象的本质。本研究从我国东中西部地区选择具有代表性的村落，对新乡贤文化构成要素、新乡贤文化建构状况进行田野调查，以此了解和掌握我国新乡贤文化建构的现状和问题，将理论与实践有机结合起来。

（四）深度访谈法

深度访谈法通常由访问者和被调查者以一对一的形式进行，是一种无结构的、直接的、个人的访谈，通过一系列问题了解被调查者对某一问题的看法、经验和体会。本课题选取有代表性的文化学者、实地调研村两委成员和新乡贤代表等为访谈对象，通过对新乡贤文化的内涵特征、构成要素、结构功能、建构思路、建构措施等问题进行访谈，从而获取新乡贤文化建构研究的鲜活资料。

（五）规范研究法

规范研究法是社会科学研究中一种常用的研究方法，它要解决的是"应该怎么样"的问题。本课题运用文化学、社会学、管理学、传播学等相关理论，在上述方法获取相关资料的基础上，探讨新乡贤文化建构的基本理论，论述新乡贤文化建构路径，探究新乡贤文化建构模式，等等。

各种研究方法在本课题中都有其适用性，不同阶段、不同内容采用不同的研究方法，见图1.3。同时，由于当今学科的日益融合，本课题研究方法的采用也应顺应融合趋势，以确保研究成果的客观、全面和真实。

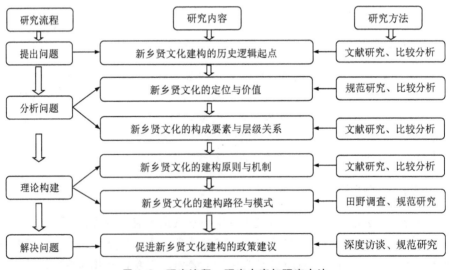

图 1.3　研究流程、研究内容与研究方法

## 二、创新点

本课题以文化学、社会学、管理学、传播学等学科理论为支撑，在已有研究成果的基础上进行视角的转换、内容的拓展和研究方法的创新。抓住历史与现实的双重维度，关注政府、媒体、乡村基层等多重建构主体，从理论依据和乡村实践两方面系统探求新乡贤文化建构机制、路径与模式，突破新乡贤文化建设研究中现有方法的局限，创新和融合多种研究方法。具体来说，本课题的创新点主要体现在以下几个方面。

第一，学术思想创新。

本课题系统提出新乡贤文化建构研究的逻辑框架。在这个框架中，既有新乡贤文化建构的历史溯源，又有新乡贤文化建构的时代定位；既引入相关理论指导新乡贤文化建构，又关注乡村基层的具体实践；既首次提出新乡贤文化建构双重路径和三种模式，又深入分析并准确揭示其内在运行与发展规律。整个框架形成逻辑闭环，体现着学术思想的创新。

第二，学术观点创新。

（1）新乡贤文化是传统乡贤文化的继承与发展，具有深厚的历史底蕴。各地在进行实践时都离不开对原有传统乡贤文化资源的追溯和挖掘，无论是对新乡贤群体的界定，还是对新乡贤文化的建构，都是通过学习传统乡贤的贤德思想，重新重视乡贤文化中尊老爱幼、回馈家乡等美好品质的方式来进行，借此来呼唤新乡贤的"出场"及新乡贤文化的建构。

（2）新乡贤"出场"体现着乡村时代之需。乡贤文化的断层、传统乡贤的退场和离场使得广大乡村一定程度上出现文化空洞、人才流失，使得乡村治理和建设陷于困境。新乡贤以其独特优势和多重路径在乡村舞台出场亮相，顺应着乡村化解困境的时代之需。新乡贤的"出场"并不简单等同于传统乡贤的返场，而是以更广泛的来源和更先进的内涵活跃在乡村大舞台。

（3）新乡贤文化具有三重价值。从历史传承、时代特质、内生视角三个方面高度概括新乡贤文化的三重价值，一是在连接历史之根中传承乡贤文脉，突出其传承贤德、承载乡愁的价值；二是在对接现实之需中彰显时代品格，突出其服务于乡村振兴的价值；三是在链接新乡贤群体中凸显内生魅力，突出其乡村内生、作用持久的价值。

（4）新乡贤文化建构依赖城乡协同机制。新乡贤群体的生成离不开城市，新乡贤扎根乡村需要城乡一体化发展，因而新乡贤文化建构不只是乡村单方面的事情，需要城市和乡村的共同努力。城乡协同机制促成城乡资源的双向流动，有助于乡村吸引力的提升，使得新乡贤文化建构快速且有效。

（5）新乡贤文化建构遵循双重建构路径。强制性建构路径和诱致性建构路径是新乡贤文化建构的两条重要路径，体现着制度经济学的分析框架和话语体系，是当今新乡贤文化建构的两个着力点，具有鲜明的适配性。

（6）新乡贤文化建构遵循三种建构模式。不同地域、不同类型的乡村，面临着各不相同的内外环境，自然禀赋和生产要素千差万别，因而新乡贤文化建构模式也各不相同。由上至下建构模式、由下至上建构模式以及上下联动建构模式的提出，为新乡贤文化建构提供不同思路和举措。

（7）新乡贤文化建构离不开传播。新乡贤文化建构与传播是相互激励约束的有机整体，新乡贤文化在建构中传播，并在传播中建构，遵循嵌套循环模式。

第三，研究方法创新。

通过田野调查法和深度访谈法等多种研究方法获取大量新乡贤文化建构方面的实践案例，以此考察新乡贤文化建构的机制、路径与模式，并检验其内在运行规律。

# 第二章　乡贤文化的历史演变与历史地位

　　乡贤文化是中国传统优秀文化在乡村的表现，是对古代先贤优良品行的继承与弘扬。乡贤文化是中国传统乡村治理的重要内容，中国封建社会时期，长期以来奉行着"皇权不下县，县下惟宗族，宗族皆自治"的社会治理模式，乡村治理与国家管理在一定程度上互不干扰、互为依存。乡贤文化是历朝历代乡贤优秀德行凝聚的意识形态的集合，不同历史时期乡贤文化有不同的内涵与地位。传统乡贤文化的产生到乡贤文化的衰微再到乡贤文化的复兴，反映了不同历史时期的乡贤文化及其治理的变迁。

## 第一节　乡贤文化的内涵与特征

　　"乡贤"一词始于东汉，多指德行高尚的饱学之士，是具有崇高威望、品德高尚、学识出众的社会贤达。清朝儒学家梁章钜在《称谓录》一书中记载："东海孔融为北海相，以甄士然祀于社，此称乡贤之始。"对乡贤的内涵释义可以参考春秋时期鲁国的叔孙豹与晋国的范宣子就"死而不朽"讨论得出的"三不朽"的标准。《左传》谓："太上有立德，其次有立功，其次有立言，虽久不废，此之谓不朽。"立德是指为人道德高尚，品行端正；立功是指为国家建立功绩；立言是指研究学问提出真知灼见，著书立说。以此为据，对乡贤的评判认定也应是乡村中有德行、有才能，且广受村民好评，有一定威望的人。在不同历史时期，由于政治文化背景不同，对于乡贤有"乡老""父老""耆老""乡绅"等称呼，这些都是乡贤群体的典型代表。

　　乡贤文化是名人先贤的优秀品质和光辉事迹经过数代的沉淀而塑造出来的一种榜样文化，对当地乡民有地域接近性和亲近性，是引导激励乡民向上向善的信仰力量。乡贤文化作为中华传统文化的一部分，是一个综合性较强的文化领域，涉及历史学、文化学、社会学等多个领域，与地域文化、方志文化、名人文化等联系紧密，一方面存在交叉，另一方面又有其自身特有的研究内容与价值。

## 一、乡贤释义

乡贤既是乡贤文化的主体，也是乡贤文化的核心内容。因此，在研究乡贤文化的过程中，首先需要明确乡贤的概念，再在此基础上总结归纳乡贤群体的基本特征，为解读乡贤文化的内涵奠定基础。

### （一）乡贤的概念

对于乡贤概念的定义，学术界有不同的见解，但总体上大致可以概括为以下两种。

一是从历史文化的角度出发，以传统的乡绅概念理解乡贤，将两者融合。对于乡绅与乡贤的关系，一些学者将乡绅等同于乡贤，认为二者并无差异。这一说法主要源自明清时期，由于乡贤祠的设立使乡绅阶层的发展达到顶峰，世人皆以死后进入乡贤祠为荣。嘉靖十三年（1534），官府规定进入乡贤祠的标准是"生于其地，而有德业学行传于世者，谓之乡贤"。乡绅即绅士，绅士旧时主要指地方上有势力、有名望的人，大多是地主或退职的官僚，而乡绅实际上是本土乡村的道德权威和意见领袖，在基层社会治理过程中发挥重要作用。

乡绅的产生与中国历史时期的政治体系与社会结构密不可分。在中国两千多年的封建时期，封建皇权并没有直接延伸到乡村，乡村建设发展很大程度上依赖自治。儒家学说长期以来作为官方主流思想对民众影响深远，"德治""礼治"思想深入人心。而乡贤作为基层乡村的意见领袖和精神权威是基层乡村的实际控制者，在乡村治理中发挥重要作用。可见，中国传统社会的基层社会秩序主要是通过由地缘和血缘形成的伦理道德维系的。乡绅治村实质上是中央集权和地方自治有机结合下的产物，乡绅正是介于封建政府和基层乡村之间的新阶层。

对于乡贤的概念，许多学者都提出了自己的见解，如赵培浩、彭先国在《乡村自治视角下传统乡贤的社会角色分析》一文中，提出乡贤的内涵及外延有一定弹性，在村庄内有较高的威望和能力并致力于当地政治、经济、文化等社会公共事务，对地方有贡献的乡村贤能人士就是乡贤。关于乡贤的外延，张兆成在《论传统乡贤与现代新乡贤的内涵界定与社会功能》一文中，提出传统意义上的乡绅、绅士、士绅、士大夫等一切有利于乡里建设、秩序维持的社会贤达都属于乡贤的外延。季中扬、胡燕在《当代乡村建设中乡贤文化自觉与践行路径》中提出："所谓乡贤，主要指传统乡绅阶层中有贤德，有文化，在乡村公共事务中有所担当的人。"李金哲在《困境与路径：以新乡贤推进当代乡村治理》中认为，乡贤由"乡"与"贤"两部分组成，可解释为乡村贤能之士。学者钱念孙在《乡贤文化为什么与我们渐行渐远》中认为，乡贤就是旧时的乡绅，主要指本地乡村中在学识、才能、品行、道德等方面十分出众，受人敬重的人，有较高的口碑和威望。

然而也有学者认为，乡贤不能完全等同于乡绅。一方面，乡绅是一个中性的概念[①]，有优劣好坏之分。历史上有与农民守望相助、广济邻里的优秀乡绅，如明代创办著名民间慈善组织同善会的杨东明，清朝末年开展实业救国的郑观应、张謇等人就是优秀乡绅的代表，可以称为乡贤。同时，也有欺男霸女、危害乡里的土豪劣绅，如电影《红色娘子军》中的南霸天，平日里勾结官府、横行乡里、草菅人命、鱼肉百姓。另一方面，乡贤并不都是由乡绅组成的，还有许多普通乡贤。目前在研究历史乡贤的过程中，不能只从地主、官僚这些身份进行判断，更看重其是否为乡村发展建设作出贡献或是否具有崇高的精神品质。学者付翠莲在《乡村振兴视域下新乡贤推进乡村软治理的路径研究》中提出，只有乡绅群体中的佼佼者才是乡贤。任九光在《"乡贤"的历史发展与近代突变——兼论新乡贤建设应汲取的历史经验教训》中指出了乡贤和乡绅的联系与区别，乡绅和乡贤联系紧密，有很大的交集，乡绅之中有乡贤，乡贤之中也有乡绅，但是二者并不是完全重合。乡贤主要强调贤能，对道德品行提出了要求，而乡绅更看重其是否具备经济实力。

二是从乡贤的基本特征和组成要素出发，对乡贤的概念进行解读。学者文学平在《关于新乡贤文化建设的若干思考》中总结出传统乡贤需要满足的四个要素，分别是地域性的身份要素、品德要素、能力要素和声望要素。学者张会会同样强调乡贤的地域归属、德行高低、学识多少，在《明代乡贤祭祀与儒学正统》中提出，乡贤是"生于其地而德业、学行著于世者"。学者赵浩在《"乡贤"的伦理精神及其向当代"新乡贤"的转变轨迹》中将乡贤两字拆开解释，强调"乡"即"在地"，"贤"即"贤达"，认为地域性、知名度与道德价值呈现是乡贤必须具备的三个基本要素。可见，在解析乡贤概念的过程中，乡贤地域性、贤德性、学识度和知名度都是必不可少的。乡贤应是在本地出生成长，因为品行高尚、才能出众受到乡民的敬重爱戴，进而回馈故里，促进乡村发展，是中国乡土社会的重要力量。在中国传统的农业社会时期，乡贤在乡村中发挥着宣传教化、乡村治理、传承精神、辅助皇权等重要作用，是几千年来维系中国乡村基层社会发展的重要力量。

---

① 王伟林：《乡村振兴背景下的乡贤文化传承与应用研究》，硕士学位论文，山东大学文化产业管理专业，2019。

#### （二）乡贤的基本特征

乡贤的基本特征在概念中有所涉及，主要体现为以下几点。

第一，乡贤地域特征明显。学者袁灿兴依据传统圣贤的"三不朽"标准，提出乡贤的标准为"四立"，分别是立足地方、立功、立德、立言，并将立足地方放在第一位。乡贤大多世代在乡村居住，在本地出生、成长、读书学习，后经科举考试入朝为官而离开家乡。因为长期在乡村生活，和乡民之间朝夕相处，对乡村和乡民有较深的感情。受叶落归根等乡土情怀的影响，多数乡贤在休假和离职后依然会回到家乡，并为乡村发展建设作出贡献。宋代出现了用以祭祀乡贤的先贤祠，资政殿学士马光祖于青溪兴建先贤祠时，明确提及了"凡生于斯、任于斯，居且游于斯，……可祠于斯者，……"①，凸显乡贤地域性的特点。同时，由于乡贤具有地缘的接近性，让乡民倍感亲切，印象深刻，在塑造乡村权威形象和发挥示范作用的时候，乡民不易产生疏离反感心理，更容易获得乡民认可和支持，从而激发乡民向贤心理。

第二，乡贤素质涵养出众。乡贤素质涵养出众是根据乡贤在各个领域的表现综合概括后得出的结论，其中贤德最为重要。在科举制度产生之前，乡贤大多是基层乡村自发推选出的年高有德的人，如汉代的察举孝廉制度，乡贤一经产生就对贤德性提出了要求。正如东汉著名贤士黄宪，虽然自幼家境贫困，却勤勉好学，满腹经纶，为人坦率正直，品格高尚，不与世俗同流合污。在被选拔为孝廉后，不愿趋炎附势，拒绝担任官职。因其品格高尚而深受世人敬仰，后人为他立碑建祠，体现了乡贤德行出众的特点。

乡贤素质涵养出众不仅体现在"贤"字包含的道德素质，还体现在学识研究、个人技能等方面。如先秦时期的思想家墨子，他创立了诸子百家之一的墨家学派，提出了"兼爱""非攻""尚贤""节用"等理念，流传千古，对现代文化依旧影响深远。东汉蔡伦改进的造纸术，作为中国古代四大发明之一，对人类文化和文明的发展作出了巨大贡献。蔡伦去世后，后人在他的旧宅立祠来纪念他的杰出贡献，并命名为"蔡侯祠"。蔡侯祠始建年份不详，至元四年（1338）耒阳知州陈宗义重修，后几经兴废，明清时期对蔡侯祠仍有重修并保存至今。

第三，乡贤知名度与声望较高。传统乡贤一般是乡里的翘楚，是各行各业的佼佼者，在基层乡村无论是声望还是知名度都比较高。在政治方面，乡贤作为行政结构的一部分，拥有管理乡村的权力，深受乡民敬畏；在经济方面，无

---

① 《景定建康志》卷三一《儒学志四》，王晓波等点校，四川大学出版社，2007，第 1444 页。

论是宋代乡贤创办义庄还是明清时期的慈善会都为乡贤在民间提升了声望；在文化方面，乡贤群体一直都是封建政府宣传教化民众的主要力量，乡贤博闻强识，品行高尚，垂范乡里。无论是在官场、生意场还是学问场，乡贤都有较高知名度与声望。

在研究乡贤的过程中，容易将乡贤与名人等概念混淆，二者虽有共同之处，乡贤却有其自身独特性，主要体现在以下两点。

与名人相比，乡贤更强调贤德标准。名人与乡绅同样是一个中性概念，名人既可以道德高尚、流芳千古，也可以臭名昭著、遗臭万年。只要有足够的知名度，为大众知晓，无论好坏皆可成为名人。如陷害忠臣岳飞的奸相秦桧，作为有污点的历史名人，虽有很高的知名度，但不具备贤能的要求，他的家乡就不会把他选为乡贤。

与名人相比，乡贤知名度稍弱。地域性是乡贤的重要特征，历史上乡贤的光辉事迹大多通过本地乡民口耳相传，因此乡贤大多仅在本地享有较高知名度。每个乡村大多推举的都是本土乡贤，乡贤事迹传播范围有限，难以在全国范围内广泛传播。无论是空间延伸还是时间留存，乡贤与名人相比其知名度都稍显劣势。

## 二、乡贤分类

对于乡贤的分类，依据不同的标准可划分为不同的乡贤类型。从时间维度可以分为古贤与今贤，从空间维度可以分为在场乡贤、不在场乡贤等。本章主要依据乡贤自身擅长的方面或者对乡村产生影响的方面，将乡贤分为道德品行高尚的德乡贤、学识渊博的文乡贤和政绩斐然的官乡贤三种类型。

德乡贤主要指品行高尚，道德修养水平极高，被乡民视为道德权威与精神领袖的乡贤。比如孔子的仁、关羽的义、岳飞的忠、董永的孝等都是千百年来广为流传、为后人称赞的精神力量，并以此进一步形成文化，对社会民众的行为举止起到引领示范作用。文天祥青年时看到庐陵学宫祠堂中供奉着欧阳修、杨邦乂、胡铨等乡贤，都被谥为"忠"，十分钦慕，曾言"没不俎豆其间，非夫也"。他认为如果死后不能进入乡贤祠置身于那些受后人祭祀的忠臣之间，就不是大丈夫。

文乡贤主要指在思想文化、学问研究等方面取得极大的成就，影响深远的乡贤。千百年来为人们熟知的老子、墨子、李清照、朱熹、王阳明等人都是文乡贤的代表。他们提出的思想学说或创作的诗词歌赋对后世产生深远影响，是中华文化的重要组成部分。在历史上，老子被后人称为"百学之王"，是春秋时期著名的思想家、哲学家，更是道家的创始人，其著作《道德经》也被奉为中国古代哲学的经典。老子的家乡河南省鹿邑县太清宫镇在宣传本地乡贤文化的过程中，除了宣传太清宫、老子文化广场等本地的名胜古迹，还开展老子学术研讨会、举办道家文化活动等。明代著名哲学家王阳明是浙江余姚人，余姚市人民政府修缮扩建他的故居，挖掘和弘扬"勤读书、早立志、学做人、做好人"的家规家训，成立廉政文化教育基地等。

官乡贤既包括为官清廉、政绩显著、造福一方的在职官员，也包括致仕返乡、情牵故里、反哺乡梓的离任官员。如唐代名臣狄仁杰，北宋名臣范仲淹、包拯等，都是官乡贤的典型代表。战国时期的李冰在担任蜀郡太守期间，在当地修建水利工程，最著名的是他在岷江出山口主持兴建的都江堰，成都平原因为有此灌溉工程变得富庶起来。南北朝时期，为纪念李冰父子的伟大功绩，齐明帝建武元年（494），将望帝祠加以改造，并更名为崇德庙。宋朝以后，李冰父子相继被历代帝王追封为王，因此崇德庙又称为二王庙。清代名臣海瑞为官期间打击豪强劣绅，严惩贪官污吏，退田还民，推行"一条鞭法"的赋税徭役制度，被世人誉为"海青天"。可见官乡贤无论是身居庙堂还是为政一方，都能坚持自身的原则与操守，并体恤平民百姓，受到百姓的爱戴和信任。

乡贤拥有不同的职业身份，在不同的领域各自取得成就，虽然由于划分乡贤的标准不同而有不同的称呼，但是他们都发挥自身的优势长处为乡村百姓谋福利，促进乡村的建设与发展。

### 三、乡贤文化内涵

乡贤本是社会学上的名词，"文化"成为将其从社会学转移到文化学乃至文化产业学科的关键。[①] 乡贤文化由乡贤衍生而出，是乡贤在道德、学识、艺术、信仰等方面的复合体，是一种以道德伦理为基础的榜样文化。其本质是一种催人向上、见贤思齐的优秀文化，是乡贤通过行为举止引领激励普通民众并促进普通民众提升自我、向乡贤转变的优秀文化。

乡贤文化历史悠久，扎根于乡土之中，是在历史进程中不断演变而形成的。一些乡绅在乡村社会建设、精神引领、公共事务中贡献力量，因此被称为"乡贤"。通常乡贤在村民中拥有较高的威望和良好的口碑，他们具有深厚的文化底蕴、为人忠厚正直，是乡民推崇的精神领袖，具有榜样的力量。榜样的力量是无穷的，与享誉国内的外地名人模范相比，身边的榜样更具感染力，地理和心理上的接近性促使乡贤更容易获得当地老百姓的认可，更容易被效仿。也

---

① 王伟林：《乡村振兴背景下的乡贤文化传承与应用研究》，硕士学位论文，山东大学文化产业管理专业，2019。

正因如此，乡贤文化在乡村基层之间逐渐形成，并发挥作用。

尽管在不同历史时期，由于政治经济情况不同，对乡贤的评判标准不同，致使社会对乡贤文化的内涵释义略有差异。但总体来看，乡贤文化是以乡愁为基因、以乡情为纽带、以乡贤为楷模、以乡村为空间，以实现乡村经济发展、社会稳定、村民安居乐业为目标的一种文化形态。[①] 乡贤文化是以人为中心的文化，是普通乡民在学习乡贤群体的嘉言懿行、高尚品行过程中形成的文化形态，激励着本地乡民不断积极向上。目前，虽然学者对乡贤文化有不同表述，但对其本质内涵的认识大体是一致的。乡贤文化由非物质文化遗产和物质文化遗产构成，前者包括家风家训、乡规民约、民风民俗、名人典故等，后者包括牌坊、祠堂、学堂、功德牌等。[②]

因此，本研究综合多种观点认为，乡贤文化是在乡村地区产生并传播，依托有贤德、有文化、有威望的乡贤群体，在促进乡村发展、涵养乡风、教化民众、催人向上等方面发挥重要作用的文化形态。

## 四、乡贤文化特征

乡贤文化研究是一种跨学科、跨行业、跨文化的综合研究，有其自身的独特研究对象与价值标尺。乡贤文化虽与地域文化、方志文化、姓氏文化、名人文化、旅游文化等密切相关、有所交叉，但又不完全等同。乡贤文化的基本特征可概括为地域性、贤德性、亲民性、延续性和广泛性五点。

地域性。一方面，乡贤作为乡贤文化的主体具有明显的地域特征，乡贤文化大多只研究本地的历史贤达和当代乡贤。王泉根在《中国乡贤文化研究的当代形态与上虞经验》一文中提出，乡贤文化一般不研究外地外籍来到本地并作出贡献的"客居"名流。另一方面，乡贤文化受本地文化影响，具有地域独特性。不同地区的风土人情、民俗习惯各不相同，催生出各具地方特色的乡贤文化。乡贤文化既以当地乡贤为主体，又融合地方风俗等多种文化元素，表现出明显的地域性。

贤德性。乡贤文化是由乡贤群体的高尚品德、嘉言懿行演化而出的文化形态。贤德性既是乡贤文化的重要组成部分，也是其明显的特征。贤德性是乡贤文化促使乡民见贤思齐、奋发向上的基础前提，是涵养乡风、教化乡民的关键所在。东汉时期，会稽上虞（浙江省绍兴市上虞区）的曹娥因为父亲在江中沉溺，几天后也不见尸体，年仅十四岁的她不分昼夜沿江哭泣。十七天后，曹娥

---

① 钱静、马俊哲：《国内新乡贤文化研究综述》，《北京农业职业学院学报》2016年第4期。

② 徐丹：《中国新乡贤文化建设研究》，硕士学位论文，湖南工业大学伦理学专业，2018。

也跳入江中，五天后，曹娥尸体与其父亲尸体相抱着浮出了水面。当地百姓被曹娥的孝心深深打动，为了纪念她，将她居住的村镇改名为曹娥镇，将她殉父的江改名为曹娥江，并建筑寺庙来传扬曹娥的优良品德。曹娥的高尚品行被百姓传承发扬，彰显了乡贤文化的贤德性。

亲民性。乡贤文化是在基层乡村自发、自觉形成的文化，融合了本地文化的特点，扎根于乡土社会，是从民众中"走出来"的文化，具有亲民性、草根性。乡贤本身就是乡村中的一分子，在地缘与血缘关系上与乡村联系紧密，具有亲民性。因此，乡贤文化无论是空间距离还是心理距离都与乡民相近，可以在无形之间涵养乡风。与官方秩序下高高在上的主流思想文化相比，乡贤文化更容易被乡民接受，进而发挥对乡民的激励作用。

延续性。一方面，乡贤文化不是在某一个特定历史时期形成的，而是经过漫长的历史演变，不断延续发展的结果，具有历史延续性。另一方面，由于不同历史时期的社会环境不同，不同时代所产生的乡贤文化在具体内涵、特征、范围等方面均有差异。不同时期的乡贤文化具有当时历史时期的时代特征，但是无论外部社会环境如何变化，乡贤文化蕴含的贤德思想、传递的精神内核是相对固定的，乡贤具备的品德、学问历经千年而不断传承和发扬。

广泛性。乡贤及乡贤文化内涵的外延体现了广泛性的特点。乡贤在政治、经济、文化等不同领域有不同的身份职能，促使乡贤文化在多个领域发挥独特的积极作用和影响，具有广泛性。乡贤具备高尚的德行品格，如正直清廉、老实忠厚、乐善好施、孝廉仁义等，同时学识广博、才华出众。乡贤以其德行和才华嵌入到乡村的方方面面，影响广泛。

总之，乡贤文化的地域性体现在研究对象本地化和文化内容独特化；亲民性体现在乡贤文化与乡民距离的接近性，更容易被接受；延续性体现在乡贤文化是由历史传承而来，在不同历史时期各具时代特点，但贤德核心要素延续至今；广泛性体现在乡贤文化影响了政治、经济、文化等多个领域。

## 第二节　乡贤文化的产生与发展

在中国漫长的封建社会发展中，一直奉行"皇权不下县"的封建社会治理模式。乡村治理与国家管理是两套体系，国家权力并不会直接参与到乡村的治理管理中。乡贤是维系官方秩序和民间秩序的桥梁纽带，起到上传下达的重要作用，维护了社会相对稳定的局面。

## 一、乡贤文化产生的社会背景

尽管乡贤群体在不同历史时期的称呼不尽相同，乡贤文化也因融合不同时代文化而各具特点，但是乡贤文化产生的背景大体一致。在研究乡贤文化产生的社会背景的过程中，可以从经济基础、地域环境、政权形式、社会结构和思想文化五方面进行分析。

### （一）经济基础：自给自足的小农经济

中国农业经济的发展与其他行业相比具有很强的地域固定性，流动性较小。畜牧业以放牧为生，根据草场植被是否肥沃决定是否定居，工业发展考虑交通成本等因素选择合适的厂址，但是自给自足的农耕经济所依赖的土地并不具有流动性，已经种植的农作物也不具备流动性，尽管不同土地之间也有差异，但是可供村民选择的范围也十分狭小。因此，小农经济带来的是相对稳定的居住人口，成为乡贤文化产生的经济基础。

自给自足的小农经济生产直接满足个人或者经济单位的生存需要，无需进行过多的物质交换，个人或家庭独立性较强。一般情况下，每个家庭参与的社会活动较少，对官府、市场没有明显的依存关系。由于从事农耕活动的乡民相对稳定，国家给予乡村部分自治的权力，即自行推选出本村之中德高望重、受人敬仰的乡贤来管理村中大小事务。调节邻居间矛盾纠纷之类的小事情由乡贤管理，涉及对社会造成重大危害的事情则上报衙门。

### （二）地域基础：村邑的形成

古代社会的皇室贵族几乎享有全部的社会资源，与之相对，普通农民生存相对艰辛。正如《小雅·北山》所说："溥天之下，莫非王土；率土之滨，莫非王臣。"古代封建社会的皇权就是国家权威的中轴，是神圣不可侵犯的。由于古代生产力有限，农耕活动对自然环境依赖较大，农民会选择土壤肥沃、温度适宜、水源丰富等有利于农作物生长的地方居住。与工业、畜牧业不同，农业发展依靠的土地是固定不动的，依赖这些农业条件生活的农民，除非遇到战乱等无法抵抗的因素，他们一般不会选择随意更改居住地，所以长居人口相对稳定。

乡村社会最大的特征就是群居，几十上百个以家庭为单位的农民们聚集在同一个居住地，这些家庭之间相互呼应、互帮互助，慢慢地形成了早期的村落。村落的形成主要是因为以下几点。

### 1. 整合土地资源

如北魏实行的均田制，按照人口分配土地，农民以个体为单位，劳动力有限，可使用的土地面积较小。因此，往往几个家庭联合起来共同进行农业生产，提高生产效率。为了便于劳作，这些家庭大多会居住在耕地附近，形成群居。

### 2. 合作兴修水利

由于古代生产水平较低，只依靠自然环境不能保证农作物的稳定生长，农耕活动对水利设施提出了要求。古代机械化水平低，兴修水利需要合作才能完成。因此，为了便于前期合作兴修水利，后期享受稳定的水资源，乡民逐渐开始聚居。

### 3. 维护稳定安全

在历史进程中，无论是石器时代、青铜时代还是铁器时代，基层乡村的工具都不具有太大的杀伤力。面对山野间的大型猛兽和流寇匪盗，个体家庭几乎不具备抵抗能力。因此乡民自发聚居，更能保障生命和财产安全，提高安全系数。

### 4. 人口不断增加

对于自然环境相对稳定的农村地区，人口流动性较小，往往一个家庭会世代居住于此，乡民赖以生存的土地也在家庭中不断流转、继承。随着时间的推移，家族人口不断增加，自然以土地为中心形成了更大的聚居村落。

在一个相对封闭的村落之中，乡民之间大多是熟人社交，每家每户的财产多少、矛盾纠纷、红白喜事等情况邻里之间较为清楚。在民风淳朴的村落，信息透明可以减少许多误会纠纷，即使偶尔有矛盾争执也很容易得到化解。在一个相对封闭的熟人社交环境里，大部分村民比较容易相信他们所熟悉的人，如果他们熟悉的人兼具威望、品德、才华，则更能凸显权威性。这些有威望的人在村落里更具有号召力和领导力，使得乡贤这种身份和作用随着时间的推移慢慢提升和增强。

熟悉是熟人文化的基本条件，受到距离、时间以及接触频率的影响。两个人接触距离近、时间长、频率高自然更加容易产生邻里之间的熟悉感。广大乡村地区民风淳朴，邻里之间相互信任，这种乡民之间的熟悉感是发自内心的，且这种熟悉信任是村民在熟人社交中通用的准则，这种可靠性大大加强了人与人之间的熟悉程度。本地乡贤因为德才兼备而名声在外，又在乡里之间被人们不断传播，被更多人熟悉知晓。乡贤的光环成了他在乡村行事的"通行证"，最大程度被普通村民信任和认可，更具有影响力。

### （三）政权形式：中央集权与乡村自治

自秦朝中央集权的封建帝制开始，历朝历代的君主都以加强中央集权为目标。然而，在这一过程中，如何调节中央与地方的矛盾尤为重要，统治者根据不同时期的国情，提出了乡村自治。秦晖把这种说法总结概括为："国权不下县，县下惟宗族，宗族皆自治，自治靠伦理，伦理靠乡绅。"① 乡贤介于官民之间，具有乡民这一先天身份属性，又通过后天的科举考试获得政府承认的官僚士大夫的身份。同时兼具官与民身份的乡贤既支持统治者的各项政策措施，又要维护乡民的实际利益。为了赢得更多乡民的尊敬和支持，乡贤积极参与乡村大小事务，促进乡村建设发展。

之所以用乡贤来管理村务，主要是因为古代乡村社会实际上是以"德治""礼治"进行管理的社会体系。费孝通在《乡土中国》中提出，与明文规定的律法不同，维持礼这种规范的是传统，传统是社会累计的经验。由于农村地区人员流动性小，几代人的生活变动不是很大，为遵循古法礼制创造了环境。如果发生了纠纷，人们通常会先以通用的礼制标准衡量自身行为后，再去寻找当地德高望重的乡贤做决断。

### （四）社会结构：基于血缘的宗法制

宗法制是由氏族社会的父系制度演变而来，是王公贵族按照血缘关系分配国家权力，建立世袭罔替封建统治的制度。宗法制起源于夏朝，发展于商朝，在周朝得到完善。后来，宗法制在各个封建王朝延续发展，逐渐形成了由政权、族权、神权、父权组成的宗法制度。宗法制度虽然也有适合当时社会状态的部分，但仍有一定的局限性，阻碍了社会的发展进步。

在宗法制发展的商代，已经开始出现等级秩序，小村落依附于大宗邑。宗族长是大宗邑的实际掌权者，是宗族内部的绝对权威，也被认为是早期的乡贤。西周时期，周王是天下的大宗，诸侯是周王的小宗，同时诸侯是封地的大宗，下面的卿大夫是小宗，由此形成了宗族网络。周朝的宗族长具有对本宗族领土、财务、人口进行管理的权力。宗族长控制和安排本宗族的农耕活动，是农业产量的重要影响因素。自秦朝建立大一统的中央集权统治之后，地方实行郡县制，打破了原有的宗法制对地方的控制。唐代科举制度完善后，地方官员由考试产生，享有管理地方的权力，极大削弱了宗族的势力。在远离中央的边防地区，宗法制得以生存下来，并在地方上形成了以宗法血缘观念为主导的藩

---

① 秦晖：《传统十论——本土社会的制度、文化及其变革》，复旦大学出版社，2004，第3页。

镇。由于宋代中央集权的加强，宗法制深入民间基层，形成了具有特殊意义的组织，如义庄和乡约等。

宗族是宗法制得以形成和实施的基础，而血缘是维护宗族关系最基础的一个必要条件。血缘是人们的天然属性且无法更改，与地缘关系相比更为稳定。在以血缘关系为纽带的宗族关系中，个人的存在和发展需要依附于宗族，而宗族的兴旺发展也与每个族人息息相关。宗族发展和乡贤发展互为依存，相辅相成。通常情况下，同一个宗族组织拥有同一个祖先，管理安排家族人员的日常生产生活。明清时期，乡绅是宗族中的重要成员，一方面因为乡绅通过科举考试获得官职，有特殊的政治身份；另一方面就算暂无官职，也被法律赋予享有特殊的礼制特权。皇权统治者通过较为规范完整的行政编制实现对臣民的管控，以血缘关系为基础的宗法制是与地缘行政关系互为补充的制度。因此，宗法制也成为中央集权者控制基层民众最直接有效的途径。

一些德行高尚、能力突出的乡绅往往会主持宗族中的事务，与宗族的关系密不可分。在明清时期，许多乡绅是通过宗族的经济支持才完成了科举考试，在取得官职之后自然要回馈宗族。第一，乡贤通过将私人财产捐赠给宗族，获得其他族人的支持，提高其在宗族的地位和声望。第二，乡绅凭借自身的政治身份和声望权威，处理宗族中的纠纷琐事。第三，以乡绅为中心，发挥其在政治、经济、文化中的人脉资源，形成利益集团，组织族人为宗族谋取更多的经济和政治利益。

总而言之，一方面，宗法制凭借乡绅的特殊身份地位，实现对基层乡村的管理控制；另一方面，宗法制又发挥着对乡民的教化功能和传播先进文化技术的功能，在我国历史发展过程中起到举足轻重的作用。

（五）思想基础：儒家文化与臣民思想

儒家文化是中国文化几千年来延续至今的重要支柱，也是重要的政治文化核心。它的主要思想旨在强调"礼"是治国安邦的重要基础，强调礼制的重要性。经过不同朝代的沉淀积累，儒家文化的思想内涵也有所拓展。儒家认为，只要人人遵守符合其身份和地位的行为准则，就可以实现"礼达而分定"。只要严格遵从孔子所说的"君君臣臣父父子子"，就可以维护长幼有序、贵贱尊卑有别的社会秩序，反之，则会引起社会混乱、国家动荡。荀子著有《礼论》，他认为"礼者，贵贱有等，长幼有差，贫富轻重皆有称者也"。礼的存在使得人们在长幼、贵贱、贫富等封建等级中有恰当的位置，需要遵守符合其身份的行为规范。

在强调"德治""礼治"的儒家文化的影响下，"礼"的观念深入社会，逐渐成为维系社会秩序稳定的准则，成为衡量乡民言行举止的标尺。人们把"礼"作为自己的行为准则，把乡贤作为乡村治理的主体，认可乡贤治理的合理性。在封建政府的教化下，这种观念不断强化，使人们自觉按照"礼"的标准为人处事。这种治理准则在我国持续了数千年，意义深远。

在封建帝制的统治下，儒家思想作为官方主流思想广为传播，"礼治"的观念早已深入人心。费孝通先生曾说，"乡土社会是'礼治'的社会"，其主要原因在于，与中国封建传统社会"皇权不下县"的国家机构设置相对应的是"国法不下乡"。基层乡村社会治理过程中更多是通过乡约民规管理乡民，而乡民也习惯于"人治""礼治"的方式。被誉为"中国通"的美国汉学学者费正清也曾提出："法制是政体的一部分，它始终是高高地超越农村日常生活水平的、表面上的东西。所以，大部分纠纷是通过法律以外的调停以及根据旧风俗和地方上的意见来解决的。"

"礼治"不仅是儒家思想在基层乡村管理的体现，更是经过漫长历史时期演化而成的结果。无论是封建统治者还是普通乡民百姓，早已习惯"礼治""德治"作为基层乡村的管理方式。"'礼'在社会教化的过程中演变为传统的习惯，乡贤治理是乡土社会的一种治理传统，是在实践中证明利于乡村治理的有效方式。"① 从先秦时期开始，作为宗族长的乡贤在基层乡村社会中就已经担负起祭祀、礼仪的重要工作。秦汉时期，乡贤更是在教化百姓、调解邻里矛盾等方面发挥重要作用。作为基层乡村的管理者，乡贤在乡规民约的制订上有极强的话语权和主动权，甚至宋代的范氏义庄和吕氏乡约直接由士大夫阶级制订而成。乡贤作为乡村精英，凭借自身高尚的品行、渊博的学识受到乡民敬重，在日常生产生活过程中，被本地乡民视为标杆，是大家崇拜的榜样、偶像，受到乡民的追随和模仿，逐渐成为本地的意见领袖，有极强的影响力。

乡贤治村不仅有儒家文化"礼治"观念作为思想基础，更受到数千年来封建统治下臣民思想的重要影响。臣民思想是一种臣服于封建君权统治的意识形态，其核心思想是皇权至上，有明确的等级观念和依附意识。在漫长的历史时期，尽管朝代之间有所更迭，但是随着中央集权的不断增强，臣民思想始终得到延续和发展。长期以来，乡民逐渐形成了一种依托于政治权威的人格特质，对政府官员有着畏惧和依附的心理，为乡贤治村奠定了思想基础。

"臣民"思想之所以在民众心中根深蒂固，一方面是历史延续的结果，另一方面源于封建皇权的宣传教化。管子将民众分为"士农工商"四类，浅层意思是将民众按照读书、种田、做工、经商的社会分工分为四类。汉武帝时期，

---

① 刘阁：《政治文化视角下的乡贤治理研究》，硕士学位论文，南京师范大学政治学专业，2018。

罢黜百家，独尊儒术，强调社会秩序的重要性。随着科举制度的完善，读书与做官联系密切，"士农工商"延伸出深层含义，实质上是将民众按照从高到低进行等级排序，强调尊卑秩序。在"士农工商"的社会秩序下，尊卑有序等思想在人们心中逐渐固化，社会等级秩序更为明显。在明清时期，读书人的社会地位已经稳居"四民之首"，随着读书人地位的不断提高，演化出了乡绅阶级。乡绅阶级不仅受民众的敬仰，在生产生活中更是被统治者在经济、司法、礼仪等方面赋予种种实质的特权。再加上乡绅群体自身具有品行高尚、学识渊博、才华横溢等特质，他们在一定程度上对基层乡村的发展拥有决定权、话语权和控制权，为乡贤治村提供了制度保障。普通乡民一方面畏惧乡贤代表的政府权威，另一方面对乡贤权威有依赖心理，习惯乡贤治理的社会管理方式。因此，乡贤治理也成了中国古代统治者对基层乡村最有效的管理控制方式。

## 二、乡贤文化的历史演变轨迹

中国的乡贤从最初的雏形到成为一个相对稳定的群体，它的发展经过了漫长的历史沉淀。从先秦时期到秦汉时期，再到之后的唐宋明清时期，不同的历史时期，乡贤群体虽然称谓不同，具有当时历史环境的时代特征，但都有着共通的精神内核。

### (一) 先秦时期

回溯历史，作为五帝之一的舜帝应该是史料记载中最早被称为乡贤的人。《史记》载"顺事父及后母与弟，日以笃谨，匪有解"。舜为人谦虚谨慎、忠厚老实，侍奉父母丝毫没有怠慢。他的父亲与弟弟多次想要加害于他，舜不仅没有记恨他们，甚至始终对他们照顾有加，在年轻时期舜就凭借孝的品行被世人熟知。因其品行高尚，侍亲至孝，当地的乡民自发追随他。史料记载，"舜耕历山，历山之人皆让畔；渔雷泽，雷泽上人皆让居；陶河滨，河滨器皆不苦窳"。舜所居住的地方，总是能汇集越来越多的乡民，两年成邑，三年成都。像舜一样拥有高尚德行的先贤能如春风化雨般在无形之中润泽乡民，起到涵化民风的效果。远古时期的"舜会百官"不仅是当时文化学者和名人能士的聚会，许多乡贤人物也参与其中。以舜为代表的乡贤文化延续至今，在浙江上虞等地方，建有大舜庙及舜耕群雕等，由此可见乡贤文化在当今社会中依然发挥着重要作用。

商代开始出现了以宗族长为主导的聚居模式。在商代基层乡村的邑落体系中，逐渐形成了两级：较大型的村邑和较小型的村落。根据考古学、历史学的相关研究，从出土的遗址可以看出，在大型村邑中逐渐形成了早期的贵族阶层，出现了宗族长，并产生了家族的宗庙，设有祭祀的程序礼仪，在一定程度上可以证明已经出现了等级的划分。而与之不同的是在较小型的村落中，并没有发现家族宗庙和祭祀中心的遗迹，由此可见，在较小型村落当中，乡民之间没有产生明确的高低等级差异，彼此之间相对是自由平等的。小型村落的乡民依托血缘关系，形成小型氏族部落，过着相对自由平等、单一耕作的农耕生活。宗族关系出现后，逐渐形成了邑，村邑与宗邑之间就是宗长族长所在的家族村邑与其他分支家族之关系。从整体上来看商代基层乡村的邑落体系，小村落逐渐依附于大宗邑，而作为大宗邑的实际掌权者也就是宗长族长，成为当时的乡贤。

进入西周时期后，虽然国家在组织结构上有较为明显的制度化改变，但底层乡村社会的制度形态并没有受到很大的冲击和破坏，而是延续先代的传统，连接性较强。因此，邑落制度在西周持续不断地发展，并在宗族的物质生产、血缘系统和管理制度等方面得到了一定的提升。农业生产主要受到宗族长如何安排农耕活动的影响，曾经作为宗族长的乡贤群体依旧在基层村落中发挥着重要的作用。

西周时期采用"封藩建卫"的方式管理民众，将统治区域分为"国""野"两部分。"国"主要是指古代的城市；"野"又称"鄙""遂"，是指广大农村地区，两周在对"野"的管理上形成了独特的"乡遂制度"。在行政体系中设有"乡师""遂师"等职位，主要用于管理其负责治理的乡村的教化工作，并对各级官员的工作政绩起到督查核实的作用。《周礼》中记载，"乡师之职，各掌其所治乡之教而听其治"。封建时期的统治者通过规范基层的行政编制达到管控乡村民众的目的，行政编制在传统地域划分的基础上，融合了血缘宗族等多重组织结构。因此，在西周时期，作为乡贤的宗族长和乡师则成了乡村百姓管理体系中最基层的一员，也是最有效的方式。

## （二）秦汉时期

春秋战国时期，随着周王的势力逐渐减弱，诸侯群雄纷争，各国之间战争不断。与此同时，各国也涌现出许多杰出的政治家和思想家，在政治经济等领域纷纷掀起改革的浪潮。秦国商鞅提出"废井田，开阡陌"，实施土地私有制，允许人们开荒。这一举措打压限制了宗室贵族和名门望族的实际利益，促使宗族进一步解体。普通民众可以开荒种田，不必依赖传统贵族的土地维持生活，这一举措致使自由民逐渐涌现，传统的奴隶劳工制式微，封建行政统治出现雏形。

秦朝的"乡里制度"作为一种基层社会的治理制度逐渐成熟，在这种社会治理模式下，"父老"是乡贤群体的代表。父老主要是指乡里之间年老的长者，因为其道德修养水平较高，比普通民众更体察人情世故，能够为人表率，逐渐获得当地民众的敬仰。《管子》："故吏者所以教顺也，三老、里有司、伍长者，所以为率也。"秦朝的父老在帮助无法维持生计的贫苦村民获得富裕村民的借贷救济、照顾弱势群体、促进乡风和谐、调节邻里矛盾等问题上发挥了重要作用。尽管父老在地方管理中发挥着重要作用，但是在以法治国的秦朝，父老并不是政府设立的官职。因此，乡里父老的权力范围、活动空间受到极大的限制，不能完全发挥基层乡村邻里自治的作用。秦朝的父老虽然不是政府设立的官职，但这一称呼却沿用下来，对西汉影响深远。

西汉初期，农村地区主要推行"三老制度"，掌管教化的三老成为乡贤的代表。汉高祖刘邦作为沛县亭长在组织起义军的过程中就吸纳了许多基层里吏出身的官员。在起义过程中，他更深刻体会到父老乡贤群体在民众中的巨大影响力和在反秦战争中的重要作用。因此，在西汉建国初期，刘邦通过设立三老制度，把基层乡村的父老乡贤统一收编到中央政府的管控范围内。需要明晰的是，虽然秦朝时期已经出现了"父老""乡三老"，但是刘邦是把"县三老"设立为政治制度的第一人。《汉书》记载，刘邦在汉二年二月癸未，令民除秦社稷，立汉社稷。刘邦颁布了新的政令："举民年五十以上，有修行，能帅众为善，置以为三老，乡一人。择乡三老一人为县三老，与县令、丞、尉以事相教，复勿徭戍。以十月赐酒肉。"由此可见西汉时期的三老不仅是民间德高望重的长者，更拥有官方的行政职位和政治身份。三老一般是当地道德修养高、品行高尚，在当地具有较高权威声望的耆老或者退休还乡的官员。三老制度的设立主要是为了弥补政府对百姓教化方面的空缺，政府通过规定三老的行政职能，把教化百姓确立为三老最重要的工作任务。《汉书》中《百官公卿表》记载："大率十里一亭，亭有长；十亭一乡，乡有三老、有秩、啬夫、游徼。三老掌教化；啬夫职听讼，收赋税；游徼循禁盗贼。"除此之外，三老乡贤还承担着其他民间自治的重要任务。

三老是基层地方的领袖，职位等同于乡长，是维系官府与民间社会的重要纽带。在三老被纳入基层行政体系后，三老有了官职的属性，本来由村民推举而出的德高望重的乡贤如今有了新的身份属性。值得注意的是，官乡贤与德乡贤并不矛盾冲突，二者之间也没有明确的区分，只是侧重的方面有所不同。

中国古代社会上就有许多既是官乡贤也是德乡贤的代表，如西汉的苏武、唐代的狄仁杰等。汉武帝时期不断讨伐匈奴，双方多次派使节互相侦查。天汉元年（前100）汉武帝派遣苏武以中郎将的身份前往匈奴。然而，当苏武到达匈奴后就被扣留，并被匈奴贵族威逼利诱，劝说投降，但是均未成功。后来苏武被迫前往北海边牧羊，匈奴贵族让苏武手持汉朝符节，扬言需要公羊生子才能释放他回国。苏武历尽艰辛，留居匈奴十九年持节不屈，最终成功返回家乡。后人为了纪念苏武坚贞不屈的精神，为他修建了苏武庙。汉宣帝也将苏武列为麒麟阁十一功臣之一，用以称赞他爱国忠贞的节操。唐朝的狄仁杰以不畏权贵著称，他在担任魏州刺史期间，翻阅过去的冤假错案重新审判，当地百姓为感恩狄仁杰的厚德，为其建造了生祠。狄仁杰在任职大理寺丞期间，也处理了许多遗留下来的案件，为人正直、处事公正，深受百姓敬重，被称为"唐室砥柱"。

可见，在乡村中的德乡贤可以教化民风，对维系民间社会秩序稳定起到了重要作用。处于朝堂之上的官乡贤在很大程度上也可以通过行政手段达到勤政爱民、提携贤士、为民谋利、美化乡风的作用。

汉朝灭亡后诸侯割据，社会动荡不安，百姓饱受战乱之苦。受天灾战乱的影响，基层乡民难以维持生计，不得不依附于当地的豪门贵族。基层的控制权发生改变，三老实际上已经无法控制基层乡村的乡民。

（三）唐宋时期

唐朝建立之初恢复设置"父老制度"，此时父老、耆老是乡贤群体的代表。《通典》卷三十三记载："大唐凡百户为里，里置正一人；五里为一乡，乡置耆老一人。以耆年平谨者，县补之，亦曰父老。"耆老作为封建政府和基层乡民之间的纽带，发挥着上传下达、整顿乡风、教化乡里的作用。太宗在《存问并州父老玺书》中提到："父老宜约勤乡党，教导后生亲疏子弟，务在忠孝，必使风俗敦厚，异于他方。副朕此怀，光示远迩，使旌表门闾，荣辱家国，书名竹帛，岂不美乎。"耆老因为品行高尚受人尊敬，是乡村的精神权威和意见领袖。官府设立耆老的目的主要就是利用耆老在基层乡村的权威，加强对当地百姓的管控和教化。除了通过耆老的嘉言懿行影响乡民，官府还开设"村学"作为教化民众的重要途径。在唐代初期就有规定设立"乡学""村学"，《通典》卷五十三有云："诏诸州县及乡，并令置学。"

此后在唐玄宗时期又两次颁布有关乡学的诏书，第一次是开元二十六年（738）正月，文曰："古者乡有序，党有塾，将以弘长儒教，诱进学徒，化人成俗，率由于是。其天下州县，每乡之内，各里置一学，仍择师资，令其教授。"第二次是天宝三年（744）亲祭九宫坛大赦天下制，文曰："乡学之中，倍增教授，郡县官长，明申劝课。"两道诏书间隔并不长，可见官府对设立乡学的重视程度和迫切需求。

耆老还要肩负起推举贤能、整肃乡风、监管约束基层县吏的职责。通过研究唐代德政碑的相关文献，可以了解耆老在民间的部分工作内容。第一，耆老可以为藩镇和州县官员奏请刻立德政碑。《全唐文》中记载，贞元初年（785），"潞之缁黄耆艾，诣阙陈情，愿勒贞石"。这里的"耆艾"即耆老，与当地民众一道远赴京城请求为前节度使李抱真申请刻立德政碑。第二，耆老拥有上书反映当地官员政绩或败绩的权力。天祐三年（906）所刻《王审知德政碑》载，"今节度都押衙程赟及军州将史、百姓、耆老等，久怀化育，愿纪功庸，列状上闻，请议刊勒"。王审知的功劳也被当地官员、民众、耆老整理成文字材料，向上奏闻。耆老以此监督官员的工作，对官员起到约束和威慑的作用。第三，耆老可以干涉地方官员的任免。耆老作为乡贤群体，既维护封建统治又维护乡民利益，和地方官员联系紧密。因此，有时候耆老会请求官员留任或带领乡民拦留官员。如"时泉州刺史廖彦若为政贪暴，军民苦之，闻潮为理整肃，耆老乃奉牛酒遮道请留"[①]。当时泉州的刺史廖彦若为官贪婪敛财，残暴无度，军民都深陷苦难，听说王潮治理政务严谨，耆老们就捧着慰问的酒肉，拦路请求他留下做官。

宋代士大夫自发成立义庄和乡约等社会组织，此时缙绅阶层成为乡贤群体的典型代表。从汉代延续到唐代象征着官方统治的三老教化制度到了宋代发生了重大改变，出现了新的社会制度。北宋时期，由于社会经济发生重大变化，当时的慈善组织成为一种社会需求。范仲淹在苏州创立的范氏义庄，开创宗族慈善的新乡贤组织形式。《宋史》记载："置义庄里中，以赡族人。"范氏义庄是我国史料记载的第一个非宗教性民间慈善组织。宋代士大夫突破固有的家庭秩序，将本族本乡之人组织起来成立义庄，制定具体的行为规范，维持族人的日常生活秩序。义庄的主要目的是对族人进行经济资助，用义庄田地的地租赡养同宗族的贫穷成员。保证"族之人日有食，岁有衣，嫁娶凶葬皆有赡"。随后吕氏兄弟创建的乡约也相继出现。与义庄不同，乡约则号召乡民之间德业相劝，过失相规，礼俗相交，患难相恤。熙宁九年（1076），陕西蓝田的吕大临、吕大防兄弟制订的《吕氏乡约》开始推行，主要用于教化乡民、涵养乡风，期望能够实现地方社会的治理功能。该乡约规定，"在地方上推举年高德劭者一人为都约正，另外推举两位有学行者为约副。每月另选一人为直月"[②]。年高有德是可能被推举为正副乡约的基本条件，可见，声望和学识是乡约形成凝聚力的基本要求。在宋代乡约制度下，作为提倡、制订并付诸实践的乡村士大夫

---

① 薛居正：《旧五代史》卷一三四《僭伪列传第一·王审知》，吉林人民出版社，2005，第1137 页。

② 王日根：《论明清乡约属性与职能的变迁》，《厦门大学学报（哲学社会科学版）》2003 年第 2 期。

即是乡贤。

### （四）元代

元代的社会管理制度较为多元，主要由农村乡都制、城市隅坊制和村社制构成，村民自发推选出的社长是元代乡贤群体的典型。村社最初是由村民自发组织而成，目的是促进相互合作，提升农业生产力。至元七年（1270）颁布农桑之制一十四条，规定"诸县所属村疃，凡五十家立为一社，……令社众推举年高通晓农事有兼丁者立为社长"。推选具有丰富农业生产经验的社长以达到推广先进的农业生产技术、提高生产力的目的。不仅如此，推选年长者更是看中长者在乡民中拥有较高威望，受人敬仰，便于监督乡民，涵养乡风。对于乡民懒惰等不良行为，元代村社设有明确的惩罚措施。《通制条格》卷十六规定："若有不务本业，游手好闲，不遵父母兄长教令，凶徒恶党之人，先从社长叮咛教训。如是不改，籍记姓名，候提点官到日，对社众审问是实，于门首大字粉壁书不务本业、游惰凶恶等名称。如本人知耻改过，从社长保明申官，毁去粉壁。如终是不改，但遇本社合著夫役，替民应当。候悔过自新，方许除籍。"

### （五）明清时期

中国明清时期的基层社会大体上由官吏、乡绅和乡民三个社会阶层组成。[①] 大部分官吏生活在热闹繁华的城镇，而大量的乡绅和乡民生活在安静封闭的乡村。

明朝建立后，形成了以户为单位的"乡—都—图（里）"的管理制度。明代政府设立了黄册制度和鱼鳞图册用于管理户籍人口。黄册以户为单位，详细登记了籍贯、姓名、年龄、丁口、田宅、资产等信息，并按从事职业将户籍分为民、军、匠三大类。鱼鳞图册主要登记田产情况，是收取赋税的重要参考依据。清朝对于基层的管理主要采用里社制和保甲制，十户为一牌，十牌为一甲，十甲为一保，保甲长由村民、乡绅推举而成。明清时期对于户籍的严格管理，一定程度上减少了普通乡民的流动性，便于政府对农村地区的控制管理。

在明清时期，乡绅成为乡贤群体的主要组成部分。乡绅主要由科举及第未仕或落第士子、本地学识丰富的中小地主、致仕返乡的官吏和本地宗族元老组成。他们近似于官而异于官，近似于民又在民之上，是高高在上、身居庙堂的官吏和面朝黄土背朝天的基层乡民之间的中介。一方面，乡绅与官吏都是封建

---

① 徐祖澜：《乡绅之治与国家权力——以明清时期中国乡村社会为背景》，《法学家》2010 第 6 期。

皇权和科举制度的产物，其身份认定、权力赋予都直接源于传统的政治秩序。在这一政治秩序下，同一个人可以既为官又为绅，根据所处的不同背景转换不同的身份角色。由此表明，官与绅实际上属于同一群体，也必然是合作的。另一方面，本籍的乡绅与乡民之间或有血缘关系，或有地缘关系，两者必然有着强烈情感和身份的认同，并且乡绅凭借着功名、学识及财富而成为众民之首、一乡之望，成为地方利益的代表者。①

从文献角度分析，乡绅一词在唐宋时期就已出现，然而作为固定用语则是在明代开始流行。在明代文献中出现的同类用语中，绝大多数场合用的是"缙绅"。② 清代文献中有以缙绅来解释乡绅，"乡绅，本地缙绅之家"。意指乡绅的仕宦身份，而本地则是指本籍。而清代对缙绅的解释是："缙绅者，小民之望也，果能身先倡率，则民间之趋事赴功者必众。凡属本籍之人，不论文武官员，或现任、或家居，均当踊跃从事，急先垦种。"③ 由此可见，乡绅即缙绅，包括现任或家居的文武官员，且是本籍的人。在此基础上，明清时期对乡贤、乡绅的评判标准有所外延，主要以是否做官作为评判标准。因此，乡绅的组成可以用官僚系统作为参照物，结合"在场性"划分为三类：第一类，处于官职系统内部，即现任的休假居乡的官僚；第二类，曾经处于官职系统内部，但现已离开，即离职退休居乡的前官僚；第三类，尚未进入官僚系统的士人，即居乡的持有功名、学品和学衔但尚未入仕的官僚候选人。④

明清时期，乡绅的职能从普通的教化乡民逐渐拓展到社会活动的各个层面，乡绅群体利用自身的经济基础和文化水平，服务乡村百姓，塑造自身精英形象，提高自身的声望。

尽管不同时期对乡贤称呼略有差异，但是本质上乡贤都是自身个人素质极高、能力出众、才华横溢的本地人，还应具有和乡民地缘上的亲善性，在乡村治理中发挥了重要作用（表 2.1）。

① 徐祖澜：《乡绅之治与国家权力——以明清时期中国乡村社会为背景》，《法学家》2010 第 6 期。
② 明清史国际学术讨论会秘书处论文组：《明清史国际学术讨论会论文集》，天津人民出版社，1982，第 112—113 页。
③ 《清朝文献通考（一）》卷三《田赋三》，浙江古籍出版社，1988，第 4876 页。
④ 同①。

**表 2.1　各朝代乡贤比较表**

| 朝代 | 基层管理制度 | 乡贤代表 | 作用 |
|---|---|---|---|
| 上古时期 | 无 | 舜（凭借"孝"的品行，被认为是史料记载中最早的乡贤） | 以德涵养民风，润泽乡民 |
| 殷商 | 邑落制度 | 宗族长 | 掌管宗邑，分配生产资料 |
| 西周 | 乡遂制度 | 宗族长、乡师、遂师等 | 教化乡民，督查核实官员政绩 |
| 秦朝 | 乡里制度 | 父老、乡三老 | 照顾弱势群体，调解邻里关系 |
| 西汉 | 三老制度 | 县三老 | 教化百姓，乡村自治 |
| 唐朝 | 设耆老、开乡学 | 耆老、父老 | 整顿乡风，教化百姓，监督县吏 |
| 宋朝 | 义庄、乡约 | 缙绅阶层 | 资助族人日常生活，维护生活秩序 |
| 元朝 | 村社制度 | 社长 | 促进农业生产，监督乡民 |
| 明清时期 | 黄册图册、保甲制度 | 乡绅 | 管理乡村日常事务，扩大自身声望影响 |

## 三、乡贤文化的消亡与重构

乡贤文化在明清时期进入了鼎盛阶段，乡贤群体被世人尊敬推崇。随后，清朝末期在政治、经济、文化等方面发生巨大变革，直接导致乡贤群体产生分化，乡贤文化逐渐没落，最终消亡。然而随着现代社会的发展和乡村振兴战略的提出，为解决乡村发展面临的问题，乡贤文化作为一种乡村本土文化，需要重新被赋予新时代的生命力，为乡村建设发展贡献力量。

### （一）乡贤文化的断层与消亡

自十九世纪中叶起，以英国为首的西方列强用鸦片、大炮打开了中国封闭的大门，中国社会发生了翻天覆地的变化，进入了半殖民地半封建社会，传统的自给自足的小农经济开始瓦解。经历鸦片战争后，中国社会面临巨大变革，传统的政治、经济、文化受到巨大冲击。光绪元年（1875），李鸿章在奏折中用"数千年来未有之变局"来形容当时的形势。在社会变革中，传统的乡绅阶层经历了多元分化并最终消亡的过程。1905 年 9 月 2 日，清政府颁布法令废除科举制度，清廷奉上谕："自丙午科为始，所有乡会试一律停止，各省岁科考试，亦即停止。"这一法令导致乡绅阶层通往上层权力的途径被切断。一方面是西方资本主义文化思想的输入，另一方面是在国家救亡图存的紧要关头，促使作为社会重要力量的乡绅阶层开始不断分化。

　　民国时期，旧式有功名且留在乡村的乡绅极其少见。"至民国时期，作为清朝遗老遗少和具有科举功名的绅士已经随着社会变迁和时间的流逝而渐趋衰落，'士绅'一词却仍然流行，被用来指称各种在地方社会有声望、有地位的人士，其中既包括传统的士绅，也包括民国党政军新贵、新式商人和新文化人。显然，这一社会群体较之严格意义上的明清时期士绅阶层要宽泛。"①

　　由此可见，乡绅阶层的分化主要有以下三种途径：第一，成为新式商人，如企业主、资本家等；第二，成为新自由职业者，如教师、记者、律师、医生等；第三，成为新式军队、政府的一员。许多传统的乡绅投笔从戎，成为新式军人或警官，或参与地方政事。

　　造成乡绅阶层多元分化并最终消亡主要有以下三个原因。

　　第一，西方列强入侵，民族救亡运动兴起。1840 年鸦片战争爆发，清政府战败被迫打开国门，自给自足的小农经济解体，中国沦为半殖民地半封建社会。此后清政府多次战败，被迫签订不平等条约割地赔款，以换取短暂和平。被西方列强用炮火轰开国门后，面对巨额赔款，清政府加大征收赋税，百姓生活艰辛，社会矛盾不断爆发。一方面是腐败无能的清政府，一方面是受苦受难的普通百姓，在与西方各国的强烈对比下，有识之士纷纷意识到改革的重要性。1842 年，作为官僚士绅代表的魏源在《海国图志》中提出了"师夷长技以制夷"的观点。随后兴起洋务运动，洋务派提出"自强、求富"的口号，以"中学为体、西学为用"为原则，主张学习西方先进技术，创办近代军事、民用工业，筹办海防，创办新式学堂，派遣留学生出国，等等。在民族救亡图存之际，许多忧国忧民的爱国乡绅纷纷转型，投身新学、新军、投资办厂的浪潮之中。

　　第二，清末改革不断，废除科举制度。无论是洋务运动还是戊戌变法，除了在政治、经济、军事等方面有所改革，还对教育进行了改革。1898 年，资产阶级维新派兴起戊戌变法，提出"废八股、兴西学"等改革主张。1905 年，清廷推行"新政"，在教育方面提出"废科举、办学堂、派留学"的主张。这

────────────────

　　① 魏光奇：《国民政府时期新地方精英阶层的形成》，《首都师范大学学报（社会科学版）》2003年第 1 期。

些举措直接导致传统的四书五经和儒家文化遭受冷遇，乡绅群体转而学习西方新学。"在清末的普通学校里，传统的读经课程只占 27.1%，数理化、外语等新知识课程已占 72.9%，到民国初年，传统的读经课程已减少为 8.4%，而新知识类课程竟达到 91.6%。"① 而在普通民众心中，不再学习传统儒家文化的新乡绅也逐渐丧失了文化权威的地位。在漫长的封建历史中，乡绅力量之所以可以形成发展，主要得益于科举制度。在科举制度下，乡绅群体具有读书人和为官者的双重身份，正所谓"学而优则仕"，因此，乡绅阶层的发展与科举制度的运行息息相关。废除科举制度后，乡绅群体失去了向权力上层晋升的主要渠道，为了维系社会地位和声望只能另谋出路。当乡绅群体接受新的知识教育和新的生活环境，在离开乡村向城市迁移流动后，本地乡村中乡绅继替出现中断。大量乡村精英外流，直接导致乡村人员素质降低，劣绅出现。

第三，新中国成立，乡村权力结构发生改变。民国时期，乡绅阶层不断分化，包括了新式的军人、商人、学者和其他权贵阶层，但地方的豪强劣绅数量不断增加，与民众的冲突矛盾不断增多。一时之间，乡绅群体成为社会批判的对象，国民革命时期更有人提出"有土皆豪，无绅不劣"的观点。新中国成立后，国家权力首次下沉到乡村社会，以生产队长为代表的基层干部具有行政权力，更掌握着分配生产资料的重要权力。推行土地革命，建立乡镇政权对乡村新权威作出新的定义，"劳模"等群体逐渐引领乡村政治生活，传统乡绅的权势地位逐渐消散，乡村治理进入一个新的阶段。

（二）乡贤文化的回归与重构

由于各种原因，乡贤文化出现了断层乃至消亡，但乡贤文化是我国优秀传统文化的重要组成部分，体现着我国古代治国理政的智慧，积淀了我国数千年来乡村治理的经验，在乡村治理中有其独特价值与作用，因而呼唤乡贤文化回归成为社会共识。尤其是在乡村治理与建设陷入困境时更需重视乡贤文化的作用，充分发挥其独特价值，在广袤乡村开启乡贤文化的回归与重构。

乡贤治村影响深远。提到乡贤一词，抛开对民国时期土豪劣绅的负面印象，更多的还是对古往今来受人称赞的乡贤的敬佩。翻阅文学名著，也有不少经典著作描述在中国不同历史时期乡贤文化在社会治理、涵养乡风等方面所发挥的巨大作用。在我国古代，存在以家族为单位的乡村自治制度，将地缘关系和血缘关系相结合。通常情况下，宗族长、德高望重的长者或者学识渊博、品

---

① 王先明：《变动时代的乡绅——乡绅与乡村社会结构变迁（1901—1945）》，人民出版社，2009，第 63 页。

行高尚的人被称为乡贤。在乡贤治村的过程中，乡贤的职责范围较为广阔，如促进农业发展，发展文化教育，操持村民的婚丧嫁娶，调解邻里的矛盾冲突，等等。同时，乡贤是连接村民与官府的桥梁纽带，一方面向村民宣传官府的政策，另一方面向官府表达百姓的诉求，帮助百姓渡过难关。

在现代精神文明建设过程中，乡贤群体可以根据本地实际情况对政策加以解读，提出符合本地村民需求、适合本地实施、易于群众接受的工作方案，不仅能够提升基层工作的效率，更能达到维护基层稳定、促进乡村发展的目的。可见，乡贤文化在中国社会的发展过程中起到了重要作用，正因为乡贤文化的深远影响，才促成了乡贤文化的回归与重构。

城乡关系亟须协调。从国家顶层设计的角度来看，国家一直以来都很看重城乡关系。但是新中国成立初期，国家发展重心逐渐转向提升工业化和城镇化水平。在限制农村人口流向城市、保护城市居民利益的过程中，城乡二元结构逐渐形成。改革开放后，中国的经济高速发展，但是城镇化快速发展的现象之下隐藏的是城乡发展不均衡、乡村发展不充分等重大问题。我国农村人口占全国总人口很大比重，乡村社会的发展决定了当代中国整体的发展水平与状况，乡村发展的重要性不言而喻。随着城镇化进程的发展，在城市的虹吸效应下，大批农村青年进城务工，我国在乡村治理方面正面临着乡村空心化、社会失序、文化断裂、人才流失等问题，严重阻碍了乡村振兴战略的推进。城乡两极分化严重，差距不断扩大，不仅表现在物质层面，更表现在思维、观念、文化等方面。

因此，在改革开放之后，国家逐渐重视城乡协调发展，"三农"问题受到重视。从政策内容上，偏向发展农村，限制城乡人口流动的政策逐步放宽，城乡二元结构因此逐渐被瓦解。但是，需要注意的是，城乡之间尚未形成有机统一，城乡差距仍然存在。在新时期下，需要吸收改革开放以来城乡统筹发展中的经验教训，结合新型城镇化和乡村振兴两大战略，实现对乡村的协同治理。乡村振兴任重道远，城乡融合任务艰巨，更需要传承和发扬数千年来所形成的乡贤文化，并结合时代内涵对乡贤文化加以创新与发展。

助推乡村文化建设。文化是无形之中凝聚人心的重要力量，乡贤文化是乡贤所创造的物质成果和精神财富，是乡村文化的有机组成部分，乡村建设与发展需要乡贤文化支撑。乡贤之所以被称为乡贤，就是因为其品行高尚、学识出众，能起到引领和示范作用，在无形之中感染乡民、涵养乡风，促进乡村精神文明建设。因而具有榜样属性的乡贤群体是乡村文化建设的生力军，独具特色的乡贤文化是乡村文化建设的重要内容。而乡贤文化原本就是从乡村中产生和发展起来的文化，具有地域文化的亲近性，更易被乡民接受。因此，乡贤文化在助推乡村文化建设中焕发生机，得以重构。

# 第三节　乡贤文化的作用与地位

乡贤文化是具有中国特色并扎根于中国乡村的母土文化[①]，是我国一个特殊的文化现象，介于主流文化与非主流文化之间，在维护和稳定乡村社会秩序、推进乡风民俗传承等方面，发挥重要作用。

## 一、乡贤文化的作用

乡贤通过自身品行高尚、学识渊博、清廉正直、乐善好施等言行举止，激励、引导普通乡民见贤思齐、积极向上，乡贤文化是以乡贤群体为主体的优秀文化。数千年来，从普通乡民提升自我、促进民族精神传承发扬，到本地乡村的快速建设与发展，再到国家社会的稳定与和谐，乡贤及乡贤文化都发挥了至关重要的作用。

### （一）传承民族精神

民族精神是一个民族在长期历史发展过程中孕育而成、不断丰富、日趋成熟的精神样态。它受亲缘、种族、地域、文化习俗和哲学思想等多种因素的影响，积淀而成。民族精神与一个民族的发展血脉相连，是民族文化不断积淀升华的结果，是民族文化的内在精髓。民族精神的基本内涵有两个层面，一是指相对于物质而言的民族精神的存在，主要体现在人们心理层面，与民族心理的含义有所交叉；二是从狭义角度理解，专指某一既定民族的民族性格和文化中有正面价值的部分。

乡贤是乡村中品行高尚、学识渊博、受人敬仰的贤达之士。乡贤体现出中华民族的优秀精神，有反哺桑梓、为家乡贡献服务的奉献精神，具备忠厚老实、宽以待人、乐善好施的优良品格。乡贤在无形之中发挥榜样的引导作用，引领乡民树立良好的乡风民俗。明代徐一夔认为，乡贤"有以德行称者，有以风节闻者，有以文学著者，有以事功显者"。无论是战国时期的屈原，忧国忧民，看到国家灭亡，愤而投江自尽；还是南宋岳飞精忠报国，保国安民，都体现出强烈的爱国主义的高尚情操。他们深受后人的敬仰，高尚事迹被后世传扬，乡民用不同的方式纪念他们。可见以乡贤为主体衍生出的乡贤文化，可以

---

① 张雯婧：《新乡贤文化的时代价值及其发展》，硕士学位论文，浙江理工大学马克思主义理论专业，2018。

将乡贤的高尚品格继承发扬下去，传承爱国、团结、勤劳、勇敢等中华民族优秀精神。

乡贤文化历史悠久，现代社会许多城市也在继承和发扬乡贤文化。以湖北省孝感市为例，孝感是"孝"来命名的城市，是中国的孝文化之乡。孝感之名源于东汉的孝子董永卖身葬父的典故，他的孝顺行为感动天地，故而选取孝感二字。董永是"二十四孝"中的人物，因卖身葬父的孝顺品行被当地县令举荐为孝廉，成为当时社会的孝子典范。董永德行高尚受人敬仰，被世人称赞为乡贤，由此形成的孝文化对现代社会依旧有很大的影响。目前，孝感市定期举办中华孝文化旅游节、开展孝廉机关、孝德校园、孝亲社区和孝诚企业建设等活动，对现代社会的经济文化发展产生积极影响。

（二）维系乡村治理

中国的封建社会一直奉行"皇权不下县"的制度，基层乡村的管理大多依靠宗族自治的模式。《晋书》记载："昔在前圣之世，欲敦风俗，镇静百姓，隆乡党之义，崇六亲之行，礼教庠序以相率，贤不肖于是见矣。然乡老书其善以献天子，司马论其能以官于职，有司考绩以明黜陟。故天下之人退而修本，州党有德义，朝廷有公正，浮华邪佞无所容厝。"这里提到的"州党有德义，朝廷有公正"，正是将国家治理与基层乡村自我管理有机结合的社会治理模式。大多数情况下，政府不会对基层乡村进行直接管理，而是通过乡老、乡绅进行管理。比如调节邻里纠纷、关爱弱势群体、兴办学堂、筑路修桥、劝勉农事等日常事务都是由乡贤直接管理操办。

对于乡贤的评判可以参照"三不朽"即立德、立功、立言的标准。对于三不朽的标准，孔子的后人、唐代经学家孔颖达注解道："立德，谓创制垂法，博施济众""立功，谓拯厄除难，功济于时""立言，谓言得其要，理足可传"。能够被选为乡贤的人一定在某一领域取得了一定的成就。中国文化的张力促使学子走出乡村，四处游历，增长见识。而中国文化的拉力则在学子心中种下落叶归根的种子，无论身处何方，位居多高，对于故土都有一份特殊的情愫，盼望能够重返故里。中国历来也有衣锦还乡、荣归故里的传统，当乡贤归隐还乡后，在当地享有极高的威望，深受普通民众敬仰。受乡土情结的影响，乡贤在归乡之后往往会回馈故里，一方面是彰显自身的雄厚实力，另一方面则是表达对家乡的深厚感情。明朝内阁首辅李东阳的祖籍是湖南茶陵，他少年时考取功名离开家乡，直到六十六岁才被允许辞官返乡。虽然出生在燕京，李东阳却一直对祖籍湖南有特殊的感情，他认为自己是生在异地的楚人，年少离家的他对故土有深厚的眷恋之情，在诗文中多有体现。如《潇湘八景图》："七千里外江南游，四十五年空白头。每向画图谈往事，却从天际认归舟。归舟不挂三湘水，指点丹青问桑梓。回雁峰头一雁飞，南楼昨夜秋风起。"

正是受到这样强烈情绪的影响，乡贤荣归故里后大多发挥自身在政治、经济、文化等方面的资源优势，维护乡村利益，积极投入家乡建设，促进乡村发展。品行高尚的乡贤，对乡里百姓起到言传身教的示范作用，提升乡民道德水平；博文多识的乡贤在家乡办学堂，提高乡民文化修养；钱财丰厚的乡贤为家乡修路建桥，促进基础设施建设。明清时期，每当重大自然灾害出现时，地方乡绅总是慷慨解囊，帮助乡里百姓渡过难关。《救荒策会》记载，明朝宣德年间，江西发生饥荒，"义民鲁希恭及新淦郑宗鲁各出粟二千石助赈济，吉水胡有初千五百石"。可见乡贤在维系乡村社会基本运行的过程中也发挥了重要作用。

### （三）教化民众

教化可以释义为教育感化，《礼记》记载："故礼之教化也微，其止邪也于未形。"在漫长的封建社会时期，乡贤的一个重要任务就是对基层乡村百姓宣传教化，进而达到官府控制民众的目的。儒家文化在封建社会中始终占据重要位置，是政治文化的核心，其核心思想"仁、义、礼、智、信"同样也是乡贤文化的重要组成部分。在传统乡村社会中，儒家文化深入人心，乡民早已习惯遵守传统的礼制秩序。从乡贤的推选开始，合乎道德礼制就是考量乡贤的重要标准之一，无论是乡贤还是普通乡民早已将礼制当作自己的行为规范。从小接受儒家文化熏陶，深入学习儒家文化的乡贤更是将这种道德礼制不断强化，期望乡民在实际生产生活中各项行为规范都符合礼制要求。《论语》记载："其身正，不令而行；其身不正，虽令不从。"因此，乡贤将"克己复礼"当作人生信条，不断勉励自己，为乡民起到表率示范作用，在无形之中不断教化民众。乡贤是生活在乡民身边受人敬仰的人，他们的榜样作用更容易被乡民理解接受，对百姓的教化更容易推行。《华阳国志》卷十《先贤士女总赞下·汉中士女》载："阎宪字孟度，成固人也。名知人，为绵竹令，以礼让为化，民莫敢犯。男子杜成夜行，得遗物一囊，中有锦二十五匹，求其主还之，曰：'县有明君，何敢负其化？'童谣歌曰：'阎尹赋政，既明且昶。去苛去辟，动以礼让。'迁蜀郡，吏民涕泣送之以千数。"[1] 作为县令的阎宪用"礼让"教化百姓，捡到他人包袱的村民杜成不敢违背公正严明的县令，将包袱还给了失主。由这一小事即可感受到以儒家礼教文化为重要组成部分的乡贤文化在教化民众

---

① 辛夷、成志伟主编《中国典故大辞典》，北京燕山出版社，1991，第855页。

方面的重要作用。不仅是地方乡贤可以起到教化作用，居庙堂之高的乡贤也可以通过自身的言行为全国的百姓起到言传身教的表率作用。宋代铁面无私、刚正不阿的包拯曾经给皇帝上奏文书写道："廉者，民之表也；贪者，民之贼也。"他一生严于律己、不畏权贵、执法公正，深受百姓爱戴，而他清正廉明的品行也被世人称赞效仿，在无形之间教化了百姓。

（四）辅助皇权统治

自西汉起，刘邦为了加强对广大乡村的控制，将"县三老"列为政治制度，将德高望重的乡贤纳入政府管理范围中，并利用其在乡民中的威望，对基层乡村起到控制稳定的作用。作为乡村治理的重要主体，乡贤看似与基层官吏不同，实则也是为了维护基层乡村稳定，维护皇权。乡绅的士大夫和官僚身份都是由中央政府授予的，在政治经济上也享有特权，可以说他们也是专制统治部分权力的享有者。明清时期之所以中央专制达到顶峰，与乡绅阶层逐渐扩张的权力紧密相关。许多乡绅本就出自名门世家，经济实力雄厚，又通过科举为官结识了其他同僚，政治资源也很丰厚，具有如此身份背景的乡绅阶层自然受到普通民众的敬畏。不仅如此，明代还通过律令保证乡绅群体在乡里的社会地位，大明律中禁止庶民之家蓄养奴婢，而乡绅不在禁止的行列；退休的士大夫与任官职时一样免除赋税徭役。《明太祖实录》卷一二六载，"致仕官居乡里，惟于宗族序尊卑如家人礼，若筵宴则设别席，不许坐于无官者之下"，皇权对于乡绅的特权优待是为了保持乡民对乡绅群体的敬畏之心，在皇权无法直接触及的广大乡村，乡贤能对乡民起到教化控制的作用，弥补基层行政的不足。

总之，乡贤文化在乡村治理中发挥重要作用。乡贤作为乡村精英传承弘扬了中华民族的优良品质，又凭借个人魅力成为乡村权威受到村民敬仰，进而管理乡村日常事务，对村民起到教化作用，维系乡村稳定与发展，同时也起到维护封建皇权统治的重要作用。

## 二、乡贤文化的地位

乡贤文化深受儒家文化的影响，主要是以人为中心的一种文化形态，是中华传统文化的重要组成部分。由于乡贤同时具有"官"与"民"两种身份，乡贤文化也因此成为一种介于官方主流文化和民间非主流文化之间的独特文化，更具有"中间人"的特殊地位，既是国家权力代理人，又是乡村事务主导者。

（一）国家权力代理人

由于当时的行政制度，封建皇权无法对广阔的农村地区进行有效管控，因此倡导乡贤治村，形成了以儒家文化"德化""礼治"为重要内容的乡贤文化。历史上多数乡贤都与政治权力有着广泛而紧密的联系，具有政治身份，其本身就是封建政治下的产物。秦汉时期，德行是评判乡贤的重要标准，只有品行高尚受人敬仰的人才会被推选为父老、三老。汉代的察举孝廉制度更是从制度上将品行列为成为官员的重要条件。自隋唐确立了科举制后，"学而优则仕"更是成为社会风气，多数学子都想考取功名，谋求官职。可见在封建社会的政治逻辑中，品行出众、学识广博和具有乡贤其他特征的人大多会成为政府管理队伍中的一员，拥有管理乡村的权力。乡贤是他们的社会身份，官职是他们的政治身份，二者相辅相成，互为表里。正因为乡贤具有双重身份，他们一方面积极地将政府的各项政令传达到乡村并监督实施情况，另一方面又及时将乡村实际发展情况上报朝廷，维护乡村的发展。

明清时期，乡贤群体主要由三类人组成：第一类是正处于任职中享有政治权力，并且休假在乡的官员；第二类是曾经处于官场中，现在离职或退休后返乡的官员；第三种是已经考取功名但是尚未获得官职且在乡的人。除了共同的地域性之外，这三类人与官僚体系紧密相连。在任期间的官员处于政治体系中，根据职能部门或者交际范围形成了自己的人脉关系网，有特定的"圈子"归属。已经退休或离职的官员，虽然表面上失去了政治权力，离开了政治中心，但是实际上他们的政治资源并没有因此溃散，依然会和其他官员保持紧密的联系。尚未进入官场的人，虽然没有直接获取政治资源，但是与学生时期的老师、同门等联系密切，因此也与官僚体系联系紧密。"'学绅'有义务对其座师、门生、同年及其子女保持忠诚或亲近，并在困难时相互帮助——这是所有学绅共守的义务。"① 由此可见，无论哪一种乡贤都与官僚体系有紧密的联系，其最终本质都是国家权力代理人。

（二）乡村事务主导者

在乡村治理发展中，乡贤及其衍生的乡贤文化在乡村有着话语权优势，实际上是乡村事务主导者。乡贤以及乡贤文化的地位不是乡贤群体单方面可以决定的，而是有其可以存在、发展的背景环境。在乡贤文化的影响下，乡贤参与地方治理逐渐形成了相对完整的体系。早期乡贤是由乡民自发推举出来的年高有德的人，他们在本地深受乡民敬重，享有极高威望。当他拥有政治身份和特权后，深藏在乡民心中的臣民思想又促使乡民对拥有"官"身份的乡贤更为

---

① 徐祖澜：《乡绅之治与国家权力——以明清时期中国乡村社会为背景》，《法学家》2010年第6期。

敬畏。

　　乡贤拥有乡村话语权还有以下几个原因：从地域角度来看，比起外来的官员，本地乡贤具有地缘上的亲近性与和善性，更容易让乡民产生心理认同感，被乡民接纳，这是乡贤拥有话语权的基础。从政治角度来看，中国自古以来对职业有"士农工商"的排序，在普遍民众的心目中，读书做官的乡贤就是高人一等的，更具有威信力，同时也因乡贤被赋予了调节乡里矛盾、参与乡村治理的权力。从经济角度来看，部分经济实力雄厚的乡贤在建设家乡的过程中慷慨大方，如修路建桥等，处于强势地位，能够推动乡村的发展。从文化角度来看，乡贤文化本身是一种道德伦理观念，引导乡民学习乡贤的嘉言懿行，激励乡贤衣锦还乡、回馈故里，促进乡村的发展建设，如图2.1所示。

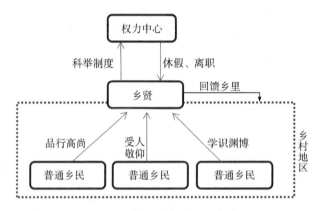

**图 2.1　乡贤社会关系示意图**

　　无论是从政治、经济还是从文化角度分析，乡贤都是广大乡村地区话语权的实际控制者，主导着乡村各种事务，是乡村建设、乡风教化、乡民利益争取等方面的主导力量。也正因如此，更加便于国家通过掌控乡贤进而达到有效治理乡村的目的。

# 第三章 新乡贤文化的定位与价值

"出场"源于舞台表演艺术，形容某一事物在特定时间和空间语境中出现。在当今中国乡村这一社会舞台上，新乡贤正以"榜样""引领者"角色出场亮相，高度契合当今乡村振兴的现实需要。在乡村振兴的场域环境下，以新乡贤为载体的新乡贤文化表现出其独特内涵与特征。新乡贤的出场标志着新乡贤文化已成为融合优秀传统文化与现代先进文明的新型文化形态，并蕴含着促进乡村经济、政治、文化、生态各方面全面振兴的独特价值。

## 第一节 新乡贤的"出场"

传统乡贤产生于中国传统乡村社会中，推动乡村社会的治理与发展。随着社会变革、制度变迁及城市化工业化的发展，乡贤曾一度退出中国乡村社会。但传统乡贤躬耕本职，以一己之力致力乡村社会发展的无私奉献精神，却一直扎根乡村社会中，流淌在每一位乡村成员的血脉中。出生在新时代的乡村成员，在外接受科学知识和多元文化熏陶，兼有乡土情怀与道德，逐渐成长为新乡贤的主体。在乡村振兴新的历史征程中，新乡贤作为乡村振兴强有力的支持力量，逐渐被人们意识并发掘，从而登上历史舞台。新乡贤的出场既包含着历史与现实的双重逻辑序列，也体现出独特的出场优势，还呈现了由多样主体类型构成的不同出场路径。

### 一、新乡贤出场的逻辑起点

出场学认为，任何概念都不是凭空产生的，而是以独特出场语境及其逻辑为"前理解结构[①]"。新乡贤之"新"，意味着新乡贤是对传统乡贤的传承和现代化的发展，其出场有着历史和现实的必要性，需要从历史逻辑和现实逻辑两方面去理解。

---

① 杨彦斌、陈勇：《从出场语境到出场形态：思想政治教育研究范式的出场学视域呈现》，《学术论坛》2015 年第 11 期。

### (一) 新乡贤出场的历史逻辑

由第二章可知，乡贤一词起源于东汉时期。《汉典》更是将乡贤解释为：品格学问皆为乡人所推重的人。中国古代十分看重乡贤，那些曾对乡村发展作出重大贡献的社会贤达，在其去世后会被赐予乡贤这一荣誉称号。

历代乡贤之所以得到统治者的青睐，受到褒扬，其根本原因在于乡贤在民间具有巨大影响力，有助于治国理政、维系乡风、教化育人，契合传统社会的发展需要。传统乡贤作为本乡本土培育出来的贤达之士，与乡村社会发展的各环节水乳交融、紧密结合。在出场学看来，出场与退场相对应，并以"改变世界"的实践为其根本条件。当时代主题发生转变，这种转变使得由实践所构成的出场语境随之转换，为契合社会发展需要，实现从原始语境到当下语境的转变，出现传统乡贤退场现象。新中国成立初期，土地改革运动开展得如火如荼，对地主、士绅及乡绅等进行土地征收。在传统乡贤群体中，大多是德高望重的乡绅或通过科举考试获取功名之人。土地革命的开展使得以乡绅为主的传统乡贤缺失原本的经济地位，也逐渐失去农民群众的信任与支持，其在乡村治理中的魅力与权威也随之减弱，甚至消失。① 随后，为更好地解决"三农"问题，中央政治权力直接深入乡村基层，通过"政党下乡"等形式直接对接农民群众，传统乡贤原本"承上启下"的作用无处发挥，逐渐退出乡村治理。与传统的乡村社会相比较，土地革命开展后的乡村社会已发生天翻地覆的变化，而传统乡贤作为封建社会乡村治理的主体，面对新的社会发展需求，逐渐暴露出无法适应的弊端。进入现代化时代，自改革开放以来，四十多年的高速城镇化与工业化发展带来显著成绩，城市发展步伐不断加快，以致城乡发展差距逐渐拉大。青壮年劳动力大量外流城市，乡村逐渐陷入"人才空心化"困局。再加上乡村的基础设施及相关配套政策不完善，与城市的发展形成鲜明对比，乡村精英"向城性"的潜意识不断上涌，大量流入城市并定居城市，致使乡贤群体逐渐退出乡村社会舞台。

以发展眼光来看，每一新事物的出场，意味着对旧事物的超越与创新，新乡贤的出场亦是如此。尽管传统乡贤在当今乡村社会退场，但传统乡贤群体参与乡村治理的智慧与经验、所体现出的仁爱精神，都逐渐形成以崇尚贤德和无私奉献为核心的乡贤文化，成为了乡村文化重要组成部分并延续至今，为新乡贤的出场提供重要的历史基础。新乡贤的出场既是对传统乡贤的延续，更是对传统乡贤的超越。

---

① 钱念孙：《乡贤文化为什么与我们渐行渐远》，《学术界》2016 年第 3 期。

（二）新乡贤出场的现实逻辑

2014 年 7 月，《光明日报》推出"新乡贤·新乡村"系列专题报道，挖掘并报道各地"新乡贤"返乡参与新农村建设的感人故事。这一系列专题报道，聚焦各行各业精英人才如何返乡建设，其中有退休农科院院长陶铁男、"编外村官"肖而乾、生态农业践行者郭中一、乡贤艺术馆的馆长薛彬、珠海企业家梁华坤等典型人物。《光明日报》跳出传统乡贤概念，积极挖掘新乡贤群体，为学界和大众提供构建乡贤新主体的创新思维。同时邀请各界专家学者探讨新乡贤的当代价值与建构必要性。随后开设专栏"乡贤文化专家谈"，为如何创新乡贤文化提供不同角度的思路。在《光明日报》的系列报道中，新乡贤逐渐被人们广泛关注并引发学界和社会的热烈讨论。

新乡贤的出场，可以说是优秀传统文化与现代化相结合的产物，肩负着复兴中华优秀传统文化这一现实使命。乡贤文化是中国优秀传统文化的重要内容，是其在乡村社会萌芽发展的具体表现。在倡导传统文化复兴的当下，人们对乡贤文化的记忆被重新唤起。乡贤文化在新时代背景下仍有不可或缺的作用，但传统乡贤无法很好适应现今社会发展的问题也不容忽视。传承乡贤文化，是复兴中华优秀传统文化的重要路径之一，但这并不意味着传统乡贤的简单回归，更重要的是要培育新的文化主体。这一主体，既能传承乡贤文化精髓，又能较好地适应时代发展规律，新乡贤在此背景下应运而生。

新乡贤的出场，是破解当前农村发展困局的现实需要，是符合当前乡村社会发展的需要。在社会主义新时代的大背景下，面对农村发展的一系列难题，党的十九大报告提出乡村振兴战略，并将其列为决胜全面建成小康社会的重要战略之一。国家大力实施乡村振兴战略，加快农业农村现代化发展，从而实现乡村与城市并驱前行、协调发展，为广大农民群众勾画出乡村美丽且科学发展的宏伟蓝图。深入推进乡村振兴战略，需要广大农民群众的支持，尤其是需要人才的积极参与。在乡村振兴战略的"五大振兴"中，关键在于人才振兴，洞察乡村当前人才缺失的痛点，必须重视新乡贤群体的培育，以突破当前乡村精英人才供给不足的瓶颈。与此同时，传统乡贤文化稳定乡土社会秩序及传承乡土文明的作用被重新认识，以史为鉴，人们纷纷呼吁新乡贤的回归，为乡村建设贡献力量。国家亦从宏观角度出发，在 2015—2018 年间颁布的中央一号文件中，多次强调"培育新乡贤"及"积极发挥新乡贤作用"。新乡贤被赋予新的时代内涵与价值，在乡村振兴战略语境中闪亮出场。

任何新事物的出场，都能体现关注当下现实的特点，以解决现实问题为己任。新乡贤的出场，最为重大的意义在于其现实逻辑，在一定程度上满足了现代社会对新乡贤多重意蕴的需求。

## 二、新乡贤出场的独特优势

从广义的范畴来看，新乡贤多指从乡村里走出去，接受更好的文化教育和更多的现代知识，在打拼中积累丰富社会资源并回馈故里的人才。他们具有强烈的家乡情怀、公共服务意识和理念，通过自身能力积极参与乡村建设与治理，助力乡村振兴。

新乡贤的出场包含着历史与现实的双重逻辑，高度契合现今乡村发展的迫切需要。在比较语境下，对比普通农民群众、社会精英及传统乡贤，新乡贤呈现出得天独厚的比较优势，这构成了其出场的根本原因，使其出场具有更强的说服力，有助于新乡贤出场的路径研究。

### （一）与普通农民群众比较

卡里斯玛权威理论表明，如果一个人能够成功地向人们展示出自己的才能，或者依靠自己的能力完成某项使命，从而得到人们的认可与称赞，那么这个人是具有卡里斯玛权威的。在探讨新乡贤群体的定义时，也有学者强调新乡贤在乡村社会中的权威特质，认为新乡贤发挥自身特长参与乡村建设和治理，在乡村经济发展、涵养文化及治理方面凸显出良好的影响力。良好的影响力得益于新乡贤在乡村中享有较高的声望和口碑，而声望与口碑的建立通常来源于新乡贤的综合能力优势。

不同于外部环境所形成的客观优势，新乡贤的出场具有主体的个人优势，向外表现为个人具有较高层次的品德修养、学识专长、技能经验及资源条件，这也是新乡贤区别于普通农民群众所呈现出的独特优势。

### 1. 才能优势

自古以来，乡贤大都具备良好的才能，"才"指人所具备的知识和经验，"能"即能力。现代化的新乡贤，能力本位仍旧是其本质特征，当新乡贤登上乡村社会舞台，他们充分施展学识专长、技能经验及道德素养，从而对乡村发展产生不可低估的作用。

受城乡二元结构的影响，乡村教育资源与文化资源明显滞后于城市，普通农民群众受教育程度并不高，知识水平和文化素质普遍较低。较之普通农民群众，新乡贤大多数在城市与大学生活和学习深造，在经济、政治、文化、法律、医学等不同学科领域中有自己的"学行"，具有较高的知识水平和文化水平，还具备现代思维方式及前瞻性视野，这些优势均是普通农民群众所无法比拟的。山东省人民政府首批"泰山学者"特聘教授蒋高明，在 2005 年回到家乡平邑县卞桥镇蒋家庄，利用自身高学历的学识与实验能力，践行生态农业乡村实验，最终助力家乡生态有机农业的发展。蒋教授的事迹说明了新乡贤能够充分发挥知识优势，架起乡村与城市之间沟通的桥梁，有助于推动乡村振兴。

与此同时，乡村青壮年背井离乡进城务工，在打拼的过程中受到多元文化的熏陶，开阔了自身视野，并在工作中积累丰富的社会经验，掌握某特定领域的技能。新乡贤的技能优势更加契合农民群众需求和乡村振兴定位，在乡村振兴各环节产生能人效应，带领农民群众脱贫致富。

信息本身是一种有价值的商品，新乡贤具有信息优势，实际上是获得了更多商品和交换的可能性。新乡贤接受新信息及利用新技术的能力较强，能够灵活运用各种信息技术，快速且全面地了解社会发展趋势，及时掌握社会最新信息和与乡村紧密相关的政策信息，这也是农民群众认为新乡贤"见多识广"的重要原因。

2. 资源优势

新乡贤作为乡村发展的重要力量出场，还在于他们拥有比普通农民群众更丰富的资源，其中包括人脉资源和物质资源，这些资源能够对乡村经济、文化、生态文明等产生积极影响。

中国自古以来是个"人情关系"社会，这意味着人脉在日常生产与生活中具有重要作用。新乡贤在外打拼时，不仅积累了丰富的工作经验，还积累了广泛的人脉资源。这些人脉资源，如同潜在的无形资产，为乡村建设与发展带来巨大成效。新乡贤利用自身的人脉优势，促使更多企业、资金和人才流入乡村，解决乡村经济发展困境，获得农民群众的支持与跟随，从而形成自身在乡村社会中的领袖形象。

除了人脉资源优势，新乡贤还具有物质资源优势。物质资源是由各种有形的物质要素所构成，新乡贤所拥有的物质资源，主要是指一些实业乡贤或经营性乡贤，自愿通过物质形式投资乡村发展，如通过投入机器、设备、工具等物质要素，推动乡村产业经济、公共服务设施及生态文明建设方面的设施更新换代，实现可持续发展。

（二）与乡村精英比较

由于乡村精英概念与新乡贤概念有较高的相似度，因此在讨论新乡贤时，必然需要结合乡村精英进行探讨。正如上文所言，由于新乡贤较之普通农民群众而言，具备才能、资源等方面的优势，新乡贤被不少学者等同为乡村精英。但也有学者认为，新时代的新乡贤与位于社会分层顶端的精英不等同，其主体范围也不只是具有客观支配权力的乡村精英。① 虽然新乡贤在主观影响力方面具备与乡村精英相似的特质，但这两个群体本质上仍有不同之处。

1. 情感在乡优势

学者胡鹏辉和高继波在《新乡贤：内涵、作用与偏误规避》一文中提出，在乡性是乡贤群体尤为重要的特质②。在乡性指新乡贤在身体的客观条件及情感的主观条件上都与乡村有紧密联系，其中"情感在乡"促使有强烈乡土情怀的贤达人士服务乡民，建设乡村。"情感在乡"是新乡贤一切行为的出发点，正因为新乡贤的"情感在乡"，才有新乡贤的"责任在乡"和"奉献在乡"，才有新乡贤不谋私利、注重奉献的可贵品格。这是明确区分新乡贤与乡村精英的根本特质，也是新乡贤较之乡村精英所呈现的独特优势。乡村精英通常指拥有较多社会资源或资本，在乡村社会结构中占据较高位置的人。乡村精英在参与乡村治理过程中，往往存在"公心"与"私心"双重情感：公心表现为他们希望回报家乡、带领村民致富乃至在乡村中打拼一番事业；私心表现为希望利用自身见识、能力及经济优势，在参与村治中能获得相应的经济利益或一定的声望和权力，从而提升自己在乡村中的话语权。③ 当乡村精英更加看重私心时，掺杂私人赢利诉求，则有可能出现精英俘获现象。换言之，乡村精英在乡村治理中存在两种情感诉求，这双重情感对其在乡村中扮演着何种角色起决定性作用。

本书认为新乡贤不一定必然是居于分层体系顶端的乡村精英，新乡贤的情感动机深深嵌入到乡村社会中，体现为他们乐于为乡村振兴贡献自己的力量。当乡村精英利用自己的资源优势为乡村谋发展，他们也就成为了新乡贤的主要力量。但新乡贤还包括普通的小人物，前提是对"情感在乡"的满足。新乡贤"在乡言乡"，在主观情感上体现着对家乡的深厚情谊，乡土情怀促使其萌生为家乡作贡献的责任意识。因而新乡贤自觉积极发挥主观能动性，利用能力、人脉及信息优势，参与乡村建设。以"南粤新乡贤"黄桂祥为例，从小"吃百家饭长大"的他，即便经过自己努力成为国家税务干部，但仍时刻心系乡村，以助力家乡产业脱贫为目标，带领村民群众因地制宜发展红茶种植业，打响韶关林屋村特色农业品牌。为了产业扶贫，黄桂祥投入了大部分积蓄，并不求回

---

① 李晓斐：《当代乡贤：地方精英抑或民间权威》，《华南农业大学学报（社会科学版）》2016年第4期。

② 胡鹏辉、高继波：《新乡贤：内涵、作用与偏误规避》，《南京农业大学学报（社会科学版）》2017年第1期。

③ 朱冬亮、洪利华：《"寡头"还是"乡贤"：返乡精英村治参与反思》，《厦门大学学报（哲学社会科学版）》2020年第3期。

报，在他的大力推动下，罗坑镇于 2015 年荣获"广东十大茶乡"称号，罗坑茶由此闻名全国。①

### 2. 民主认可优势

新乡贤与乡村精英的另一个区别在于身份的认可，乡村精英原先作为一个研究概念出现在学术界，学者以此作为分析工具研究在乡村中出现的各路能人，因此乡村精英不具备社会正式身份。只要具备一定的资财能力，不论道德品质如何，都可以成为学术研究上或人们普遍认知中的乡村精英。而乡贤的产生与发展，自古以来都需要以民众尊敬为重要前提。乡贤之所以被称为乡贤，是因为其品德与才学均受到乡里民众敬重，与榜样人物有本质上的类似之处。能否成为新乡贤，更多地依赖于当地村民对他的认可，其在乡村中所拥有的声望与口碑，都是带有主观性质的。近年来，全国各地纷纷开展"最美新乡贤"的推选活动，新乡贤经由当地群众的推荐选拔，最后获得政府官方的认可和荣誉称号，由此可见，新乡贤得到"官方认证"的前提与基础是民心之所向，是民众之认可。

### （三）与传统乡贤比较

新乡贤是传统乡贤的延续与发展，更是对传统乡贤的辩证否定与扬弃。② 新乡贤之新，体现在"乡"所指代的范围日渐扩大，新乡贤不仅仅指代乡里的贤人，还肯定了城镇中新乡贤生成的可能性；新乡贤之新，还体现在"贤"所要求的主体与理念，因具体的社会情景而有所调整，蕴含更多的时代价值和现实性意义。

### 1. 主体多元优势

在传统乡贤概念中，贤存在两个评判标准，即德行与学行。换言之，在传统中国社会里，判断一个人是否是乡贤，主要看其是否具有良好的道德品质以及渊博的学识。从这两个评判标准出发，传统乡贤大多是乡村当地的名门望族、宗族长老、告老还乡的官员以及入仕未遂的读书人。

在人口快速自由流动的当代中国社会里，地缘的束缚早已被逐渐放开，出现户籍频繁变化的现象。因此，与传统乡贤相比，新乡贤的主体限定也随着时代变革而有所松动。与此同时，在乡村振兴战略等语境下，新乡贤不再以"乡

---

① 《首批"南粤新乡贤"发布　为乡村振兴和乡风文明树新范》，中国文明网，2018 年 2 月 2 日，http://www.wenming.cn/dfcz/gd/201802/t20180202_4580774.shtml，访问日期：2020 年 7 月 28 日。

② 张兆成：《论传统乡贤与现代新乡贤的内涵界定与社会功能》，《江苏师范大学学报（哲学社会科学版）》2016 年第 4 期。

村治理唯一主体"这一身份来定义,实现美丽乡村建设,需要多元主体协调参与乡村振兴各环节。从这一层面来看,新乡贤的主体范围随着乡村发展的现实需要而有所拓宽。根据前文对新乡贤类型的分析,新乡贤主体是多元且广泛的,不受出身与地域的限制,也不拘泥于身份与职业。自身具有高尚的道德品质与良好的文化素养,有较强的综合能力,并愿意为乡村建设作贡献的人,都符合新乡贤的特质。

## 2. 思想先进优势

传统乡贤深受农耕文明与封建政治制度的影响,其思想理念也呈现出深刻的时代烙印。悠久璀璨的农耕文明,蕴含着数千年来中华民族丰富的生产生活实践经验,孕育出自强不息、吃苦耐劳、艰苦奋斗、和谐友爱等优秀文化价值观念。在封建政治制度下,其选拔人才制度是以儒家思想为核心的科举制,知识分子通过考试入仕。儒家思想作为一种精神导向,其"崇德尚贤""仁者爱人""忠孝礼义"等核心思想,为各朝代乡贤尊崇。

新乡贤出场时,被赋予传统乡贤继承者这一身份,保留"贤"所具有的道德本质,体现传统乡贤既有的仁爱品质。但由于传统乡贤大多是较为年长的一辈,他们基于乡村宗族权威和社群威望,在乡村秩序管理中具有较高威严,同时也导致等级森严与尊卑有别的观念。在新的时代背景下,新乡贤摒弃了传统乡贤的观念糟粕,体现出新的思想理念。新乡贤受到现代先进文化和中国特色社会主义文化的熏陶,把握文化发展规律,以个体的独立思考与个性化表达为出发点,批判性与创新性地继承传统乡土文化,并在乡村发展进程中自觉践行当代主流价值观。

## 三、新乡贤出场的双重路径

所谓出场路径,是指某一新事物出场时选择的形式、方式或道路。历史与现实的双向逻辑促使出场语境的时代转换,构成了新乡贤出场的可能性和必要性。而选择合适的出场路径,则使新乡贤的出场从可能转化为现实。

新时代背景下的新乡贤具有较传统乡贤而言更为宽泛的内涵,新乡贤的类型也随之更显多元。不同新乡贤参与乡村建设过程中,在不同领域发挥各自优势,真正做到"各展所长、各司其职"。新乡贤的出场在不同的出场语境下,必然存在着一定的出场路径,如图3.1所示。新乡贤类型的多元化,为新乡贤的出场提供了不同的出场语境,从而形成新乡贤多种形态的出场路径。

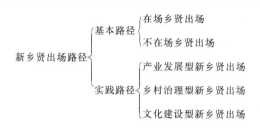

**图 3.1　新乡贤出场路径图**

**（一）基本路径**

随着新乡贤被广泛关注，对于新乡贤的类型，学界众说纷纭，有很多学者也尝试从不同角度对新乡贤类型进行划分。其中以地域性为标准，将新乡贤划分为"在场"乡贤与"不在场"乡贤，这是当前学界比较认同的划分方法之一。区别于传统乡贤在乡村社会发展中始终"在场"的特点，新乡贤对地域范围的要求更宽，立足乡村发展的现实需要与实际情况，既有生活居住在乡村本土的新乡贤，也有远在他乡打拼的新乡贤。在场与否划分出不同类型的新乡贤，地域性的身份要素也构成了新乡贤出场的基本路径。

1. 在场乡贤出场

在场乡贤通常指生活居住在乡村本土的乡贤，他们有的是土生土长的本地村民，有的是受政策号召、工作调动或经济发展等原因居住在乡村地区的外地人。由于地域上的亲近性，在场乡贤投身乡村建设过程中，可以利用自身的知识、观念、经验与财富优势直接影响乡村发展，形成在场新乡贤的出场路径。

在场新乡贤的出场，立足乡村发展的现实情况，对乡村发展规律与蓝图较为清晰，能够因地制宜走彰显乡村特色发展之路。在与乡村社会紧密联系的过程中，在场乡贤既是乡村文化的传承者、产业经济的发展者、科学教育的建设者，更是乡村治理的主体与基石，他们已经成为乡村发展中不可或缺的重要力量，将其公共身份的功能发挥得淋漓尽致。在场乡贤本质上亦是农民群众的一部分，且作为乡村社会中的榜样人物，新乡贤在地缘与心理上与农民群众有亲近性，容易通过以身作则达到榜样示范作用，从而引领农民群众积极向贤，推动乡村社会文化和谐发展。

2. 不在场乡贤出场

不在场乡贤指的是远离家乡在外打拼的能人志士，他们情系桑梓，通过互联网平台为家乡发展献智出力，形成了不在场新乡贤的出场路径。

离乡出场的新乡贤，虽然不在乡村当地，但离乡不离根是他们的重要特征。这一类新乡贤从乡村中走出去，在外求学或奋斗打拼，拥有广泛的社会关系和丰富的社会资源。在信息时代发展的当下，不在场乡贤往往通过互联网了解和关心家乡发展现状，充分利用自己的社会资源优势，为乡村发展注入资金、知识及技术等资源要素。其中，不在场乡贤群体中不乏远在海外的华侨华人，即使身在异国他乡，仍旧对家乡充满眷恋与认同。乡愁与乡情的基因促使他们时刻心系家乡，潜移默化形成以自身成就反哺故乡的责任感，通过投资或慈善事业支持家乡发展。以福建省泉州市灵狮村的旅港乡贤蔡佳定为例，虽然他早已移居香港，但始终对灵狮村有着强烈的归属感和责任意识，关心乡村养老与教育问题，多次捐资建设乡村敬老院和校舍，同时利用自身良好的人脉关系，牵头同在香港打拼的不在场乡贤投资家乡教育事业建设。①

## （二）实践路径

所谓实践路径，是指在某一事情具体的实现过程中所必要的条件与人自觉的实施行为步骤，体现为人的行为具体目的与方法的统一。新乡贤作为乡村振兴的内生主体之一，不同职业、不同专业、不同学识甚至不同特长的人，遵循当地乡村社会的文化观念，利用自身才能和资源参与到乡村发展具体实践之中，形成了新乡贤出场的实践路径。

### 1. 产业发展型新乡贤出场

乡村振兴，产业先行，产业发展是乡村实现可持续发展的前提与基础。一批新乡贤关注到乡村经济发展的重要性，致力于农业现代化和乡村产业转型升级，激活乡村经济活力，从而实现产业兴旺这一乡村振兴战略首要目标。这一类新乡贤，他们有的在乡村地区从事农业生产、经营企业或其他经贸活动，解决当地农民就业问题；有的则利用资金进行投资与扶贫，通过支持乡村当地企业的发展，为乡村劳动力创造更多就业机会，提高乡村收入水平，从而带动乡村经济发展。

以广东海崇食品集团董事长蔡锡亮为例，2003 年，身为海丰人的蔡锡亮将公司迁回家乡汕尾市海丰县鹅埠镇田寮村，并采取百分百接受当地村民就业的形式，并以优厚待遇留住乡村年轻劳动力，带领乡亲共同致富。蔡锡亮采取"公司＋基地＋农户"的现代生产模式，以"基地＋农户"形式发动村民发展养殖业，由公司通过专业的养殖技术支持，并以公司形式负责产品的销售，解

---

① 《蔡佳定：低调做事热心待人》，《石狮日报》2015 年 7 月 24 日，http：//epaper. ssrb. com. cn/html/2015-07/24/content _ 3 _ 5. htm，访问日期：2020 年 7 月 28 日。

决村民担心产品滞销的后顾之忧。据统计，海崇食品公司如今有 300 多养殖户，改变了田寮村以往靠农业耕种为主的经济发展模式，同时吸引背井离乡在外打工的年轻人返乡就业。经过十几年的发展，田寮村早已摘掉"贫困村"的帽子，村民生活变得富裕，乡村的基础设施与教育设施也得到了极大的改善。[①]

### 2. 乡村治理型新乡贤出场

自古以来传统乡贤便是国家治理的基石，新乡贤继承了传统乡贤的治理经验与智慧，同时结合现代观念与技术，在"治理有效"成为乡村振兴战略总要求之一的背景下，新乡贤逐渐成为参与乡村治理的新主体。这一类新乡贤，有的成为村两委干部，坚持"怀百姓之事，思百姓之利益"原则，为村民办实事，以实际行动取信于民、惠泽于民；有的自愿自发在村干部与村民之间充分发挥"桥梁""中介"作用，以自身能力与身份地位优势赢得村民信赖，减少乡村治理中村民不配合、难沟通的阻碍。

以江苏省徐州市丰县梁寨镇的新乡贤为例，梁寨镇党委书记王磊始终秉持"与百姓零距离接触"的工作原则，通过"溜达调研"的方式了解百姓真实需求，切实解决百姓最关心最直接最现实的问题。他创新服务模式，为居住较偏远的村民提供全方位、便捷式的社会功能服务。王磊书记以自身优秀事迹感染了身边村民，一批德高望重的老干部老党员们自发组成"民情民意志愿者促进会"，自愿为镇党委收集民意，为改进党委工作出谋划策。[②]

### 3. 文化建设型新乡贤出场

"乡村振兴中有产业振兴，更有文化振兴。"[③] 乡村文化涵盖了自然景观、建筑房屋等物质文化，也涵盖了乡规民约、风俗习惯、价值观念、艺术及相关行为等非物质文化。以文化铸魂，谱写乡村精神文明建设新篇章，促进乡村文化振兴。这一类新乡贤群体立足乡村文化建设，在加强思想道德建设与丰富乡村文化生活方面发挥着重要作用，更好地满足村民日渐多元化的精神文化需求。这一类新乡贤，在道德品质方面接受了历史和人民的考验，是乡村社会中公道正派、品行良好的榜样，他们以身作则，倡导乡风文明，提升村民的思想

---

① 《首批"南粤新乡贤"发布　为乡村振兴和乡风文明树新范》，中国文明网，2018 年 2 月 2 日，http://www.wenming.cn/dfcz/gd/201802/t20180202_4580774.shtml，访问日期：2020 年 7 月 28 日。

② 《〈新华网〉：记江苏省徐州市丰县梁寨镇党委书记王磊》，丰县人民政府，2014 年 6 月 3 日，http://www.chinafx.gov.cn/ArticleView/2014-6-3/Article_View_76513.Htm，访问日期：2020 年 7 月 28 日。

③ 郜磊、谭志红、付远书：《推动乡村振兴，文化大有可为》，求是网，2017 年 12 月 1 日，http://www.qstheory.cn/culture/2017-12/01/c_1122041252.htm，访问日期：2020 年 7 月 28 日。

道德水平。新乡贤致力于组织开展乡村群众文化活动，使村民在活动中既休闲娱乐，也从中学习到新知识，提高文艺水平。

以湖南省株洲市攸县石羊塘镇的夏昭炎夫妇为例，湖南科技大学人文学院退休教授夏昭炎，于 2004 年携夫人返乡定居，致力于在家乡土壤上播种文化。他们以自身全部积蓄，创办高桥文化活动中心，集农家书屋、文化广场、小讲堂于一体，开办老年学校、少儿假期学校和红色讲堂，让乡村的老人儿童都接受现代文明，让石羊塘镇处处散发文化气息，营造了良好的文化氛围。①

在乡村振兴战略的时代背景下，新乡贤参与乡村建设时所担任的角色各有不同，依据不同的标准对新乡贤类型进行更详细的划分，能够全面认识推动乡村振兴的各种力量。而新乡贤的多元化类型，构成了新乡贤出场的不同路径。以"在场"和"不在场"为主的基本路径和以"产业发展""乡村治理""文化建设"为主的实践路径，体现出新乡贤以不同出场路径和多样出场形态，实现多元主体协同参与乡村建设的目标。

## 第二节　新乡贤文化的定位

新乡贤文化，顾名思义，是以新乡贤为主体，在日常生产生活中通过发挥嘉言懿行对乡民的积极引导作用，促进乡村建设发展的一种文化形态。新乡贤及新乡贤文化有特殊的时代背景，既是国家顶层设计倡导的重要内容，又是突破乡村治理现实困境的实际需求。新乡贤文化具有乡土性、地域性、传承性、先进性、实践性和广泛性的特征，在乡村发展的过程中发挥至关重要的作用。

### 一、新乡贤文化产生的时代背景

随着工业化与城市化进程不断加快，乡村地区面临着精英外流、空心化、边缘化、乡村建设和发展内生动力不足、优秀传统文化传承乏力等问题。在这样的时代背景下，乡村振兴战略及新乡贤文化相关政策相继出台，为新乡贤文化在乡村发展中贡献力量奠定了政策基础。可以说，新乡贤文化的产生既顺应了优秀传统文化传承的要求，又顺应了人民群众全面建设小康社会的热切期盼，更加顺应了乡村政治、经济、文化全方位振兴的时代要求。为了全面掌握乡村振兴战略中新乡贤文化的定位与价值，梳理其时代背景具有基础意义。

---

① 朱洁：《"赤脚教授"夏昭炎：返乡耕种"文化田"》，株洲新闻网，2018 年 6 月 16 日，http：//www. zznews. gov. cn/news/2018/0616/289749. shtml，访问日期：2020 年 7 月 28 日。

（一）国家政策的支持倡导

我国农村人口数量在全国人口总数中占有很大比重，乡村社会的发展影响了当代中国整体的发展水平与状况，乡村发展的重要性不言而喻。结合中国乡村发展的现实情况及历史语境，农业、农村、农民问题始终是我国发展的"重中之重"，振兴乡村依然关键。为解决乡村发展中出现的一系列问题，我国一直在进行积极的探索与实践，政府从国家顶层设计出发对乡村发展进行系统规划，出台了一系列关于乡村发展、乡村振兴的政策。

中央一号文件是中共中央每年针对"三农"工作发布的文件，体现了中共中央对"三农"问题的高度重视。党和国家领导下的乡村发展工作，涵盖了政治、经济、文化、生态和社会等方面。新乡贤文化的产生与发展离不开提出乡村振兴等政策的时代背景，根据表3.1可了解我国近几十年来乡村振兴的政策趋势，把握新乡贤文化发展的政策空间。

表 3.1　改革开放以来中央一号文件列表

| 发布时间 | 文件名称 |
| --- | --- |
| 1982 年 1 月 | 《全国农村工作会议纪要》 |
| 1983 年 1 月 | 《当前农村经济政策的若干问题》 |
| 1984 年 1 月 | 《关于一九八四年农村工作的通知》 |
| 1985 年 1 月 | 《关于进一步活跃农村经济的十项政策》 |
| 1986 年 1 月 | 《关于一九八六年农村工作的部署》 |
| 1987—2003 年 | 无 |
| 2004 年 1 月 | 《中共中央　国务院关于促进农民增加收入若干政策的意见》 |
| 2005 年 1 月 | 《中共中央　国务院关于进一步加强农村工作提高农业综合生产能力若干政策的意见》 |
| 2006 年 2 月 | 《中共中央　国务院关于推进社会主义新农村建设的若干意见》 |
| 2007 年 1 月 | 《中共中央　国务院关于积极发展现代农业扎实推进社会主义新农村建设的若干意见》 |
| 2008 年 1 月 | 《中共中央　国务院关于切实加强农业基础建设进一步促进农业发展农民增收的若干意见》 |

**续表**

| 发布时间 | 文件名称 |
| --- | --- |
| 2009 年 2 月 | 《中共中央　国务院关于 2009 年促进农业稳定发展农民持续增收的若干意见》 |
| 2010 年 1 月 | 《中共中央　国务院关于加大统筹城乡发展力度进一步夯实农业农村发展基础的若干意见》 |
| 2011 年 1 月 | 《中共中央　国务院关于加快水利改革发展的决定》 |
| 2012 年 2 月 | 《中共中央　国务院关于加快推进农业科技创新持续增强农产品供给保障能力的若干意见》 |
| 2013 年 1 月 | 《中共中央　国务院关于加快发展现代农业，进一步增强农村发展活力的若干意见》 |
| 2014 年 1 月 | 《中共中央　国务院关于全面深化农村改革加快推进农业现代化的若干意见》 |
| 2015 年 2 月 | 《中共中央　国务院关于加大改革创新力度加快农业现代化建设的若干意见》 |
| 2016 年 1 月 | 《中共中央　国务院关于落实发展新理念加快农业现代化　实现全面小康目标的若干意见》 |
| 2017 年 2 月 | 《中共中央　国务院关于深入推进农业供给侧结构性改革　加快培育农业农村发展新动能的若干意见》 |
| 2018 年 1 月 | 《中共中央　国务院关于实施乡村振兴战略的意见》 |
| 2019 年 1 月 | 《中共中央　国务院关于坚持农业农村优先发展做好"三农"工作的若干意见》 |
| 2020 年 1 月 | 《中共中央　国务院关于抓好"三农"领域重点工作确保如期实现全面小康的意见》 |

上表是改革开放以来中央一号文件对乡村发展的指导与部署，由此可见解决"三农"问题始终是我国经济发展中最为重要的工作之一。在国家宏观政策出台的背景下，近年来也出台了一系列相关的扶持政策，包括国家农业扶持政策、农村创业扶持政策、农村人才扶持政策、文化传承与保护政策等。这一系列向乡村倾斜的政策，引导着物质、人才、资金等各种资源流向乡村，乡村发展迎来转机。政策利好的背景为乡村精英提供施展能力的平台，创造良好的就业环境，促使新乡贤产生回乡发展的动力，这也为新乡贤文化的发展提供了契

机。在国家顶层设计的部署下，许多省市结合实际情况为高层次人才、优秀学子、企业家等新乡贤返乡提供物质补贴，对有重大贡献者授予荣誉称号形成精神激励，通过双重激励机制提升人才返乡的积极性，为新乡贤出场及新乡贤文化的产生奠定良好的基础。

在乡村振兴战略大力实施之际，结合新乡贤文化政策，积极引导发挥新乡贤在乡村振兴战略中的积极作用，这为新乡贤文化在乡村振兴中的价值作出明确的定位。区别于传统乡贤文化，乡村振兴需要一种积极进取、具有强烈参与意识和能够充分发挥作用的新乡贤文化。由此可见，新乡贤文化建设既是国家高瞻远瞩的顶层设计，也是乡村振兴战略的迫切期盼与强烈要求。

### (二) 乡村治理的现实呼唤

无论是研究传统乡贤还是倡导培育当代新乡贤，都与乡村治理联系紧密，新乡贤文化的产生是解决乡村治理困境的现实需要。乡村治理是涉及政治学、社会学、经济学、历史学等多学科、多领域的综合概念，是一项复杂的系统工程。虽然关于乡村治理的研究早已出现，但是乡村治理在二十世纪末期才作为一个学术概念被正式提出。对于乡村治理的内涵，学者们纷纷提出自己的见解。徐勇指出，"治理是通过一定权力的配置和运作对社会加以领导、管理和调节，从而达到一定目的的活动"[1]。郭正林进一步细化乡村治理的内涵，提出："所谓乡村治理，就是性质不同的各种组织，包括乡镇的党委政府、'七站八所'、扶贫队、工青妇等政府及其附属机构，村里的党支部、村委会、团支部、妇女会、各种协会等村级组织，民间的红白喜事会、慈善救济会、宗亲会等民间群体及组织，通过一定的制度机制共同把乡下的公共事务管理好。"[2] 从乡村治理的概念可以看出，乡贤文化本身就是乡村治理的重要组成部分。

随着户籍管理制度和农村税费制度改革的不断深化，城乡二元结构的壁垒逐渐打破，但是实际上城乡之间仍有明显差距，城市在工资收入、文化教育、医疗条件、就业机会等方面明显优于乡村地区。在乡村空心化、边缘化的现状下，乡村治理正面临着治理主体结构不佳、治理对象宽泛、治理环境复杂的困境。

乡村治理主体结构不佳，主要体现在乡村治理主体的职业结构不佳、文化

---

[1] 徐勇：《中国农村村民自治》，华中师范大学出版社，1997，第22页。

[2] 郭正林：《乡村治理及其制度绩效评估：学理性案例分析》，《华中师范大学学报（人文社会科学版）》2004第4期。

结构不佳和年龄结构不佳三方面。随着城镇化和现代化进程的推进，在城市的虹吸效应下，越来越多的乡村青壮年选择进城务工、求学，乡村人口不断向城市流动。在乡村人口流失严重、乡村精英大量外流的情况下，乡村出现空心化、老龄化的现象。许多地区治理主体主要是村两委，从主体来源角度来看，结构较为单一。同时，青壮年和乡村精英的流失也是导致乡村治理主体平均年龄偏高、文化程度偏低的主要原因。因此，通过发挥乡贤理事会等社会组织在乡村治理中的作用，可以解决乡村治理主体构成过于单一的问题。同时，乡村治理需要通过新乡贤及新乡贤文化在无形之间引领并号召年轻人返回乡村、建设乡村，以此优化乡村治理主体的职业结构、文化结构和年龄结构。

乡村治理对象宽泛，主要指当前对乡村发展在多个领域提出的新要求。乡村振兴战略提出了"产业兴旺、生态宜居、乡风文明、治理有效、生活富裕"的总要求，乡村治理的内容涉及政治、经济、文化、生态等多个领域，实质上是对基层乡村治理提出了更高的要求。而实际上以村两委为主的乡村治理主体在政策宣传、团结群众等方面能力较为突出，而在经济建设、文化建设、生态保护等方面能力稍显不足。乡村产业升级等任务也确实超出了村两委的能力范畴，难以独立完成乡村振兴对乡村治理提出的各项要求。因此，需要发挥新乡贤娴熟的生产技术能力、先进的管理经验、超前的理念意识、深厚的文化知识、丰富的人脉资源，不断提升乡村在各领域发展的内生驱动力，依托新乡贤文化减少乡村治理过程中的矛盾冲突，维护社会秩序的稳定。

乡村治理环境复杂，主要指乡村治理受到历史环境、自然环境、民主环境、文化环境等多种因素的影响，具有复杂性。在乡村治理没有取得明显成效的地区，乡民对基层自治丧失积极性与主动性；在交通闭塞的地区，村庄对外交流较少，相对封闭，乡民更信任本地权威；在民主化程度较低的地区，在乡村治理中容易出现"一言堂"或"村霸"现象。乡村治理还会受到乡民的文化程度、民族文化、地域文化等因素的制约。因此，在较为复杂的治理环境中，亟须发挥新乡贤作为本地精神权威和意见领袖的作用，在乡村治理过程中提升村民自信心，通过发挥新乡贤高尚品行的影响力，提升乡村治理中村干部的道德修养，发挥新乡贤及新乡贤文化本土地域的优势，提升村民的认可度与接受度。

总之，新乡贤文化是突破当前乡村治理面临的治理主体结构不佳、治理对象宽泛、治理环境复杂等困境的现实需求，需要凸显新乡贤文化的软性治理功能。新乡贤文化以乡土情结激发新乡贤服务桑梓的热忱，吸引新乡贤群体参与和监督乡村治理，借助自身较高文化水平，解读和传达国家宏观政策核心要义与文件精神，帮助村两委更好地理解政策并顺利开展相关工作，在"乡"和

"村"、"官"与"民"之间搭建沟通桥梁。新乡贤文化通过彰显新乡贤以身作则的行为提升自己在乡村中的权威性与亲善性，使得乡贤之治在乡村社会中拥有广泛的民众心理认同，减少矛盾冲突，为乡村治理提供重要力量。

（三）精神文明建设的迫切需求

十九大报告中指出："我国社会主要矛盾已经转化为人民日益增长的美好生活需要和不平衡不充分的发展之间的矛盾。"物质生活水平的提高带来的是广大乡民对精神文化生活需求的逐渐增长。随着城镇化现代化的快速推进，基层乡村的物质生活水平明显提高，但是在精神文明建设上存在乡村文化断层和精神文化缺失的问题。

在城乡文化交流中，乡村文化与城市文化在地位上是不平等的，多数情况下，乡村文化处于被动输入的地位。其主要原因在于农村人员向城镇流动，在工作生活中都需要适应城市的文化环境，而乡村文化由于缺少人口主体的基础，无论是在文化传承还是弘扬方面都稍显弱势。随着农村人口的频繁流动，一些地方的乡土文化特色正逐步丧失，具体表现为有些扎根乡土社会中并承载着乡愁乡情记忆的宗庙祠堂、文物古迹、风俗习惯甚至自然村落面临着被破坏、损毁甚至消失的危机。根据2017年第三届中国古村镇大会所公布的数据，近15年来，我国传统村落锐减近92万个，并正以每天1.6个的速度持续递减。与此同时，当今社会经济快速发展，拜金主义、功利主义、奢靡之风和享乐主义等不良社会风气更是严重冲击了传统乡村文化。因此，在农村文化建设中，需要结合地域文化、民族文化，建立起植根乡土，能够继承弘扬优秀乡村文化的新乡贤文化。新乡贤文化作为由乡村本土产生，走向社会的一种文化形态，使乡村文化在城乡文化交流中转换到主动输出的地位，在一定程度上提升乡民的文化自信。

同时，弘扬新乡贤文化对社会主义核心价值观在乡村实践起到积极的推动作用。"践行社会主义核心价值观，是民众认同社会主义核心价值观并将之内化为自身品质的过程。"[1] 新乡贤文化与社会主义核心价值观在本质和目标上是基本一致的。2014年，时任中宣部部长的刘奇葆在社会主义核心价值观交流会上提出："乡贤文化根植乡土、贴近性强，蕴含着见贤思齐、崇德向善的力量，表明及时发展乡贤文化，让乡贤文化植根乡土，不仅可以为核心价值观在如何落细、落小、落实上提供有效载体，还可以为美丽乡村、道德乡村、文化乡村提供有利契机。"可见新乡贤文化与社会主义核心价值观对于个人爱国、

---

① 钱静、马俊哲：《国内新乡贤文化研究综述》，《北京农业职业学院学报》2016年第4期。

敬业、诚信、友善的要求是基本相同的。

因此，在乡村精神文明建设发展中，面对乡村文化缺失、道德秩序失衡等问题，亟须发挥新乡贤文化在建设新农村文化、提升文化自信、践行社会主义核心价值观等方面的重要作用。

## 二、新乡贤文化的内涵

在 2014 年提出"新乡贤"一词后，2016 年的全国两会中，《国民经济和社会发展第十三个五年规划纲要（草案）》正式提出"新乡贤文化"这一概念。全国人大代表、安徽省社会科学院研究员钱念孙先生在会上表示，解决乡村空心化问题，需要从"人"方面入手。传承中国传统乡贤文化，需要医生、教师等优秀知识分子"告老还乡"，建设乡村。新乡贤对乡村的建设和发展有积极作用，打造生态村落，发展生态产业，繁荣乡村文化，都离不开新乡贤。

《〈中华人民共和国国民经济和社会发展第十三个五年规划纲要〉解释材料》对新乡贤文化概念作出明确的解释："乡贤文化是中华传统文化在乡村的一种表现形式，具有见贤思齐、崇德向善、诚信友善等特点。借助传统的'乡贤文化'形式，赋予新的时代内涵，以乡情为纽带，以优秀基层干部、道德模范、身边好人的嘉言懿行为示范引领，推进新乡贤文化建设，有利于延续农耕文明、培育新型农民、涵育文明乡风、促进共同富裕，也有利于中华传统文化创造性转化、创新性发展。"[①]

目前对于新乡贤文化内涵释义可以从狭义和广义两个维度出发，从主体对象、基本特征、价值功能等多角度进行阐释。

### （一）狭义维度

新乡贤文化，顾名思义就是以新乡贤为主体的文化。新乡贤群体在新乡贤文化中占有主要地位，在乡村建设中扮演着"榜样""桥梁""魅力权威"等角色。他们或以道德品行在乡里享有声望，或以个人才能为乡村经济发展出谋划策，或以"人情关系"实现村民与村委的协商共治。他们上利国家、下益乡民，并在乡村社会中形成"见贤思齐，造福桑梓"的文化风气，在当下社会中也是一种文化现象，即新乡贤文化。

新乡贤一词在 2014 年进入公众的视野，随着乡村振兴等战略的推行，新乡贤逐渐受到社会各界的关注。许多学者通过实地调查，对新乡贤的行为事迹

---

① 李金芳：《"新乡贤"未来大有可为》，人民论坛网，2016 年 3 月 17 日，http：//www. rmlt. com. cn/2016/0317/420693. shtml，访问日期：2020 年 7 月 28 日。

进行纪实性描述，并由此归纳出新乡贤在乡村治理、价值观弘扬等方面的影响与价值，进而总结出由新乡贤衍生来的新乡贤文化的具体内涵。新乡贤文化是新乡贤主体意见和观点的汇聚，以新乡贤的嘉言懿行示范引领，带动形成良好社会风尚。从这一层面看，新乡贤文化是一个乡村历代累积下来的榜样文化。

新乡贤文化是在传统乡贤文化基础上辩证继承与创新发展的，新乡贤文化深入挖掘提炼和传承了传统乡贤文化中催人向贤的价值精华，同时不断吸收新的养分，有机结合社会主义核心价值观等现代文化，逐渐形成独特的文化体系。

根据上述专家学者的论述，本研究将新乡贤文化概念界定为：新乡贤文化是新乡贤群体或组织，在长期生产生活实践中，将所拥有的思维方式、道德意识、知识、信仰、艺术等精神性成果以及技术、资金等物质性成果作用于乡村发展的一种文化形态。其中，新乡贤是新乡贤文化的主体，乡愁与乡情是新乡贤文化的基因与纽带，通过乡愁与乡情激发新乡贤对家乡的思念与归属感，从而吸引更多在外打拼的有志之士心系家乡、回归家乡、建设家乡。

（二）广义维度

根据马克思主义文化观的相关理论可知，文化的本质是关于人的创造性的活动。广义上的文化内涵，涵盖了人类所创造的全部物质与精神劳动成果。因此，我们还可以从马克思主义文化观以及文化广义维度，来更好地把握新乡贤文化的内涵，即广义的新乡贤文化是一种实践文化、榜样文化、伦理文化。

1. 新乡贤文化是一种实践文化

马克思曾言："从本质上看，人类的社会生活是实践的。"由人类及其活动所创造出来的文化，也是实践的结果。新乡贤文化体现了各类新乡贤自身才能和优势，是以新乡贤为主体在探索与改造乡村过程中所形成的社会化活动。实践活动的多样性与特殊性，为形成新乡贤文化特有的文化内涵提供了前提和基础。近年来随着新乡贤得到社会的广泛关注，各地政府积极开展"最美新乡贤"等新乡贤评选活动，对返乡的退休老干部、大学生村干部、企业家、文化传承者、教育工作者进行推举评选，弘扬他们为乡村建设所做的嘉言懿行，总结有益于乡村社会发展的实践经验，以实践行为指向新乡贤文化的弘扬与发展。综上，新乡贤文化以实践主体为出发点，以主体的实践活动为载体，并最终指向弘扬与发展的实践行为，由此可见，新乡贤文化是一种实践文化。

2. 新乡贤文化是一种榜样文化

"榜样"一词，在我们日常生产生活中并不罕见，从二十世纪五十年代乐于奉献的雷锋到新时期致力于乡村教育的老阿姨龚全珍，都是中国人耳熟能详的榜样。庞申伟在其博士论文《榜样文化及其当代建设研究》中提到：听到"榜样"，人们脑海里浮现出形象与精神、行为与文化交织的文化图景，说明"榜样"在人们心中早已成为一个文化概念，形成了榜样文化。新乡贤文化在主体价值上看，也是一种榜样文化。以具有才能贤德的新乡贤为主体，在乡村建设中发挥着重要作用，人们将新乡贤及其事迹深刻记在脑海中，经过自己主观思维作出对新乡贤的评价，认为其是乡村中的"道德榜样""行为榜样"等，无形中在心理上认可"崇德向善"的新乡贤文化，从而使自身产生一种"向贤"驱动力，由此可见，新乡贤文化是一种榜样文化。

3. 新乡贤文化是一种伦理文化

新乡贤群体与普通民众的区别在于其自身具有较高的道德品质和较强的管理协调能力。作为基层乡村的道德权威和精神领袖，新乡贤深受乡民敬仰，通过自身品德才能来引导并约束村民的行为，以达到教化乡民的目的，使村民遵循正确的行为规范和价值导向。在当今的乡村社会，随着乡村开放程度的不断扩大，乡村社会的人际交往方式不再是简单的"熟人社交"模式，但是以血缘维系的家族关系和以地缘维系的邻里关系仍然广泛存在于乡村中，是乡村伦理文化的重要表现，也是新乡贤文化发挥自身功能价值的伦理基础。

## 三、新乡贤文化的特征

特征反映事物的内在本质，是某一事物不同于他物的独特象征与标志。新乡贤文化根植于乡土社会土壤中，既是传统乡贤文化的延续与传承，又是新乡贤个体或群体作用于乡村发展与建设的实践结果。由此可见，新乡贤文化主要具有以下几大特征。

### (一) 乡土性和地域性

新乡贤文化作为一种社会化文化现象，立足于中国乡土社会中，并根据不同地方特色而呈现出独特性，因此新乡贤文化是具有乡土性和地域性特征的。

1. 乡土性

费孝通先生曾在《乡土中国》中提到："从基层上看去，中国社会是乡土性的。"乡土性体现在中国是一个农业大国，其农业人口数量占据了国民总人口数量的绝大部分，这种基层社会必然是稳定的，人与人之间、人与空间之间的流动性低。乡土性也体现在由中国两千多年小农经济这一经济基础所决定的乡土生活形态，乡土社会是由熟人所构成的社会。这样的乡土环境孕育出传统乡贤文化，乡土性成为传统乡贤文化最本质的特征，而新乡贤文化在对传统乡贤文化批判继承的过程中，延续了乡土性这一特征。

新乡贤文化的乡土性包含以下三个方面。一是新乡贤文化空间是乡土性的。根据费孝通先生的分析，乡土性的社会结构体现在人与人、人与空间的排列关系是相对固定不流动的。用《乡土中国》书中的话来说，就是"世代定居是常态，迁移则是变态"，他们就"像是半身插入了土里"。这是因为在传统乡村社会中，人们依靠土地谋生，在缺乏其他生产方式的条件下，从而逐渐形成了一种适应土地、依赖土地的文化形式。从根本上说，乡土性是因为这种不流动性而产生的。新乡贤文化以乡村为空间，是乡土文化中的组成部分，因此也呈现出乡土性。

二是新乡贤文化中的人际关系是乡土性的。新乡贤文化是一种以新乡贤为主体辐射乡村群众的群体文化，是通过人际关系表现出来的文化形态。这种人际关系在乡土社会中通常是由血缘、亲缘、地缘关系共同构成的，并构成了乡土社会中人与人相处、沟通、交往的"差序格局"。在这种由亲缘、地缘与血缘共同构成的人际关系中，体现着朴素的道德义理与情感联系，支撑乡土社会中人与人之间的情感维系，从而延续着新乡贤文化的发展。这种人际关系在历史长河中逐渐演变成乡情与乡愁，当在外游子谈及乡情与乡愁，脑海最先浮现的可能就是与乡亲建立的情谊。新乡贤文化以乡情、乡愁为纽带，并结合由血缘、亲缘、地缘关系所带来的先天优势，在号召鼓励外在他乡的"他者"以及居住乡村的本地居民共同参与乡村建设方面具有天然的黏合作用。

三是新乡贤文化的个体行为是乡土性的。新乡贤回归乡土、解决"三农"问题且献身于家乡的公共事业之中，他们直接了解最基层群众的所需所求，也以实际行动服务村民，真正做到了根植于乡土。

2. 地域性

新乡贤文化是从乡村社会土壤中孕育出来的，而不同地域的文化具有不同的地域性特质，地区特色也会影响新乡贤文化特色，故不同地方孕育的新乡贤文化也呈现出地域性。地域性主要体现在新乡贤文化主体及文化载体上。就新乡贤文化主体而言，新乡贤活跃于广大乡村社会，与社会最基层的农民群众打交道，他们的文化行为受特定乡村社会背景及当地农民需求影响。随着时代的发展，新乡贤文化不再局限于乡村当地范围。根据相关研究，新乡贤文化的主体可分为在场乡贤与不在场乡贤，但无论在场与否，地域性特征形成新乡贤对家乡的归属感与责任感，从而激发新乡贤反哺桑梓。在场乡贤将人财物各方资源和先进理念融入当地乡村发展中，而不在场乡贤致力于通过各种渠道反哺家乡，地域性特征给予更多不同类型的新乡贤将自身才能发挥在乡村建设中的机会。

就新乡贤文化实践而言，全国不同地区的新乡贤文化实践也呈现出地域性特征。浙江省上虞区通过建设乡贤文化广场和乡贤馆等平台以及开展一系列新乡贤培育工作，从文化资源开发和文化人才培育方面推动新乡贤文化的纵深发展；山东省邹城市唐村镇启动"新乡贤文明行动"，探索乡村基层党建治理新模式；辽宁省鞍山市在建设美丽乡村过程中，重视新乡贤文化元素的有机融合，如在公共基础设施和文化景观中经常以碑刻、雕塑、楹联等各种形式体现乡贤文化主题；等等。以上这些说明，各地发展与建设新乡贤文化，都会因地制宜组织相关活动，将新乡贤文化元素与当地特色文化相融合，体现出明显的地域性特征。

### （二）创新传承性与先进性

新乡贤文化并非对传统乡贤文化全盘吸收或全盘否定，也非对城市文化的简单复制。新乡贤文化是结合中国新时代乡村发展现实条件，传承传统乡贤文化中符合时代要求的价值精华，同时与城市文化中的先进理念进行有机融合。区别于传统乡贤文化，新乡贤文化具有创新传承性与先进性的特征。

#### 1. 创新传承性

创新传承性也是新乡贤文化最为突出的特征。新乡贤文化被正式提出的时间较短，但新乡贤文化的前身是代代相传、具有悠久历史的传统乡贤文化，新乡贤在汲取传统乡贤文化精华的基础之上去旧存新，积极吸收社会主义核心价值观，被赋予了新的时代内涵。新乡贤文化是中华优秀传统文化的传承创新，它立足于乡村文化建设的具体实践，自身附带中华优秀传统文化的属性。具体来看，传统乡贤文化在不断发展中已经具备了较为完整的文化体系，包含乡贤举荐、乡贤组织乡村自治、祭祀、传记方志的记载以及乡贤文化自觉传承等。而当今新乡贤文化的发展，诸多举措与形式实际上是对传统乡贤文化的传承与借鉴。但新乡贤文化对传统乡贤文化的继承绝不是简单的复制，由于面临着新的历史背景、社会语境和时代需求，新乡贤群体在众多方面都与传统乡贤群体有着巨大的差别。新乡贤文化的创新继承性具体体现在创新乡贤群体，扩大群体来源，号召"在场乡贤""不在场乡贤"及"外来人士"等多方力量参与当地乡村建设；创新乡贤文化内容，在继承中华优秀文化过程中融入新时期社会主义核心价值观，以实现社会主义核心价值观与优秀传统文化在乡村社会有机契合，现代文化与传统文化的相互对接。

#### 2. 先进性

"先进"一词有先知、先行、先导、先锋之意，新乡贤文化是立足社会主义现代文明，自觉以社会主义核心价值观为价值导向的文化，是社会主义先进文化的重要组成部分。新乡贤文化的先进性主要体现在：新乡贤在思想上掌握先进文化，秉承主流价值观念，将规则意识牢记心中，并时刻严格要求自己。同时，新乡贤能自觉在乡村倡导先进文化，发挥先锋模范带头作用。在弘扬社会主流价值观方面，新乡贤关心时政大事，及时把握党和国家政策，将新乡贤文化内容与国家提倡的主流观念结合，与时俱进，并通过人际传播、组织传播和大众传播等各种方式积极倡导和践行社会主义精神文明。在日常工作中，新乡贤工作方式具有先进性，选取易于乡民接受的方式宣传政策内容，通过平易近人的方式沟通工作，推动农村良好风尚的形成。新乡贤在乡村发展中发挥了榜样作用，新乡贤文化传递出榜样的正能量，给人以积极向上的力量，在一定程度上反映出先进性，成为先进乡村文化的重要组成部分。

### （三）实践性及广泛性

新乡贤文化是关于新乡贤的文化，是关于人的文化。从人的角度出发，新乡贤文化具有实践性及广泛性特征。

#### 1. 实践性

新乡贤文化是一种实践文化，从新乡贤主体角度出发，最根本的属性是其实践性。2017 年党的十九大将"乡村振兴"作为战略目标提到前所未有的高度，随后 2018 年中共中央、国务院印发的《乡村振兴战略规划（2018—2022年）》明确指出：全面建成小康社会和全面建设社会主义现代化强国，最艰巨最繁重的任务在农村，最广泛最深厚的基础在农村，最大的潜力和后劲也在农村。实施乡村振兴战略是解决新时代我国社会主要矛盾的必然要求及建设美丽国家的关键举措，新乡贤文化只有落脚并服务于乡村振兴才能发挥它最大的价值。新乡贤群体涌现于各行各业，是"行动着的价值观"，新乡贤群体行为最终指向有益于乡村建设与发展的实践。新乡贤文化作用于乡村振兴和美丽乡村建设中，从文化上促使乡村精神更加文明、氛围更加和谐，从政治上促使治理有序，从经济上实现全面脱贫，助推美丽乡村不仅物质丰富且精神丰盈，全方位展现乡村的美丽风貌。

#### 2. 广泛性

广泛性体现在新乡贤主体来源有所拓展，涉及官场、商场、学界等各个领域。目前，提起乡贤一词，多数人会联想到年长尊者等德高望重的人或者传统乡绅。但是需要明确的是，德高望重的长者不等于乡贤的全部。社会不断进步，乡村迅速发展，村民的观念也逐渐开放，对乡贤的界定正在适当放宽。符合乡贤基本内涵，对乡村发展作出贡献的年轻人，也需要被大众认可，获得新乡贤的称号。由此衍生出的新乡贤文化也体现出广泛性的特征。

新乡贤文化的广泛性一方面体现在主体范围的广泛，囊括了新乡贤的所有类型。根据前文所述，现今的新乡贤可以根据在场状况和身份地位划分，出现在场乡贤与不在场乡贤、平民乡贤与精英乡贤等多种类型。由此可见，新乡贤突破地域限制、时间限制，呈现出主体广泛的特征。新乡贤文化的广泛性另一方面体现在新乡贤文化的广泛传播。从中央的一号文件到地方政府的配套措施，宽松的政策空间为新乡贤文化传播提供了有利条件，加之"互联网＋"等新技术手段的助力，新乡贤文化成为当下热门话题，从政府到学术界再到普通民众，都对新乡贤文化的关注度日渐高涨，倡导乡贤回乡，助力乡村振兴。

## 第三节　新乡贤文化的价值

价值是指主体与客体之间需要与满足的关系问题，从对自然世界的追求上升为对价值世界的追寻，构成了人类社会的永恒主题。新乡贤文化一头连接着中华优秀传统文化，彰显文化的传承性；另一头连接着城乡发展现实之需，体现文化的时代性；并以新乡贤主体充分发挥主观能动性与创造性，体现文化的主体魅力。新乡贤文化不仅在复兴中华优秀传统文化中发挥重要作用，更是在促进乡村全方位发展、实现乡村振兴方面具有战略性意义，这些都是新乡贤文化当代价值的重要体现。

### 一、在连接历史之根中传承乡贤文脉

乡贤文化自古以来根植于乡土社会中，蕴含着乡土意识与情怀，彰显乡村特有的风土人情与精神面貌，历代贤达人士言行之积淀也体现出以儒家思想为核心的社会治理智慧与经验。由此可见，乡贤文化具有中华优秀传统文化的特征，是其在乡土社会中的体现。新时代的新乡贤文化，继承与延续乡贤文化乃至中华传统文化，对于守住乡魂、保护乡根，促进文化繁荣，具有深远意义。

#### （一）承载中华优秀传统文化的贤德思想

中华优秀传统文化是人类社会发展历史进程中一朵璀璨的奇葩，是中华民族认识世界、改造世界的劳动成果与智慧结晶，历经数千年依旧生生不息。中华优秀传统文化不仅是我们必须世代传承的文化根脉、文化基因，更是国家软实力的重要组成部分。党的十八大以来，习近平总书记多次强调中华优秀传统文化的重要地位与作用。通过习总书记发表的一系列重要论述，我们可以清楚

地认识到，只有善于继承中华优秀传统文化，方能善于创新。

中华优秀传统文化主要包括核心思想理念、中华传统美德和中华人文精神这三大方面。其中，核心思想理念是指能够为人们认识世界和改造世界提供有益启迪的思想理念，主要体现为在治国理政上选贤任能的主张以及在人生境界上"仁爱"的追求[①]；中华传统美德涵盖了优秀的道德理论与行为规范，体现着中华民族向真、向美、向善的追求，如精忠报国、崇德向善、见贤思齐等优良品格；中华人文精神注重个体的德行修养，崇尚"天下兴亡，匹夫有责"的责任意识以及"己所不欲，勿施于人"的道德原则[②]。

中国社会是具有乡土性的，中华传统文化在乡村社会中萌芽发展并壮大，其文化内涵为每一位村民的处事方式、生活理念和人生追求提供了指导方向，早已成为每一位生活在乡土社会中的中国人的文化基因。在广阔的乡村土地上，农耕文明与中华优秀传统文化相互结合，发展出极具地域特色的乡土文化，同时也涵养了乡贤文化。可以说乡贤文化是由中华优秀传统文化扎根乡村社会所形成的独有文化景观。乡贤文化中"见贤思齐、崇德向善、奋发有为、造福桑梓"的精神内核一直延续至今，并升华成为新时代下的新乡贤文化。

在多元文化交融的背景下，当前国民尤其是青少年群体，对中华优秀传统文化的认同感逐渐降低，同时老一辈传统文化传承者相继去世，当前中华优秀传统文化面临着后继人才匮乏的问题。这都给继承与弘扬中华优秀传统文化，进一步激发传统文化生机与活力带来了困境与挑战。新乡贤文化发扬于传统乡贤文化，继承了其中"忠孝仁义"以及"崇贤善德"的文化基因，在此基础上与现代先进理念及社会主义核心价值观相融合，使中华优秀传统文化在新时代背景下重新焕发光芒。新乡贤文化是关于新乡贤的文化，新乡贤之所以能成为新乡贤，重要原因在于新乡贤对"贤德"的继承，对内体现在为人真诚正直、富有责任心及才智能力，对外体现在充分发挥自身道德榜样的引领示范作用，以"现代德治"形式参与乡村治理。

发展与弘扬新乡贤文化，发挥新乡贤的主体作用，使其成为中华优秀传统文化在当代乡土的继承者和守护者，将中华优秀传统文化的贤德思想落实到乡村振兴战略中去，不可不谓是中华优秀传统文化在新时代的创新性继承路径。综上，较其他文化形态而言，新乡贤文化在弘扬中华优秀传统文化方面具有无可比拟的优势，承载着中华优秀传统文化的贤德思想。

---

①　朱海波：《中华优秀传统文化的核心思想理念》，《沈阳干部学刊》2018 年第 6 期。

②　刘跃进：《中华人文精神及其时代意义》，《中国文化报》2018 年 12 月 10 日第 3 版。

### (二) 寄寓广泛共情的乡愁基因

"多少年的追寻，多少次的叩问。乡愁是一碗水，乡愁是一杯酒；乡愁是一朵云，乡愁是一生情"，从 2015 年播出第一季到 2019 年播出第五季，大型纪录片《记住乡愁》聚焦每个中国人心灵中最柔软的故乡情结，再度唤醒观众逐渐消失的家乡记忆和乡土情怀，引发人们对优秀传统文化深沉的归依之情。

乡愁是游子对家乡所抱有的真挚深沉情感与思念，是一种怀念眷恋家乡的情感状态。乡愁自古以来是乡村文化所表现出来的重要主题，是中国人所特有的文化基因。在古代，表达在外游子或边疆将士浓郁的乡愁、乡情、乡思是诗歌中常见的一种表现形式，广为传诵的《诗经》中的《卫风·河广》《小雅·鸿雁》等诗篇，无不透露着渴望回归家乡的情感。此外，古代诗人亦常以酒为载体抒发乡愁之情，"酒入愁肠，化作相思泪"出自范仲淹的《苏幕遮》。诗人羁旅他乡，因思念故乡而夜不能寐，端起酒杯想要洗涤愁肠，但酒一入愁肠，却都化作了相思之泪，欲遣相思反而更增相思之苦。

乡愁是代代相传、流淌在中华民族血脉中不可磨灭的重要情感寄托，分析乡愁在中华儿女心中占据的重要地位，追根溯源来看主要有两方面原因：第一，中国自古以来是农业大国，与四处迁徙来寻求自然庇佑的游牧民族文化及工业文明相比，中国代代相传的农耕文明对中华民族的影响最为深远。对中华民族而言，农耕不仅是生存的方式，更是让人们对这片广袤的土地建立起巨大归属感与家乡感的根源，骨子里对故乡的思念让游子乡愁更重。第二，孔子的儒家思想在中国人的内心深处烙下了深深的印记，儒家倡导的宗族观念让中国人的"家文化"代代流传，对亲人和家的执念一直延存至今，血亲关系和家庭伦理观也促进了乡愁的地位进一步确立。

从现实情况来看，城市化和工业化的高速进程瓦解了乡村土地，但是物质的消亡从某种意义上来说进一步激发了乡愁。大量涌入城市的农村人口，以及乡村空心化、边缘化现状都在进一步改写乡村社会的结构。在现代化进程中，乡村社会结构不断被破坏和解构，呈现出"层叠社会形态"的现象，即乡村社会中同时出现农业、工业与现代化三大社会形态。[①] 然而，乡村社会的现代化，让许多人在面临面目全非的故土时心生感慨，对乡村原真的热切向往催生出更为广大深远的深层乡愁。而对于现在的人们来说，遥远的故乡更像是存于潜意识中的朦胧呼唤，原真质朴的情感像一只强力而无形的手，支撑着人们的精神世界，予以其更多的精神力量。

---

① 冯俊锋、唐琼：《试论乡贤回归与乡村治理》，《四川行政学院学报》2017 年第 2 期。

新乡贤群体在新时代被赋予了更多的精神内核，同时其身份定义也较传统乡贤而言，有了更为多样的延伸。有的新乡贤是离乡后又反哺桑梓，有的则是虽一直漂泊在外，但仍被内心对故土的向往驱动。新乡贤是当代深层乡愁的主体，也是受乡愁驱动的具象化体现。乡愁是新乡贤与农村故土的情感纽带，是新乡贤对自身故土文化认同感的来源和保障。新乡贤在高度城市化发展下，离开故乡去追逐更好的生活，其根本是追求自身的生理与安全需求；当随着基本生存与生活需求得到满足后，其深层次的乡愁情感会驱动新乡贤对更高层次需求的追逐。再加上在乡村振兴战略大背景下，各地政府积极促使资金、人才、管理等资源要素向乡村社会流动，国家政策的号召和政府的支持，进一步激起新乡贤返乡的动力。

综上，乡愁作为一种思念家乡的情感，能够唤醒新乡贤的乡土文化记忆和情怀。新乡贤文化继承并发展广泛共情的乡愁基因，能够充分发挥乡愁的情感价值，驱动新乡贤主动回归家乡，身体力行致力于乡村全方位振兴。

## 二、在对接现实之需中彰显时代品格

当前乡村仍面临着经济产业、乡村治理及精神文化等领域的发展瓶颈，深入推进乡村振兴战略、促进城乡融合发展已成为现实之需。新乡贤以参与产业发展、乡村治理和文化建设的路径出场，是推动乡村振兴的重要力量。以新乡贤为主体的新乡贤文化，在充分发挥主体主观能动性的基础上，影响着乡村发展的方方面面，助力乡村治理结构优化、产业转型升级及乡风文明建设，在公共治理、经济发展及文化建设等领域呈现出多维度价值意蕴，从而彰显出新乡贤文化的时代品格。

### （一）重塑场域，优化乡村治理结构

"乡村振兴，治理有效是基础。"随着城镇化进程的加速，乡村青壮年大量流向城市，愿意投身于乡村治理的人才日渐减少，再加上多元价值观念的碰撞导致乡村社会的利益格局发生变化，乡村治理中主体萎缩、信任缺失等问题日益凸显，传统的乡村社会秩序及社会结构逐渐解构。[①] 实现治理有效，促进乡村振兴，需破解当前乡村治理主体结构单一的问题，重塑多元主体共同参与的场域，吸引大批具有较高知识水平和丰富实践经验的新型人才回归。

近年来新乡贤成为中央会议及文件中的高频词，中央对新乡贤的重视及相

---

① 刘传俊、姚科艳：《乡村振兴背景下乡贤文化的时代价值与建设路径》，《华中农业大学学报（社会科学版）》2019 年第 6 期。

关政策的出台，为发挥新乡贤在乡村治理中的价值提供宏观指导。新乡贤以参与乡村治理的路径出场，作为一种新的社会力量，为有效治理输入了新鲜血液。

从历史角度看，传统乡贤在民意上传与官意下达的过程中减少传播阻碍，积极参与乡村公共事务管理和公共设施建设，凭借个人公信力及道德威望，协调化解乡里矛盾纠纷。长久以来传统乡贤嵌入乡村治理之中，确保良好的社会秩序建立，有效保障乡村社会和谐稳定发展。在参与乡村治理过程中，传统乡贤积累了丰富的治理经验与治理智慧，为新时代新乡贤如何更好地发挥自身能力与作用，助力现代乡村的有效治理，提供了宝贵的历史经验。

从现实角度来看，实现治理主体多元化已成为现今优化乡村治理的迫切需求。新乡贤文化在乡村治理中发挥着独特优势，一方面，新乡贤文化蕴含的"德治"与"善治"精神内核，与法治相辅相成、相互促进，能够有效地维护社会稳定，规范人们的思想与行为；另一方面，新乡贤文化为乡村治理提供新的治理主体，有利于推动基层乡村社会多元主体协同治理体系的建立与完善。

发展与弘扬新乡贤文化，营造出"用贤爱贤"的环境氛围，鼓励并号召更多拔尖人才回归家乡。新乡贤群体深受现代文化熏陶，且拥有较丰富的社会阅历和较广泛的社会关系网络，能够以自身优势资源投身于乡村治理，夯实乡村治理基石。返乡新乡贤凭借自身丰富的社会资源与人际关系，能够加强乡村与城市之间的沟通，从而弥补乡村在城乡二元结构下凸显的发展短板，缩短人脉资源的差距。

发展与弘扬新乡贤文化，实质上是实现乡土文化、优良传统与社会主义核心价值观三者的有机融合。以乡土文化为魂，激发有志之士、有才能之士的乡土情结，引导出生于农村但发展于城市的经济能人、退休干部、知识分子等回归乡土，参与乡村治理。当代新乡贤往往是具有丰富政治经验或经济实力之人，加之出身乡村，表现出一定的草根性与权威性，能够迅速凭借自身能力与感召力，拉近与农民群众之间的距离并获得其信任与尊敬。在这样的良性循环中，新乡贤作为新的乡村治理主体，通过展现自身美好品质以感染乡民，引导乡民树立正确的人生观、价值观与世界观，以道德感召力促进乡村社会秩序的重塑，优化乡村治理效果。

（二）文化赋能，推动产业升级

"乡村振兴，产业兴旺是重点。"产业兴旺是发展生态宜居、乡风文明、治理有效和生活富裕的关键和基础，是乡村振兴的重中之重。乡村产业兴旺是促使乡村中多元经济要素相互渗透、相互融合的发展状态，其中包括乡村第一二三产业的融合发展、现代农业产业体系的形成以及经济发展活力旺盛。<sup>①</sup> 换言之，将乡村各发展要素与产业相融合，通过资源的有效配置来实现产业效用的最大化，这样才能真正实现产业兴旺。据国家统计局数据，2018 年农业产值占农林牧渔四业产值的比重为 57.1%。当前我国大部分农村地区仍以单一的农业生产为主，产业结构欠优化仍旧是当前乡村在经济发展中较为突出的问题，产业发展不均衡的现象严重影响了乡村经济的可持续发展。经济基础决定上层建筑，在乡村振兴战略实施进程中，只有稳固乡村产业振兴这一经济基础，增加农民就业机会和收入，才能留得住乡村优秀人才，方能更深入全面地推动乡村振兴战略的实施。

文化具有渗透功能，在乡村产业发展各环节中融入文化要素，以丰富产业的文化内涵，促进产业转型升级，是实现产业兴旺的必然选择。在我国广阔的农村大地上，具有地域性和现代性的新乡贤文化正逐渐兴起，体现在不同乡村地区的新乡贤群体参与乡村建设的具体实践中，以文化主体赋能产业发展，为乡村产业转型升级提供了切实可行的发展路径。根据配第-克拉克定理，随着经济发展和国民收入增加，会出现就业人口从第一产业逐渐转移至第二产业，最后转移至第三产业的趋势。作为乡村经济发展主体，产业发展型新乡贤为产业转型升级注入资金、人脉以及技术等新活力。他们立足乡村实际情况，发展养殖业种植业或开办公司工厂，通过经贸方式为当地劳动力创造就业机会。当发展到一定程度，有的新乡贤会充分利用当地自然环境、人文环境等资源，因地制宜发展各项独具本地乡村风格的产业，促使乡村劳动力从第一二产业向第三产业转移。还有一些新乡贤有针对性地传授自身知识，"授人以鱼不如授人以渔"，帮助家乡的父老乡亲增长见识、开阔眼界。他们结合实际情况，在生产过程中培训农民实用技术、传授先进管理经验，有效提高农民对新技术的接受程度和理解程度，学以致用，带领更多乡民脱贫致富。

任何经济都离不开文化的支撑，文化赋予经济发展价值意义，还赋予经济发展极高的组织效能以及更强的竞争力。新乡贤文化蕴含着深厚的人文价值，将新乡贤文化本身所蕴含的"乡愁"与"乡情"等文化基因转化为文化元素，并以文化创意的方式将其渗透至产业链各环节，赋能产业转型升级的同时与消费者建立情感共鸣，从而实现文化消费。新乡贤文化与乡村原有产业产生碰撞，进行深入融合，通过打造生态文化旅游、创意农业、品牌农业等新业态，

---

① 《国务院关于乡村产业发展情况的报告》，中国人大网，2019 年 4 月 21 日，http：//www.npc.gov.cn/npc/c30834/201904/1e30cb31a2a242cdb82586c5510f756d.shtml，访问日期：2020 年 7 月 28 日。

促进农村第一二三产业融合发展，从而实现产业转型升级，赋予乡村产业更强的市场竞争力。

### （三）文化认同，营造文明乡风

"乡村振兴，乡风文明是保障。"习近平总书记 2017 年在江苏徐州市考察时指出：乡村精神文明建设很重要，在提高乡村经济发展与物质生活水平的基础上，还要注重提升农民群众的精神风貌，实现物质文明与精神文明共发展。乡风，顾名思义，是指乡村或地方的风俗。乡风的主体是长期生活在乡村中的人民群众，是他们共同生活而形成的生活习惯、价值观念以及行为模式的综合。乡村社会中文明和谐的风俗习惯、乡民群众良好的生活作风及正确的价值观念，都属于乡风文明范畴。在乡村振兴蓝图中，经济、政治、文化、生态几大方面环环相扣、相互作用、缺一不可。乡风文明作为乡村文化建设的重要组成部分，对乡村振兴尤其是乡村文化振兴具有重大价值，加强乡风文明建设，逐渐提高农民群众的文化素质，激活乡村活力，是乡村振兴战略的内在要求。在乡村社会面临转型的当下，信息技术迭代更新，农民群众开始广泛使用微博、微信、短视频等新媒体来获取信息，一个区别于以往农民价值观所构建的新场域逐渐形成。[①] 但获取信息的高度便捷性也带来一些不容忽视的问题，一些地区的优秀乡土文化遭受到不良风气的影响与侵蚀，如赌博之风、迷信之风、低俗之风。新乡贤群体作为乡村中的道德榜样，要凝聚新乡贤力量，发挥其良好的道德示范效应，带动农民群众主动向社会主流价值观靠拢，这是涵养乡风文明的重要途径。

从主体角度来看，在落实乡村振兴战略时，文化建设型新乡贤还重点关注乡风文明建设，成为乡风文明的倡导者与示范者。要尊重人在社会实践中的主体地位，充分发挥人的主体作用。新乡贤作为乡村文化的主体之一，是乡风文明的倡导者和实践者。一方面，新乡贤具有较宽广的视野，加之他们接受新信息、利用新技术的能力也较高，结合家乡的风俗及文化特点，将在城市或外地所接受到的先进文化更好地嵌入到乡村中来；另一方面，不少新乡贤具有较高的声望，在农民群众中是"权威者"角色，在移风易俗和教化乡民方面积极劝导，动之以情，晓之以理，并以身作则，做到移风易俗观念深入人心，激发农民群众的主体意识。

从文化角度来看，新乡贤文化是涵养乡风文明的重要力量。新乡贤文化作为乡土文化的重要部分，根植乡土，贴近百姓，其所蕴含的乡土情怀能够让农

---

① 王一岚：《短视频：我国农民价值观构建的新场域》，《新闻爱好者》2019 年第 9 期。

民群众产生文化共鸣与认同，在主观上认同新乡贤文化，从内心上愿意接受新乡贤所带来的思想观念，达到了以新乡贤为着力点，从一点辐射全面的效果，从而改善乡村精神风貌，营造文明乡风。凭借新乡贤的道德榜样角色优势，新乡贤文化具有较强的感召力和渗透力，在乡风文明建设中大力发展新乡贤文化，以新乡贤典范榜样为代表，带动农民群众积极响应，能够凝聚人心，激发群众齐心协力建设家乡的热情。此外，新乡贤文化是乡贤文化的延续，在物质方面体现为新乡贤文化继承当地乡贤祠堂、古籍等。发展和弘扬新乡贤文化，充分传承和利用新乡贤文化元素，通过在乡村中设立乡贤文化祠堂、文化长廊、文化礼堂等，营造"文化＋尚贤"的乡村社会氛围。近年来，山东省邹城市唐村镇深入推进精神文明建设工作，启动了"儒风唐韵"新乡贤文明行动，通过开设道德讲堂、制作文化墙、组织"乡风文明"评选等活动，弘扬并传播新乡贤精神，使乡民在耳濡目染中产生向贤心理。

## 三、在链接新乡贤群体中凸显内生魅力

新乡贤文化一方面继承了传统的乡贤文化，以乡情乡愁为纽带，鼓励新乡贤群体回归乡里、服务乡民；另一方面又契合了新时代社会主义核心价值观，强调友善、和善、敬业、爱国等思想道德品质。因此，新乡贤文化融合了历史与现实、凝聚了传统和现代的优秀文化内核，更能够激发人们的向往和追求，这也是其具备内生魅力的源泉和关键。在新乡贤文化的发展过程中，其内生魅力主要依托于新乡贤群体，并在重构乡村共同体、彰显内生优越性和激活文化生命力等三个方面展现出来。

### （一）重构乡村共同体

学者滕尼斯在《共同体与社会》一书中提出了"共同体"的概念，并指出它是"人的意志完善的统一体"，其本质可以"被理解为现实的和有机的生命的一种关系和结合"[①]。其中，"统一的意志"是形成共同体的关键。在共同体中，个体之间相互联结，以自然的情感为纽带，共同体是一种区别于利益结合的社会形态。

根据共同体的内涵，我国古代的乡村无疑也是一个共同体，村民共同居住在同一地区，受到传统儒家思想的影响，以朴素的"近邻"情感为依托，共同生产、生活。因此，村民之间虽有利益牵涉，但并不主要以利益为评判标准，村民建构起乡村共同体，并不断维持共同体内的稳定性。但是，随着生产方式

---

① 刘明德、胡珂：《乡村共同体的变迁与发展》，《成都大学学报（社会科学版）》2014年第3期。

的改变和社会的转型，乡村共同体逐渐遭受冲击，村民之间的熟人关系趋向陌生化，道德标尺下降，利益纠葛也愈来愈频繁，加之城乡发展不同步，乡村中人力资源流失严重，乡村共同体已难以维持。然而，在乡村振兴的进程中，乡村共同体的价值是不能忽视的，急需重构。区别于城市，乡村的发展资源少、步调慢，这与乡村人数少根本相关，因此，乡村的发展困境必须依靠群体（或集体）的力量来化解，而解决好人的问题也就解决了乡村的大半问题。所以，在振兴乡村的时代背景下，我们需要重构乡村共同体，以凝聚村民群体的力量，进而提升乡村整体的发展水平和速度。

然而，就当前乡村的发展情况而言，其自身发展优势不明显、吸引力不足，重构乡村共同体的难度较大，因此需要借助新乡贤群体的力量。在建构新乡贤文化的过程中，新乡贤群体是一个核心，通过积极返乡建设、为村民服务来不断增强乡村实力，以此提升乡村的吸引力和凝聚力，将村内外的村民联结在一起，进而为重构乡村共同体提供源源不断的人力资源。同时，由于新乡贤与传统乡贤一脉相承，其参与乡村事务能够唤醒村民对于乡贤文化的集体记忆，村民容易接受、认可其身份和作用，从而形成以新乡贤为核心的乡村共同体。此外，重构形成的乡村共同体和之前的共同体不尽相同，它是一种以乡愁乡情为联结，以新乡贤群体为主力，以村民为主体，以提升乡村发展水平为目的的乡村社会有机体。

### （二）彰显乡村内生优越性

在乡村治理和建设的过程中，新乡贤群体是内生主体，他们"生于斯，长于斯"，因此能够与乡村保持着一种天然的亲近关系，这种关系并不会因时间、场景的转换而消逝，这也正是新乡贤群体参与乡村建设的独特性所在。新乡贤群体凭借其乡土性，主要在乡村交流、村民建设等方面发挥优势。

新乡贤群体植根于乡村之中。在乡村建设的过程中，"人才"是最宝贵的资源。特别是，在城市较强的吸引力之下，乡村人口结构发生质的变化，不论是数量还是质量都难以为后续的发展提供动力。因而不论是中央和地方，还是政府和基层，他们都积极采取措施为乡村引进更多人才。不过，这种外嵌式人才引入机制虽然在短期内有助于解决乡村发展的燃眉之急，但是从长远角度来看，这种机制虽能保证"人才下乡"，却很难做到"人才留乡"；此外，外来人才在融入乡村时也会遇到各种各样的问题，如语言障碍、习俗相异等，这些问题给"异乡人"嵌入带来挑战。然而，新乡贤群体诞生于乡村，他们与乡村之间有着强烈的情感联结，因此他们关心乡村发展，并对乡村前景抱有期待；同时，当新乡贤群体返乡建设时，他们能够在较短的时间内融入乡村，与村民打成一片，从而更好地发挥自身的价值和作用，这正是外嵌式人才所欠缺的。

新乡贤群体调动村民参与积极性。对于乡村发展来说，调动村民建设乡村的积极性、培育村民管理乡村的能力是非常重要的。由于外嵌式人才需要经历一段过渡期，他们与村民之间的互动关系也需要较长的时间建立。此外，从实践情况来看，当前村民参与建设和管理乡村的热情不高、能力不足，并且他们对于下乡人才的信任度也需要进一步提升。在新乡贤文化的发展过程中，这些问题都能得到一定程度的解决。一方面，受到新乡贤文化的感召，越来越多的乡村人才主动返乡建设，进一步壮大新乡贤群体；另一方面，新乡贤群体的亲身示范为村民作出了表率，加之村民自身对于新乡贤群体有较高的信任度，因而村民乐于接受新乡贤的影响，并主动学习、模仿新乡贤的言行举止，加入乡村治理和建设事业之中，为实现个人全面发展和乡村振兴而努力。在学习新乡贤的过程中，村民的参与积极性得到极大的调动，参与能力得到极大的培育和提高，这种内生式的发展对于乡村来说意义更为重大。

（三）激活乡村文化生命力

从历史发展和实践经验来看，并不是每一种文化都能够保留并传承下来，一种文化若能够流传多年，必然拥有强大的生命力。这种生命力可能源于文化的独特魅力，可能源于国家政治的需要，也可能来自广泛的群众基础……对于新乡贤文化来说，它继承了传统和现代优秀的文化内核，从中央到地方、从政府到民间都高度重视新乡贤文化的建构工作，新乡贤文化的主体力量和影响力度也在逐渐扩大，这些正是其可能获得长久发展的重要条件。对于不断式微的乡村文化来说，新乡贤文化的发展能够为其注入一剂强心针，提供正能量，从而不断激活乡村文化的生命力。具体而言，新乡贤文化主要依托以下路径来激活乡村文化的生命力。

激活乡村资源的高度转换。新乡贤文化源于乡村，是乡村文化的重要组成部分，其乡土性是毋庸置疑的，这一点对于乡村文化的发展来说至关重要。一方面，近年来，随着城乡发展差距的拉大，乡村文化也逐渐失去了生命力，面临着鲜有人传承的发展困境；另一方面，来自国外和城市的外来文化不断涌入乡村，冲击着村民的思想观念，也给乡村文化的发展带来危机。为了重振乡村文化，党和政府进行了"文化下乡"的工作，但是此举并未取得预期的效果，反而屡遭冷遇。究其原因，政府自上而下进行的"文化下乡"工程虽然期望提高村民的文化素养、丰富村民精神生活，但是这种"一厢情愿"和"心血来潮"的新农村文化建设，忽略了村民的实际诉求和村庄的"可持续生存的内部逻辑"[①]，并不具备乡土性，效果自然不佳，因此，单纯依靠自上而下的"送"文化不足以激活乡村文化，难以使其焕发出新的生机。几千年历史长河孕育出独具乡村特色的优质资源，如迷人的田园风光、独特的旅游景观、珍贵的非物质文化遗产等，这些优质乡村资源理应转换到乡村文化建设中。围绕写乡村事、绘乡村景、抒乡民情来进行乡村文化建设，方能满足乡村需要、顺应乡民情感价值。这种激活乡村自身资源并使之高度转换到乡村文化建设的各种工程与项目中的路径与外来输送方式截然不同，在抛弃城市中心主义视角中激活乡村文化生命力。

激活内生主体的参与热情。新乡贤文化所具备的乡土性使其能够契合乡村的实际需求，能够与村民产生同频共振，进而能够激发主体参与文化建设的热情和积极性。新乡贤文化更加注重对乡村整体面貌的改善，它与村民的生产生活紧密相关，它不仅希望促进乡村的产业升级、生态改善、治理有效，也期望振兴乡村文化、重塑乡村风气、丰富村民精神生活，这些目标和诉求既契合了乡村社会发展的需求，亦是村民心之所向。同时，新乡贤群体积极参与新乡贤文化的落地、建构工作，也为村民起到了榜样作用，新乡贤正向的一言一行、决策方案等潜移默化地被村民接受、模仿、学习，在深化村民对新乡贤文化认同的同时，也为新乡贤文化发展纳入了更多主体。而当前乡村文化主要面临着村民兴趣不高或传承不够的发展难题，新乡贤文化便为乡村文化走出发展困境提供了一条前景可观的路径，激发更多乡村主体参与文化建设，进行表演、创作，从而为乡村文化注入新的生命力。

---

① 沙垚：《乡村文化传播的内生性视角："文化下乡"的困境与出路》，《现代传播（中国传媒大学学报）》2016 年第 38 期。

# 第四章　新乡贤文化的构成要素与层级关系

新乡贤文化是一个庞大复杂的文化复合体，由相互作用、互相影响的多种要素构成，复合体内部的各要素之间具有鲜明的区分度与层次性，形成一定的结构。从结构主义的角度而言，正是如此多样而有序的新乡贤文化构成要素的"聚拢与整理"，新乡贤文化才能成为有组织的、稳定的复合体，从而支撑新乡贤文化的建设与发展。要素结构决定价值功能，只有厘清新乡贤文化由哪些要素构成，各要素在相互联结与相互作用之中形成了何种层级关系，不同层级的文化要素各自具有何种功能定位等基本问题，才能为新乡贤文化的系统性建设工作筑牢理论基础，为新乡贤文化建设工作的逐步深入指明方向。基于上述认知，本章从新乡贤文化构成要素的理论基础、新乡贤文化构成要素、新乡贤文化层级关系三个部分对新乡贤文化构成的基本理论进行详细阐述。

## 第一节　新乡贤文化构成要素的理论基础

新乡贤文化是我国社会文化体系的重要组成部分，既具备文化之共性，亦具备新乡贤文化之个性。农耕文明与传统乡贤文化是新乡贤文化形成的坚实基础，文化构成要素相关理论为新乡贤文化建设提供理论依据。

### 一、农耕文明与传统乡贤文化

溯源历史，农耕文明伴随着我国封建社会发展的每一步，并从根本上塑造了中华民族的文化精神与民族性格。以渔樵耕读为代表的农耕文明是几千年来中华民族生产生活的实践总结，是华夏儿女以不同形式延续下来的精华浓缩并传承至今的一种文化形态，所体现的哲学精髓正是乡村文化核心价值观的重要精神资源。可以说，农耕文明是中华文化区别于欧洲游牧文明的关键因素，其地域多样性、民族多元性、历史传承性与乡土民间性是中华文化之所以绵延不断、长盛不衰的重要原因。

乡贤文化在乡村地域生根发芽，具有我国民族传统文化底色的长期农业生产生活实践不断丰富着乡贤文化的内涵。农耕文明中天然包含着对道德与法治、发展与生态、家庭与社会等关系的思考，并由农耕生活实践不断确认、强化。具体而言，农耕文明中"聚族而居、精耕细作"的生活方式蕴含着和谐、守则、互助等价值理念，这些理念融入了传统乡贤文化价值观中，渗透进传统乡贤文化的方方面面，并最终为新乡贤文化所吸纳、继承与创新，成为新乡贤文化构成要素的一部分。

农耕文明是以农业生产生活为核心文化内容的文明，而天时、地利、人和是农业大发展的必要条件，这就决定了农耕文明同时追求人与自然的和谐以及人与人的和谐。"食为政首""要在安民""用之有节"，历史上的乡贤文化在乡村社会中的价值既要依靠政治统治实现，也要依靠保护农业赖以发展的乡村自然环境实现。在新乡贤文化之中，官乡贤、生态乡贤等新型乡贤群体作用的发挥同样要借鉴农耕文明中的有益成分。

从物质生产的角度来说，农业社会的生产力水平较为低下，许多农业生产活动依赖乡民之间的互助而实现。从社会文化的角度来说，依靠血缘、地缘而进行的人际交往在乡村社会中占有重要地位，乡民之间的互助实质上是一种情感交流，也是对血缘、地缘关系的维护。乡贤作为乡村社会中的榜样人物，承担着领导乡民互助、充当互助主体的重任。因此，在传统乡贤文化与新乡贤文化中，都可发掘出乡贤与乡民之间互助、互爱的关系，"亲和乡里"成为历史传承下来的乡贤精神的一部分。

农耕文明的发展是以尊重自然规律为首要前提的。"日出而作，日入而息"的乡村社会生活规律正是对自然规律的顺应。在长达数千年的农业生产实践中，"守则"理念逐渐得到强化，乡民养成了恪守各种规律、制度、准则的习惯。从历史上的乡贤文化到如今的新乡贤文化都十分注重规则的建设。例如，古代乡贤入祀具有较为严格的准入条件，现代新乡贤成为乡贤理事会的一员也需得到社会各方的高度认可。

从本质上来说，新乡贤文化就是一种传统与现代的连接。新乡贤文化并不是对传统乡贤文化的"复古"，也不是乡村再造，而是在修复文化断裂基础上的文化衔接与整合。在中国特色社会主义新时代的社会背景中，它是传统乡贤文化与现代社会文化的融合，是传统乡村思想道德体系与现代社会主义价值观的融合，是传统乡村发展指向与现代乡村振兴战略规划的融合。因此，新乡贤文化构成要素也体现出鲜明的传统与现代相融合的特征，文化构成要素涵盖范围广、涉及内涵丰富，共同构建出一个兼具开放性与深刻性的乡村文化形态。

　　目前，学界对于新乡贤文化的构成要素尚未有统一、明晰的界定，研究者对新乡贤文化的构成要素众说纷纭。纵观现有相关研究成果，新乡贤文化构成要素极少作为研究主题出现，而多散见于新乡贤文化研究领域的论文中。本章对现有相关研究成果进行整理，并与当代乡村文化实践相结合，力求全面、详尽地总结新乡贤文化构成要素。

　　在对新乡贤文化的界定中，学界存在"文化氛围说""文化自觉说""思想价值观说"等多种阐释角度。吴奶金等人认为，新乡贤文化是"传承传统乡贤文化精髓，以返乡能人为主体，以新乡贤理事会为载体，以乡村地域为空间，展现人本性、亲善性、现实性的一种新农村文化建设氛围"[①]。曾天鹰等人认为，新乡贤文化是"乡村建设与乡村治理主体的一次文化自觉。它是中国农村社会更深层次的社会知觉与实践运动"，同时也是"社会主义核心价值观珍贵的思想资源"[②]。谢静也认为，新乡贤文化"是某一个地区性的优良文化，能够把故土和乡情紧密地联系起来""乡贤文化是乡贤思想价值观的集中表达，是农村社会主义先进文化的表现形式之一"[③]。

　　由上述学者对新乡贤文化的界定，可以看出各学者对新乡贤文化的概念界定与内涵阐述各有其强调的部分，也有"达成共识"的部分。新乡贤文化的构成要素应以新乡贤这一文化主体为核心，包括其行为实践、思想精神、活动场所、文化氛围等。

　　杨同卫等人认为，乡村文化是乡村居民在农业生产生活实践中逐步形成并发展起来的道德情感、社会心理、风俗习惯、是非标准、行为方式、理想追求等，表现为民俗民风、物质生活和行动章法等，反映了乡村居民的处事原则、人生理想以及对社会的认知模式等。[④] 王云飞则认为乡村文化处理和解决的是乡村中人与自然、人与人、人与自身的各种关系，属于乡土社会的价值观念范畴，是一系列行为规范的总和，包括流行于乡间的风俗习惯和伦理规范等。[⑤] 李晓伟直接指出，乡村文化的出发点是亲情与友情，乡村文化的主要内

---

①　吴奶金、杨雅莉、陈高威、刘飞翔：《新乡贤文化促进乡村治理转型研究》，《农业科学研究》2018 年第 1 期。

②　曾鹰、曾天雄：《"新乡贤"文化："后乡土"乡村治理的内生价值之维》，《城市发展研究》2019 年第 5 期。

③　谢静：《新乡贤文化对我国农村文化建设的作用》，《世纪桥》2016 年第 2 期。

④　杨同卫、苏永刚：《论城镇化过程中乡村记忆的保护与保存》，《山东社会科学》2014 年第 1 期。

⑤　王云飞：《论乡村社会文化的重构》，《原生态民族文化学刊》2019 年第 3 期。

容是伦理要求。①

综合来看，学者对乡村文化同前述新乡贤文化的概念界定与内涵阐释有相同之处，都强调伦理道德、价值观念、风俗习惯等要素。而二者之间的区别则在于，新乡贤文化是一种更为具体、更具"人本性"的文化形态。与同处于乡村文化范畴中的乡村纺织文化、乡村旅游文化等其他文化形态相异的是，新乡贤文化的一切文化表征及本质都是以新乡贤这一乡村社会中的榜样人物为出发点的，侧重于表现"人"在其中的实践。因此，新乡贤"通过什么载体发挥文化作用""在何种规范框架中担当文化角色""在何种价值观指引下进行文化实践"是新乡贤文化探讨的核心议题，也是新乡贤文化要素划分工作的重要认知基础。

## 二、新乡贤文化构成要素理论基础

新乡贤文化是社会文化体系中的重要组成部分，其构成要素的组织方式必然遵循一般意义上的文化构成规律。文化构成的"洋葱皮理论"、文化冰山理论、爱德华·泰勒的文化定义理论可以为新乡贤文化构成要素的确定提供理论借鉴。

### (一)"洋葱皮理论"

荷兰学者霍夫施泰德针对文化的构成及层次问题提出了"洋葱皮理论"。他将文化喻为洋葱，文化的层次就像洋葱皮，符号、英雄、礼仪和价值观为文化的四层洋葱皮。其中，符号为最外层的洋葱皮，价值观为最里层的洋葱皮，英雄与礼仪为中间两层的洋葱皮。②

符号有的是语言，有的是姿势，也有的是图表或物体，工具、服饰、瓷器等皆属符号。符号是能指与所指的统一，在文化中这些符号都具有特殊的所指，只有分享这一文化的人才能识别。在一个文化体系中，符号的存在可以加强文化的可识别性，加强文化主体对于文化的认同感。处于不断发展与演变中的文化在符号使用上具有快速迭代的特征，新的符号快速产生，旧的符号不断消亡。一个文化群体的符号经常为其他群体所模仿，因此符号放在最外层。

英雄即文化中的榜样人物，因其言行而受到嘉奖、赞扬，起到示范、引领

---

① 李晓伟：《论社会变迁中的乡村文化与乡村秩序》，《黑龙江科技信息》2009 年第 26 期。
② 吉尔特·霍夫斯泰德、格特·扬·霍夫斯泰德：《文化与组织：心理软件的力量（第二版）》，李原、孙建敏译，中国人民大学出版社，2010，第 6 页。

的作用。从本质上来说，新乡贤文化是一种"人本性"的文化，一切文化要素都以新乡贤这一"具体的人"为根本出发点。就新乡贤本身的身份地位而言，在获取各类社会资源上的优势以及对乡村贡献能力与贡献意愿使其成为乡村社会中的榜样人物，引领、引导各类社会力量为乡村发展作出贡献。因此，新乡贤这一榜样形象必然要在新乡贤文化构成要素中得到体现。

礼仪属集体活动，譬如宗教仪式、社交仪式、商业和政治集会等。礼仪是文化主体行为中趋于程式化、固定化的部分，代表着稳定而不易变的文化秩序。礼仪对于维系整个文化系统的基本架构具有重要意义。

价值观指人们所遵从的基本信念和价值取向，表现为美丑善恶等具体的价值判断依据。它是文化的核心与灵魂，对于文化主体的思想行为具有引领、规范、驱动的作用。一个文化群体的价值观最难被其他群体所模仿与复制，最难被系统、准确地表达出来，因此在文化构成的"洋葱皮理论"中，价值观是最里层的"洋葱皮"。

（二）文化冰山理论

文化冰山理论是一种研究文化构成要素以及区分这些要素中显性要素与隐性要素的理论。这一理论把文化喻为冰山：露出水面的显性要素只不过是冰山的一小部分，且这一部分需要隐藏于水下的隐性要素作为支撑，而这些隐性要素往往是支撑文化传承与发展的重要基础。

文化中的显性要素如建筑、艺术、烹饪、音乐、语言等，也可称硬性文化。而不易被察觉的是文化中的隐性要素，例如代表某一群体文化的历史、习俗、价值观以及对于空间、自然和时间的态度等，也可称软性文化。

在新乡贤文化构成的研究中，文化冰山理论启示我们既要将物质层面、行为层面、制度层面中的文化表征视为文化构成的重要组成部分，同时也需重视精神层面的新乡贤文化精神财富对于文化本身的重要支撑与驱动作用。

（三）爱德华·泰勒的文化定义理论

有"人类学之父"之称的英国学者爱德华·泰勒在其所著的《原始文化》一书中提出了著名的文化定义，而萧俊明在《文化的误读——泰勒文化概念和文化科学的重新解读》中重述了这个定义："文化或文明，从其宽泛的民族志意义上来理解，是指一个复合整体，它包含知识、信仰、艺术、道德、法律、习俗以及作为一个社会成员的人所习得的其他一切能力和习惯。"这一定义将文化构成要素清晰地罗列出来。他还认为，泰勒的定义中所罗列的文化要素表面上是随机的，但实质上有意将"习俗"这一带有仪式性与实践性的要素提到了显要位置上来。在以往的观念中，知识、信仰、艺术、道德、法律等属于文化的组成部分，文化被视为很高雅的东西，代表着完美，而习俗始终被视为与之格格不入的东西。泰勒不仅将一直受高雅文化所鄙视的习俗列为文化诸要素之一，而且给予它一个主导地位，处于其他要素之上，打破了既定的思维定式。

传统乡村社会是一个礼俗社会，"风成于上，俗化于下"。"礼"是社会公认的合适的行为规范，而"俗"代表民间生活实践中潜移默化而成的行为准则。"礼"具有制度性，而"俗"具有自发性。从泰勒的文化定义中，我们可以发现习俗在文化中的重要性。从乡村社会实际来说，新乡贤本身正是"乡村社会礼俗互动的桥梁和纽带"。在乡村社会急剧变化的当下，对传统乡村习俗进行整合，使礼与俗相互依存，以礼化俗、寓礼于俗正是作为乡村精英阶层的乡贤所致力于创新和发展的工作，也是乡村振兴特别是乡村文化振兴中新乡贤的职能与使命所在。① 因此，新乡贤在乡村治理工作中创造并传承下来的乡规民约、乡风民俗应纳入新乡贤文化构成要素的考量范围之内。

## 第二节　新乡贤文化的构成要素

从文化属性的角度而言，新乡贤文化具有与生俱来的强地域性。无论古代还是现代，是否为家乡作出重要贡献始终是乡贤评选与举荐的关键标准。生于斯、长于斯的在场乡贤、离乡远游的不在场乡贤与入乡随俗的舶来乡贤都以各自的方式为乡村发展献力，受乡民称赞、受乡风陶冶。从这一角度而言，在场乡贤、不在场乡贤、舶来乡贤都曾经或正在或已经完成了在地化。新乡贤与所在的乡村地域系统密不可分，潜移默化之中，新乡贤与其思想、行为、精神凝聚而成的新乡贤文化也自然携有浓厚的当地乡土气息。因此，不同地域的新乡贤文化的要素结构功能具有不可替代性。而本章从各地新乡贤文化的共性出发，从宏观的角度分析整体上我国乡村社会新乡贤文化所具备的构成要素。

新乡贤文化不光包含乡贤，还囊括着与乡贤有千丝万缕关联的乡域、乡情、乡景、乡愿、乡民等。从这一角度而言，对于新乡贤文化构成要素的探讨，既要关注新乡贤文化的内涵，也要重视新乡贤文化的外延。基于这一观

---

① 朱毅峰：《乡村振兴视野下乡贤文化的传承与转化》，《浙江师范大学学报（社会科学版）》2019年第3期。

点，本研究以新乡贤这一文化主体为核心，将新乡贤文化构成要素划分为载体、仪式、灵魂、规范四大类别，如图 4.1 所示。

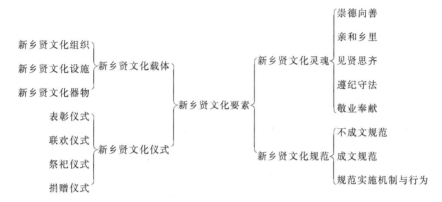

**图 4.1　新乡贤文化要素构成图**

## 一、新乡贤文化载体

马克思主义辩证唯物论认为，物质决定意识，意识依赖于物质并反作用于物质。与其他所有的文化形态一样，新乡贤文化并不能脱离载体而独立存在，必须借由一定的物质实体与手段使观念形态的文化获得外部的表现。新乡贤文化载体即新乡贤文化得以传承与发展的空间、场所、器物、组织形态等。新乡贤文化的载体是新乡贤文化的表象，能为人们感知或触碰，使抽象的新乡贤文化具象化。只有具备文化载体条件，推动文化载体与乡村社会文化生活的相融，新乡贤文化才能发挥其贴近性、亲善性的优势，在乡村社会中扎根，在乡村公共文化空间中扎根，在乡民思想精神体系中扎根。在乡村振兴战略这一宏大的中国乡村时代主题之中，只有建设好文化载体，才能为新乡贤文化发挥文化振兴作用筑牢根基，将其教化乡民、淳化乡风民风、凝聚乡村社会文化基因、书写乡村文化注脚的功能最大化。

具体而言，新乡贤文化载体包括新乡贤文化组织、新乡贤文化设施、新乡贤文化器物等多个方面。

### （一）新乡文化贤组织

伴随改革开放及市场经济向纵深发展，城乡差距进一步拉大，我国乡村发展出现了一系列的新问题。其中，农村空心化问题尤为严重，表现为大批优秀人才流失，并致使基层乡镇治理权威与治理能力日趋不足，引发各种上访及社会不稳定现象，原有自治组织由于其政治法律上的尴尬地位陷入治理疲软的境地。① 此外，治理的本质是对各方利益关系的协调，而现今乡村治理因社会关系、经济关系的复杂化，产生了利益主体多元化、利益摩擦常态化、利益诉求差异化的情况。综上，乡村格局的变化呼唤着新的内生型治理组织的出现，新乡贤组织获得了较大的发展空间。

在新乡贤文化相关组织体系尚未建立健全之前，新乡贤群体对于家乡发展建设的贡献通常是自发的、零散的、无序的，各地新乡贤文化建设工作也处于缓慢发展甚至停滞的状态。一方面，这造成了部分新乡贤，特别是不在场乡贤、舶来乡贤等新乡贤群体空有为家乡发展作贡献的能力与主观意愿，却在客观上苦于缺乏行之有效的渠道与平台，其回报桑梓、创造价值的能力与范围受到巨大限制。另一方面，由于缺乏组织性与体系化，新乡贤群体内部的各成员之间缺乏有效的联系与合作。而乡村振兴战略规划意在实现乡村经济、政治、文化、社会、生态等各方面的全面振兴，单个新乡贤的力量显然较为薄弱，还可能出现新乡贤资源浪费、重复建设的情况。此外，新乡贤的力量无法得到有效聚合还将致使乡村发展需要与新乡贤个人能力之间适配度较低，新乡贤的回报桑梓行为难以形成规模效应。汉代思想家王符的《潜夫论》中提到："大鹏之动，非一羽之轻也；骐骥之速，非一足之力也。"从整体上看，缺乏联动的新乡贤群体为家乡贡献的效率较为低下，客观上需要更加强有力的组织架构将各类型的新乡贤群体统一起来。

2001 年，浙江省绍兴市上虞区成立了乡贤文化研究会。2011 年，广东省云浮市在自然村层面设立乡贤理事会。2014 年，浙江省湖州市德清县正式设立了行政村级层面的乡贤参事会。2015 年，中央一号文件指出要创新乡贤文化，2016 年、2017 年，中央一号文件又提出要培育新乡贤文化。随着乡村振兴战略的提出并实施，新乡贤文化开始成为学者的重点研究对象，新乡贤文化发展得到社会的重视。同时，与新乡贤相关联的各类平台、组织、论坛的建设趋于常态化，各类乡贤组织机构如雨后春笋般出现，为乡贤与家乡之间的连接搭起了无数座桥梁。以江苏省宿迁市为例，根据宿迁网相关报道的数据，仅2018 年 5 月至 2018 年 7 月间，各级乡贤组织数量就增加了近 600 个。有学者认为，新乡贤组织数量的激增代表着乡贤治村的复兴，新乡贤组织能成为基层民主协商的有效载体，并以一种基层荣誉机制的形式助推乡村建设。②

---

① 靳业崴：《新乡贤组织的制度设置与治理机制创新》，《财经问题研究》2017 年第 10 期。

② 姜亦炜、吴坚、晏志鑫：《荣誉与尊严：乡村振兴中的基层荣誉体系建设——基于浙江省新乡贤组织的调研》，《浙江学刊》2019 年第 4 期。

目前，新乡贤组织主要存在以下几种形态：新乡贤联谊会、新乡贤理事会、新乡贤论坛。不同形态的新乡贤组织有不同的功能定位，也吸纳着不同类型的新乡贤群体加入乡村振兴战略规划中，以各具特色的方式泽被乡里。

相比于其他两种新乡贤组织形态，新乡贤联谊会侧重于"以情动人"，通过乡情联络新乡贤与乡村，以定期举办联谊活动的形式将原本个别新乡贤助推乡村经济社会发展的行为组织起来、聚合起来、团结起来、活跃起来，社会主义集体原则在此处得到体现。大多数新乡贤联谊会以乡情为纽带，通过向新乡贤传递乡音乡事乡愁使新乡贤群体能够"望得见山，看得见水，记得住乡愁"。其价值依归仍是激发乡贤回报桑梓的意愿与倾向，唤起新乡贤作为乡村共同体一员的归属感与责任感，为新乡贤对乡贡献提供稳定的平台与机制，进一步争取吸纳更多能人贤达加入壮大新乡贤队伍。新乡贤联谊会更为注重对"不在场乡贤"乡情乡愁的维系，为在外游子提供精神港湾。

以浙江省嘉兴市余新镇的乡贤联谊会为例。在 2019 年 9 月余新镇召开的"贤汇渔里"乡贤联谊会中，镇党委副书记、镇长赵凌云作《余新镇经济社会发展情况报告》，使与会乡贤从党的建设、招大引强、项目建设、城乡建设、社会事业五个方面全面了解了余新镇的发展态势与发展前景。此外，中国散文诗学会理事、南湖区朗诵家协会会长袁瑛女士带来配乐诗朗诵《乡愁》，全体乡贤在音乐与人声中回味记忆里家乡的味道。由此，浙江余新镇的乡贤联谊会寓理于情，通过让参与乡贤多方面了解家乡发展现状，多途径激发其内心深处乡愁的方式，充分发挥了联络乡贤、维系乡情的功能。

新乡贤理事会是新乡贤参与乡村治理最直接的渠道，也是实现新乡贤对乡村各项公共事务参事议事常态化的必由之路。部分地区也将新乡贤理事会称作新乡贤参事会。在村级事务的处理中，新乡贤理事会发挥建言献策、文明表率、移风易俗、调解矛盾、投资设厂、捐资捐物的重要作用。定期开展新乡贤议事活动，从具体而微的事务管理中扩大新乡贤的事务决策参与度，可谓是新乡贤与乡民之间连接通道的"最后一公里"。与其他两种类型的新乡贤组织相比，新乡贤理事会在乡村治理中的着力点更加具体，也更易发挥德乡贤、文乡贤、富乡贤、官乡贤、生态乡贤等多种新乡贤群体的综合治理能力，将新乡贤既熟悉乡村发展状况又掌握多于普通乡民的社会资源的优势统一起来。新乡贤理事会一般具有相对成熟的体制机制，便于新乡贤参与乡村事务的管理，以规范化、组织化的方式支持新乡贤以个体或集体的形式参与基层社会治理。

在安徽省六安市舒城县山七镇，乡贤理事会不仅引导新乡贤为家乡的脱贫致富、乡村旅游、乡风文明建设出主意、想办法；还鼓励新乡贤通过策划组织、捐资捐物、设立基金等方式支持家乡学校、公路等基础设施建设。新乡贤积极参与村级治理，参与村规民约的修订，引导群众自我约束、自我管理、自我教育，推动了村民自治组织的建立，有效改善了村风民风。当地乡贤理事会通过划定红白事宜标准和规模，让村民有规可守，不再相互攀比。同时，该镇还成立乡贤宣讲团，深入开展"家庭·家教·家风"和文明乡风主题宣讲。由此，该镇乡贤理事会充分调动了新乡贤的各类社会资源为乡村发展服务，成为发挥乡贤理事会优势与作用的典范。

新乡贤论坛则更侧重于从乡村发展的具体"痛点""难点""堵点"出发，有方向、有准备地针对乡村发展过程中出现的经济、文化、社会、生态等各方面问题，邀请新乡贤群体与相关学者、干部共同商讨解决方案，兼具理论价值与实践价值，通常能够发挥"发现问题—提出问题—探讨问题—解决问题"的一站式功能。相比之下，新乡贤论坛是一个外联性最为明显的组织形式。因为在论坛中，新乡贤是作为纽带与象征而存在的，其意义在于吸引更多对乡村发展有研究、有见地的社会人士从多方面多角度提供解决方案。从目前已有的新乡贤论坛实践来看，以招商引资为目的的新乡贤论坛和以文化建设为目的的新乡贤论坛为主要论坛形式。其中，比较有代表性的是湖北省村镇建设协会等单位联合主办的乡贤论坛。2016年12月举办的以"创新乡贤文化　建设美丽乡村"为主题的第二届乡贤论坛设有一个主论坛"新乡贤建设新乡村"和三个分论坛——智慧与乡村对话、资本与乡村对接、乡贤与乡村对焦，来自全国各地的14位专家学者，以及全省基层乡建实践者、乡贤代表，围绕乡村文明、乡贤文化、乡村建设、乡村治理、乡村产业运营等议题作主题演讲，充分交流，发展了新乡贤文化，也为优化新乡贤的新乡村建设实践提供了指导。

### （二）新乡贤文化设施

新乡贤文化设施是用以展示与呈现新乡贤文化的空间与场所，是乡村公共文化空间的重要组成部分。从我国乡村文化实践来看，由于过去乡村地域系统内公共文化实体空间的数量不多，已有公共文化空间在发挥作用时存在"公地悲剧"等现实性困境，资源供给的有限化与群众需求的无限化之间产生了难以调和的矛盾。近年来涌现的新乡贤文化设施在满足乡民精神文化需求，构建乡村共同体意识方面正在发挥关键作用。可以说，新乡贤文化设施既具有新乡贤文化载体作用，也在长期服务乡民、满足乡民需求的过程中形成了其自身特有的文化价值与历史价值。在当前农村社会整体教育水平仍有待提高的背景下，乡民对乡村文化的感知深度有限，感知方式依然以切身性感知为主。因此，从新乡贤文化发展的角度而言，只有做好了文化设施建设工作，各文化主体才有条件切实感受与体会到新乡贤文化的价值所在，新乡贤文化才具备生存与发展的土壤。

在我国悠久的乡贤文化历史中，乡贤文化设施已经演化出了乡贤祠、乡贤墙、乡贤馆等多种样态、多种形式，承载着乡贤人物的嘉言懿行，也记录着乡村发展演变的历史轨迹。

乡贤祠带有强烈的宗族色彩，部分乡贤祠甚至直接由宗族祠堂演变而来。大多数乡贤祠是由国家、地方与民间三方共建而成。到明清时期，对乡贤的祭祀全面制度化与普遍化，乡贤祠成为文庙祭祀体系中不可分割的一部分。明嘉靖以后的统治者曾多次发布谕旨，规定"非德行称者不得入祀，非年久论定者不得入祀"①。入乡贤祠成为赋予地方杰出人士名望与功绩的方式，具有一定的社会教化意义与政治统治意义。而在今天，乡贤祠的作用至少有三：一是尊崇贤者，传承历史。乡贤乃地方人杰，是历史长河中的闪光点，一个没有"人杰"的地方历史将是黯然失色的。将人杰的优秀品质、事迹传承下来，既是对历史的尊重，也是对当代的一种肯定。二是树立楷模，激励后学，希望后辈以先贤为人生标杆，发奋努力。三是借助名人，提升乡村知名度与美誉度。古语云："山不在高，有仙则名；水不在深，有龙则灵。"将乡贤置于乡贤祠内进行供奉或祭奠，有利于塑造名人形象，打造名人效应。而以地方名人作为乡村对外交往的靓丽名片，则可以提升乡村知名度与美誉度。

乡贤墙与乡贤馆是近代以来逐渐增多的。为丰富乡民精神文化生活、淳化乡风民俗，大量乡贤墙与乡贤馆由当地官方机构自上而下地建立起来，带有强烈的"文化建设"目的。值得注意的是，现代乡贤馆出现了超越其原有的新乡贤文化载体意义，有向乡村文化平台延展的趋势。例如，安徽省合肥市肥东县众兴乡的乡贤馆除发挥其传承乡贤文化的功能外，还把农家书屋、卫生健康所等文化载体纳入到当地乡贤馆的平台内，实现了乡贤馆的平台化发展。在这里，乡贤馆更有真正意义上的"公共文化空间"价值，成为乡村文化生活中的首要设施。

数字化、信息化时代的到来，为新乡贤文化设施的发展演变带来了更多的现实可能。首先，互联网平台为新乡贤文化的展示与呈现提供了新的场域。在自由、开放、去中心化的互联网环境下，新乡贤文化的展示、呈现成本降低，有利于乡贤祠、乡贤墙、乡贤馆中的新乡贤文化资源的利用与传播。此外，新乡贤文化在互联网平台中有了比以前更广阔的受众群体，新乡贤文化设施的建设要求也有所变化。其次，许多已有的新乡贤文化设施寻求由物质实体到虚拟

---

① 张玉娟：《明清时期乡贤祠研究——以河南乡贤祠为中心》，硕士学位论文，河南大学中国古代史专业，2009。

空间的转变，新乡贤文化资源也实现了数字化转向。这正是数字乡村发展战略规划中"推动乡村优秀文化资源数字化""繁荣发展乡村文化网络"的应有之义。这为离乡游子通过数字新乡贤文化资源纾解乡思乡愁提供了便利，也为新乡贤文化资源的保护与传承提供了便利。例如，优秀乡贤字画作品被纳入乡村数字文物资源库，为身处他乡的游子如身临其境般观赏字画细节、加深文化认同感营造条件。再者，数字技术的发展推动新乡贤文化设施向智能化发展。例如，江苏省宿迁市乡贤馆依托智果互动视觉的技术在乡贤馆内建设了多媒体互动屏，观众可以根据自身需求自主选择要观看的内容。通过浏览目录，点击交互屏幕中的"社会栋梁""军中骄子"等链接，观众可以看到与新乡贤相关的文字、图片、视频。智能交互提升了观众的观赏效率，精准对接观赏需求，优化观赏体验。从传播双向性的角度来说，这其实是对观众的一种"赋权"，给予了观众自主选择角度对展品进行"凝视"的权利。这实际上有利于观众对新乡贤文化形成清晰认知，进而深入理解并内化于心，最终影响行为，真正实现新乡贤文化的教化意义。

### （三）新乡贤文化器物

新乡贤文化器物是通常呈现在新乡贤文化设施与组织中，用于负载新乡贤文化的器物，亦称为新乡贤文化存在的形式。相比于传统乡贤，新乡贤的来源更加广泛，为家乡发展作出贡献的方式更加多样，数量也更加庞大，这为新乡贤器物数量的增长提供了坚实基础。比较典型的新乡贤文化器物有经由新乡贤制作或创造的手工艺品、科技发明制品等，也包括新乡贤捐赠建造的桥梁，捐赠的设备、工具等。新乡贤文化与其器物载体紧密相连，在经年累月的时间洪流冲刷下，这些工具、设备、工艺品通过与新乡贤文化相互作用、相互影响而为新乡贤文化器物赋予了其自身特有的文化价值。从这一角度而言，新乡贤文化器物既是载体，也成了文化内涵的一部分，成为一段带有乡村特色的文化标识，自有其文化价值与历史价值。

作为文明古国，我国传统手工艺历史是丰富的、伟大的、辉煌的。在漫长的小农经济占主体的时代，手工艺一度成为我国乡村家庭赖以生存的技能。随着新中国的建立，农业模式虽然发生了巨大转变，手工艺传统却较为完整地保留了下来。目前，部分乡村手工艺被纳入非物质文化遗产名录进行保护，更加凸显出手工艺的重要地位。在优良历史传统的影响下，我国乡村诞生了众多以手工艺闻名的乡贤，手工艺制品成为较为常见的新乡贤文化器物，手工艺个性化、差异化、限量化的生产也为其附加了巨大的文化价值。然而，随着手工艺利润的逐渐下滑与乡村空心化问题的愈发严重，传承与发扬老一辈乡贤的手工艺技术及其"工匠精神"成为难题。因此，对于代表着乡村传统的手工艺乡贤与手工艺制品，新乡贤文化建设工作应给予特殊的重视，在保护手工艺乡贤权益的同时对优秀手工艺制品进行广泛传播。这既是发展新乡贤文化的必然要求，也是振兴传统工艺，开启现代生活与文化创造新境的应有之义。

党的十八大提出"科技创新是提高社会生产力和综合国力的战略支撑，必须摆在国家发展全局的核心位置"以来，在全国科技界和社会各界共同努力下，我国科技事业密集发力、加速跨越，实现了历史性、整体性重大变化，科学研究水平不断提高，科研人力资源日益丰富，民生改善和生态文明建设的科技支撑能力大幅提高，我国正在从世界上具有重要影响力的科技大国迈向世界科技强国。在新乡贤群体中，科技乡贤所占比重越来越大，科技发明成果成为新乡贤文化器物的重要组成部分。一些新乡贤针对乡村现状所发明的科技成果在乡村振兴战略中发挥着不可替代的作用，实实在在推进了乡村社会生产力水平的提高。这是新乡贤响应时代号召，紧跟国家社会发展需要的体现。例如，浙江省台州市天台县乡贤王万寿参与发明的"功能性吸附微界面构造及深度净水技术"在2017年度国家科学技术奖励大会中获得国家技术发明奖二等奖，以此为基础制造的系列功能性净水新材料为浙江乃至国家污水深度处理，把住生态环境治理最后一公里关口，响应习近平总书记"绿水青山就是金山银山"的号召作出了卓越贡献。这是新乡贤以个人能力对乡村与城市生态治理难题交出的一份答卷，是新乡贤科技发明成果形成实际社会效益的典范，也是对新乡贤文化本身的一种弘扬。

由手工艺制品与科技发明成果可以看出，无论是传统器物还是新兴器物都能承载厚重的新乡贤文化底蕴，传递巨大的新乡贤文化价值。因此，在新乡贤文化建设工作中，必须秉持"在传承中创新，在创新中传承"的辩证理念，以新乡贤文化器物为出发点而不拘泥于器物本身，从而关注器物所承载的文化内核，防止陷入"保护了器物却丢失了文化"的尴尬境地。

## 二、新乡贤文化仪式

仪式是人类社会中一种古老的社会实践形式。从人类学角度来说，象征某种文化意义的、有角色分配的社会行为都可称为仪式。在文化体系中，仪式扮演着固定文化传统、强化文化认同、升华文化意义的角色。然而，在所有的文化要素当中，仪式可能最容易被忽略，因为它以悠久的历史传统与相对固定的形式深刻地嵌入社会生活以至于人们通常先验性地将仪式视为社会生活本身的一部分。人们更关注"怎样进行仪式""仪式的意义如何"等指向仪式的当下与未来的问题，而容易忽视"仪式是以怎样的方式嵌入我们的社会生活中"等本质性问题。我们从仪式入手探讨文化建设，从根本上是因为它"原本是人类思维与行动的本质体现然而却经常被视作当然甚至被视而不见地存在于现代社会生活与政治生活之中"①。

根据不同新乡贤文化仪式的内容、形式、功能、空间的差异性，本研究将新乡贤文化仪式划分为以下四种类型：表彰仪式、联欢仪式、祭祀仪式、捐赠仪式。

（一）表彰仪式

新乡贤文化表彰仪式是典型的"人生仪式"，即人在一生中几个重要环节上所经过的具有一定仪式的行为过程，是将个体生命加以社会化的程序规范和阶段性标志。② 新乡贤的表彰仪式是存在社会角色分工的一种社会实践活动，具有授予新乡贤社会规范及社会地位的象征性意义。英国人类学家维克多·特纳将人生仪式分为脱离仪式、转变仪式、合入仪式，而新乡贤表彰应属转变仪式与合入仪式，因为其在仪式中完成了社会身份的改造与再造。

对于首次当选新乡贤称号的能人贤达而言，在表彰仪式中通过演讲、致辞、宣誓等象征性行为取得新乡贤的"合法性"基础，事实上是在完成社会身份的改造以及再造。只有完成了这一社会性过程，新乡贤才算真正进入了新乡贤群体之中，在社交网络中被"锚定"下来，并接受关于新乡贤的社会规范、获得相应的社会地位。例如，在 2017 年 9 月的河南省汝州市米庙镇新乡贤授牌仪式中，新乡贤的表彰仪式经历了如下过程：首先由镇党委副书记人大主席呼会平宣读授予两人新乡贤的决定，再由汝州市教体局副局长程国文和镇党委书记杨守伟为两名新乡贤授牌，最后由被表彰的新乡贤发表感言。这调动了政治资源为新乡贤赋能，从政府的角度确认了新乡贤的功绩与贡献，从而赋予了新乡贤身份以合法性。

对于参与表彰仪式的、此前已是新乡贤群体一员的人而言，表彰仪式是对自我身份的再确认。通过参与见证等行为方式，这些新乡贤作为仪式的观摩者进行瞩目、凝视与承认，这从本质上来说是一种对于群体边界变化探讨的参与，发挥了其作为新乡贤群体一员的社会性功能，也加深了对自我身份的认同感。

对于参与表彰仪式的普通乡民而言，其作为乡村共同体的一分子参与到了乡村公共事务之中，在票选、评价新乡贤等行为中寻找到自己在广泛而复杂的

---

① 郭于华：《仪式与社会变迁》，社会科学文献出版社，2000，第 1 页。
② 钟敬文主编《民俗学概论》，上海文艺出版社，1998，第 156 页。

乡村社交网络中的位置，实际上也在完成对自我身份的确认。詹姆斯·凯瑞在《作为文化的传播："媒介与社会"论文集》中提出，与简单的"文化传递"不同的是，仪式倡导的是"传统、延续与联结"。在这里，新乡贤表彰仪式则具有了一种以团体或共同身份把人们召集在一起的神圣典礼的意义。乡贤、乡民在表彰仪式的空间内形成了乡村共同体内部的联结，乡民通过仪式性行为表达对乡贤的认可，乡贤在乡民认同的基础上形成服务乡民的精神动力与身份认同，新乡贤文化也在多文化主体的互动与联结中得到发展。

(二) 联欢仪式

新乡贤文化的联欢仪式是一种在特定时间中所进行的庆祝、欢庆仪式，与日常交往行为区分开来。当下全国各地争相开展的新乡贤文化节、新乡贤文化展等都属于这种仪式的一部分。通过对参与者提供娱乐活动，来释放参与者喜悦、期望、激动等特殊情感，联欢仪式的主办方实现以身心愉悦感俘获文化认同的目的，寓新乡贤文化的教化意义于娱乐意义之中。在新乡贤文化联欢仪式中，对狂欢形式的隐喻保留了狂欢与特定时间的必然联系、激情展现方式的多样性、参与者的自由，通过开辟一个自由开放的空间以满足参与者的情感释放需求。①

以广东省佛山市白坭镇于 2018 年举办的首届乡贤文化节为例，白坭镇致力于将"乡贤文化节"打造成白坭最有辨识度的文化品牌。在特定时间之内，首届白坭乡贤文化节以"红色引领·古镇新贤"为主题。活动期间持续推出"红色乡贤引领乡村振兴"沙龙活动、"游宗祠·学乡贤"文化体验行、发现"古镇新贤"、"我为白坭代言"抖音秀和出版"白坭乡贤文化丛书"等形式多样、内涵丰富的系列活动，满足参与者多样化的娱乐需求。此外，白坭乡贤文化节还探索出了"人＋景"结合的表现形式，社会各界人士可自由选择角度拍摄"我为白坭代言"短视频。此次文化节构建了一个自由开放的文化空间，并在其中设置多样化的娱乐、教化兼具的活动供参与者"狂欢"。

需要注意的是，在新乡贤文化节日、新乡贤文化庆典遍地开花的情况之下，仍要关注联欢仪式的人本价值与文化内涵，始终保证教化功能为本、娱乐功能为末，在不影响新乡贤文化本质的前提下探索多元呈现形式。要防止重形式、轻内容的节庆活动对新乡贤文化声誉造成负面影响，甚至使新乡贤文化重点发生偏移，从而阻滞新乡贤文化建设工作。

---

① 余清臣：《学校文化的载体：仪式建设》，《教育科学研究》2005 年第 8 期。

（三）祭祀仪式

《左传》有言："国之大事，在祀与戎。"中华民族向来是崇尚传统、尊重先辈的民族，在宗法制度的深远影响之下，祭祀仪式从古至今都是我国文化仪式的重中之重。乡贤作为乡村社会中的榜样人物，在乡村祭祀仪式中一直被视为重要祭祀对象。洪武四年（1371），朱元璋下令"诏天下学校各建先贤祠，左祀贤牧守令，右祀乡贤"，乡贤之祀在国家社会祭祀仪式中的重要地位可见一斑。

祭祀在传统上是"民众向民间神祇祈求福佑或趋避灾祸的一种行为惯制，它世代传承，具有相应的仪式制度"，是"加强家族、氏族、部落内部的团结，提高战斗力"的方式。在乡贤祭祀活动中，人们在特定的时间（祭祀日）与空间（乡贤祠、乡贤堂）下聚集，采用带有地方特色的祭祀社会行为，向具有象征性意义的优秀先贤缅怀与致敬。历史上的乡贤祭祀仪式通常有明确的限制条件与规约。这体现在以下几个方面：其一，群体边界限制。由于祭祀的强烈宗族色彩，参与乡贤祭祀仪式的人群须与乡贤存在一定的血缘与地缘关系。在这样的边界限制之下，祭祀仪式参与者内部通常存在紧密的人际连接与强烈的文化认同基础。其二，场域边界限制。参与祭祀的必要空间条件是乡村地域系统内建有乡贤祠、乡贤堂。通过对特定祭祀场域的规定，祭祀仪式的文化辨识度与"正统性"得以提升。其三，角色分配限制。乡贤祭祀仪式严格遵循祭祀流程与祭祀环节而进行，环环相扣，每一环节都具有其特殊的文化意义，每一环节中祭祀的主体与客体、祭祀的方式等都经过经年累月的实践，不可依参与者的意志而自由改变。其四，乡贤入祀标准限制。尽管不同时代、不同地域的乡贤入祀标准不同，但从客观上而言成文或不成文的乡贤入祀标准是必然存在的。有学者认为，乡贤入祀与罢祀往往是多种社会势力与文化力量角逐的结果。[1] 例如，明代庙学乡贤的入祀须由府县儒学教官生员、乡士人里老共同推荐，通过强调"公论允惬"的入祀呈文评价乡贤所获得的人品与学品，从而审定乡贤能否入祀[2]，这其实是儒学的显学地位在当时的体现。

时代背景与社会环境的改变，为乡贤祭祀仪式带来了新的变化。当下，新乡贤祭祀仪式超越原有的文化意义而成为一种推广文化、传播民俗与礼仪的渠道，其教化意义相比以前更为明显，历史上乡贤祭祀仪式的种种限制被打破。

---

① 杨灿：《改革开放四十年来明清乡贤研究述论》，《地域文化研究》2018 年第 6 期。
② 张会会：《明代乡贤祭祀中的"公论"——以陈亮的"罢而复祀"为中心》，《东北师大学报（哲学社会科学版）》2015 年第 2 期。

例如，在浙江省余姚市 2015 年的一次冬至祭祀乡贤活动中，宁波汉文化传播协会成员、天一国学堂学员和中国银行志愿者成为了祭祀的主体。祭祀仪式中，志愿者完成了跪拜、上香、敬酒、读祝文、分胙等环节，完整展示了整个祭祀的过程。由此可见，群体边界限制与角色分配限制被打破，新乡贤祭祀仪式成为志愿者了解汉民族服饰、礼仪、民俗、道德等传统文化精粹的入口，祭祀本身的宗族色彩已经被淡化。

在祭祀仪式中，先贤被精神符号化，祭祀者对乡贤的缅怀与致敬蕴含着对乡村传统的尊敬，也蕴含着对文化之根源的铭记与追随，这与华夏民族文化中对"根"的重视相呼应。从目的上来说，新乡贤文化中的祭祀仪式是通过对历史的追忆来建构当下社会生活的意义与价值，并以祈求福报降临等方式设立未来的美好愿景，兼具过去、现在、未来三重指向。人们在参与祭祀仪式中共享历史认同与身份归属，也在参与或见证特殊仪式与特殊时刻的文化实践中共同建构乡贤文化意义语境。[①]

（四）捐赠仪式

随着乡村社会经济发展水平不断提高，一方面乡村发展过程中物质方面的需求越来越旺盛，另一方面诞生了一批具备强大经济能力与奉献意愿的新乡贤。因此，一些新乡贤通过社会公益、慈善活动的形式为故乡捐资捐物，其捐赠仪式也自然成为新乡贤文化仪式的重要组成部分。

捐赠主体、捐赠渠道、捐赠物、捐赠对象是新乡贤文化捐赠仪式的四大核心要素。只有当捐赠主体通过一定的捐赠渠道将捐赠物交付给捐赠对象，捐赠仪式才算正式完成，捐赠仪式作为一种仪式性活动的社会意义才得以实现。

相比于新乡贤文化中的表彰仪式、联欢仪式、祭祀仪式，捐赠仪式在仪式重心上存在其特殊性。前三种仪式均以仪式中的"人"为核心，强调人的参与性与情感同步。而在捐赠仪式中，人与物均为核心，甚至在某些特定场合中，"物"的重要性超越了人。甚至在互联网时代非常普遍的网络捐赠仪式中，常有将具体的捐赠主体与捐赠对象匿名处理，而将捐赠的具体金额与物资数量标注出来的情况，这从某种程度上来说其实是提升了捐赠物的地位而降低了捐赠主体与捐赠对象的地位。从本质上来说，这是由新乡贤文化中的捐赠仪式的功能与意义所决定的。捐赠仪式的首要功能是完成捐赠物的所有权由捐赠主体向捐赠对象转移，这就导致仪式解释与呈现的重心偏向于"捐的是什么""捐了

---

① 李艳芳：《现代媒介环境下的文化仪式传播——以河南鹿邑老子诞辰祭典为例》，《青年记者》2013 年第 11 期。

多少"，而非"谁捐了""捐给谁"。捐赠仪式的次要功能则包括提升捐赠主体的知名度以及通过仪式激发群众的奉献情感，吸引更多有能力、有意愿的人为家乡发展作出物质贡献。

然而，不可忽视的是，当下出现了个别新乡贤自办捐赠仪式并将仪式的焦点对准自身，以铺张、夸张的捐赠仪式宣扬自身贡献的现象。这固然在一定程度上能起到吸引关注、激发其他新乡贤捐赠行为的作用，但模糊了新乡贤捐赠仪式"以捐赠物所有权的转移"为重心的本质，可能导致捐赠仪式的异化，进而成为滋养个人崇拜的温床，这与新乡贤价值观相背离。因此，随着新乡贤捐赠行为越来越常见，捐赠仪式的举办愈发频繁，乡村基层政府、村两委应高度重视新乡贤捐赠仪式的正向功能，引导其始终为乡村发展服务，遏制负面行为，降低负面效应。

## 三、新乡贤文化灵魂

艺术家韩美林曾言："没有文化的文化是可怕的。"后一个文化指的是广义上的文化含义，即人类社会相对于经济、政治而言的精神活动及其产物；而前一个文化指的是文化的内核与灵魂，是文化体系中起引领作用的核心部分。对于新乡贤文化这一典型的人本文化而言，价值观是新乡贤文化的灵魂，统领着一切新乡贤文化现象，是一切新乡贤文化观念的思想精神源泉。

新乡贤文化价值观，是新乡贤在思维感官之上而作出的认知、理解、判断或抉择，是新乡贤对于好坏、善恶、得失、美丑等的立场、看法、态度，具有稳定性与持久性、历史性与具体性、普遍性与特殊性。

首先，新乡贤文化价值观是在乡村地域系统范围内，由长期乡村文化实践形成的。一经形成，价值观便深入人心并为新乡贤群体所普遍认同，成为其认知与行为的指南针，起到定向与调节的作用。从整体上而言，在一定时间、空间条件下价值观不会发生根本性变化，具有稳定的特征。而新乡贤文化价值观对于新乡贤认知与行为的定向与调节作用是持久发挥作用的，以潜移默化的方式长期影响新乡贤及相关群体的言行。其次，新乡贤价值观是历史与现实的统一。作为一种价值观念，它总是既传承着历史上的乡贤文化价值观，同时又与时代价值观相联系，始终处于动态变化的过程中。在当代，新乡贤文化价值观则是传统乡贤价值观与社会主义核心价值观的有机融合。这种历史与现实相结合的特征使新乡贤文化成为"一潭活水"，在保留自身乡贤文化特色的同时彰显社会主义核心价值观，不断丰富着新乡贤文化价值观的内涵。2014 年 7 月 23 日，时任中宣部部长的刘奇葆批示："研究发扬和培育乡贤文化是一个有意义的课题，乡贤文化中的人文道德力量在当地一方具有重要影响，对传播滋养主流价值观定然有益。"① 再次，由于文化习惯、环境等因素的差异，我国乡村地域系统中的新乡贤文化具有强烈的地域色彩，新乡贤文化价值观也自然具有强地域性。与此同时，新乡贤文化是一种榜样文化与先进文化，因此新乡贤文化价值观必然要回答的问题是"何为乡村榜样"。这一问题在我国当前的乡村社会中显然存在普遍性的答案，新乡贤文化价值观也由此成为普遍性与特殊性的统一体。基于上述对新乡贤文化价值观的定义、特征、功能的论述，现对新乡贤文化价值观的普遍性要素进行概述。

（一）崇德向善

道德层面的判断是新乡贤文化价值观中不可缺少的部分。这是因为，新乡贤在乡村文化振兴中承担着淳化乡风、教化乡民的重任。当下，传统乡村价值处于挑战与变革之中，部分优良乡风民风在时代洪流的冲刷中逐渐被遗弃，罔顾道义、过度追求利益的行为愈发频繁地出现。"尤其是如今'市场取向个人利益最大化的所向披靡，彻底颠覆了中国农村伦理道德、乡规民约的基础'，这直接伤害到作为共同体本质的信任，进而导致农村的衰败和道德的沦丧。"② 要实现乡村社会的持续发展，特别是实现乡村文化振兴，就必须让中华传统美德、农村社会道德回归，以优良道德体系引领乡村文化建设，以具有乡村特色的"道德标尺"规范乡民认知与行为。

新乡贤的亲善性使其在这方面大有所为。新乡贤熟悉乡村道德文化底蕴，了解乡村道德发展环境，在乡民中有道德威望。这使得他们能够以其出色的道德操守与思想品质，将个人价值的实现置于整体社会关系的良性互动之中，通过长期展现崇德向善的思想与行为方式引领乡村道德建设，带头遵守与弘扬乡村道德准则，进而推动中华传统美德的回归，形成和美家风、醇美乡风、尚美社风。

就其内容而言，当代新乡贤文化价值观中的"崇德向善"绝不是对传统道德体系的复原，而是对传统道德体系的扬弃，取其精华而去其糟粕，使其与社会主义道德体系相适应。例如，过去"女子无才便是德"的道德观念广泛存在于乡村社会，而随着我国对男女平等观念的不断加强，这一压抑乡村女性发展、扭曲乡村女性社会地位的畸形道德观念就被新乡贤文化价值观所舍弃。当代众多优秀女性新乡贤的出现，即为新乡贤文化摒弃传统性别价值观的有力

---

① 龚洁颖：《上虞乡贤文化成全国样本》，上虞新闻网，2014 年 8 月 13 日，http：//synews. zjol. com. cn/synews/system/2014/08/13/018312237. shtml，访问日期：2020 年 7 月 28 日。
② 胡鹏辉、高继波：《新乡贤：内涵、作用与偏误规避》，《南京农业大学学报（社会科学版）》2017 年第 1 期。

证明。

## （二）亲和乡里

从新乡贤的价值实现来说，新乡贤的地位只有得到村民认可才具有实质上的合法性与合理性，新乡贤的个人价值与社会价值也只有在服务乡村、服务乡民的行动中才能统一。从新乡贤的作用机制来说，新乡贤只有发挥其亲善性的优势，深入基层了解乡民需求并精准供给公共服务，才能最大化实现新乡贤的引领与教化功能。因此，亲和乡里，在与乡民的和谐关系中升华个人价值与社会价值始终是新乡贤文化价值观的重要组成部分。

具体而言，亲和乡里一是强调"亲"，二是强调"和"。

一方面，新乡贤需要从观念上重视乡村与乡民，愿意主动以平等的姿态与乡村、乡民亲近，拉近与乡民的心理距离以开展进一步的工作。

另一方面，新乡贤需要促进与乡民的关系从"亲"变为"和"。前者是心理上的亲近，后者则是在这种亲近的基础之上以"和谐"的方式共同为乡村发展作出应有的贡献。例如，新乡贤作为乡村公共服务的供给者之一，首先前期要与乡民亲近从而了解乡民存在哪些具体需求，哪些是需求中的重点，又有哪些需求是当下乡村难以满足的。随后，新乡贤需要根据乡民所反映的需求改善公共服务配置情况，实现公共服务的"精准供给"，提高乡民获得感与满足感、满意度与幸福度，从而改善整体乡村生活质量。最后，新乡贤还需要收集乡民的服务反馈，从一切为了改善乡民生活、一切为了乡村发展的角度出发进一步优化公共服务供给工作。由此，新乡贤与乡民之间的关系由"亲"转为"亲"基础上的"和"。

## （三）见贤思齐

新乡贤是乡村社会中的榜样人物，新乡贤文化是乡村社会中的榜样文化。有学者认为，乡村文化本质上就是"以'先进性'引领'广泛性'并使广泛性朝'先进性'运演和攀越的优秀文化"[①]。对于新乡贤而言，形成见贤思齐的品质并将这种先进品质传递给每一位乡民，是其价值观的重要组成部分。

见贤思齐的价值观从两个方面发挥其功能。其一，它指引着新乡贤磨炼自己为乡村发展作贡献的能力，以立功、立德、立言的形式直接作用于乡村发展进程。其二，它推动了新乡贤之间的相互学习，进而带动乡民向乡贤学习，在

---

① 张静、王泽应：《乡贤文化的理论内涵及其传承与创新》，《南通大学学报（社会科学版）》2018 年第 3 期。

整个乡村社会中形成自主学习、不断进步的风气，间接推动了乡村发展进程。

### (四) 遵纪守法

遵纪守法成为新乡贤文化价值观的重要内容，从根本上来说是新乡贤在新时代条件下参与乡村治理的现实需要决定的。

一方面，传统乡村社会是礼俗社会，以礼俗与伦理作为社会治理的主要依据。而在社会主义法治中国宏伟蓝图的指引之下，现代乡村正向更遵循法治、契约精神的方向发展。这就要求新乡贤将对乡村治理的参与置于法治的框架下进行，更牢固树立法治思维与法治理念，提高法律素养，形成依法治理的习惯。

另一方面，当今乡村治理涉及政治、经济、文化等各个领域，情况复杂，许多时候治理任务并非依靠单打独斗就能够完成，这对新乡贤的乡村社会治理水平和治理能力提出了更高的要求。与此同时，乡村社会各治理主体能力参差不齐，相互之间缺少有效制约，容易出现单极化治理情况。在此背景下，需要新乡贤积极承担对地方的社会职责，推动公共理性的形成，坚持法律底线，严格要求自觉强化自身社会责任感。

当然，遵纪守法并不能与教条化的办事方式画上等号，而是要求新乡贤在法治思维、底线思维的基础上，在法律框架之中更好地结合农村传统的乡土性进行社会治理。例如，新乡贤在今天乡村基层治理中可以在传统"情理"基础上，把现代法治思想以村民情感上容易接受的方式加以改造，最终实现"情、理、法"三位一体的乡村秩序。①

### (五) 敬业奉献

新乡贤对于乡村的贡献多是乡情主导下，以满足乡村发展需要为目的的行为。尽管部分新乡贤可以从贡献行为中间接获得名声、地位、利润等利益（如富乡贤在乡投资设厂，在拉动乡村产业发展的同时也获得了一定的经济回报），但绝大多数新乡贤并不能从中直接获取基层政府以及乡民的回报。从这一角度而言，新乡贤的对乡贡献是一种情感主导下的奉献型行为，带有自发、自愿的特征。这就要求新乡贤价值观中必须牢固树立敬业奉献的精神信念，不因回报的有无而影响新乡贤工作的效率与质量。

社会主义核心价值观的个人层面同样强调敬业。我国的社会主义敬业观包

① 李秀芸、杨雪英、李义良：《比较语境下新乡贤内涵之探讨》，《江苏海洋大学学报（人文社会科学版）》2020年第3期。

括以下几个内涵：其一，我们的社会主义事业是需要全国各族人民共同为之奋斗的历史伟业，中华民族伟大复兴的中国梦需要全体中国人民共同创造。社会主义事业是各个不同的具体行业和职业组成的有机统一体，每个人都在自己特定的岗位上通过爱岗敬业的职业活动来为这个事业服务。其二，为人民服务是社会主义敬业观的核心。我国是人民当家作主的国家，一切岗位活动都需要以人民利益为根本出发点，以为人民服务为根本目的。其三，奉献是敬业的必然境界。敬业精神要求我们不斤斤计较投入与回报，而以适当的牺牲与无私的奉献助力行业发展与社会发展。

新乡贤文化价值观中的敬业奉献，在社会主义敬业观内涵的基础上，与乡村发展实际结合起来，与新乡贤具体工作结合起来，它要求新乡贤以乡村发展与乡民利益为一切新乡贤工作的出发点，坚守岗位职责，完成时代所赋予新乡贤的任务与使命，以无私奉献诠释新乡贤角色的内涵。

## 四、新乡贤文化规范

新乡贤文化规范指的是对新乡贤在日常生活与工作中的言行进行约束与限制的标准。规范成为新乡贤文化的重要构成要素，规范文化的建设成为新乡贤文化建设中的重点，是由历史传统与现实需要两方面的因素决定的。

从历史传统的角度来说，传统乡贤在参与乡村治理的过程中产生了诸多弊端。其中最关键的弊端在于，传统乡贤治村极易沦为"威权治村"。在注重伦理与道德的中国，乡贤首先是作为乡村社会的道德权威出场的，这意味着传统乡贤不可避免地存在着凭借功名获得独特的政治、经济、社会地位乃至特权，从而遮蔽其他话语权的局限性。这从我国历史上"士绅治乡"演变为"豪绅治乡"的诸多例子可以看出来。我国封建社会中"皇权不下县"的社会治理特征使得治理乡村的士绅坐揽乡村经济、政治、文化特权，部分士绅由此演变为豪绅，肆意利用特权掠夺乡民财产，压榨乡民为其劳动，形成个人专制。任何权力精英都有沦为专制者的倾向，这种倾向是否会变成现实，就要看与这些精英相关的制度是什么。自由民主与专制的区别不在于前者无精英、后者有精英，而在于权力精英是否受到制约。[1]

尽管新乡贤相比于传统乡贤在社会地位与发挥作用的形式上有所差别，但仍有堕入"威权治村"、破坏乡村治理秩序的危险。因此，必须通过具体而严格的规范与制度来约束新乡贤行为，着重培养新乡贤的规范意识以及在制度框

---

[1]　万毅、林喜芬：《精英意识与大众诉求：中国司法改革的精神危机及其消解》，《政治与法律》2004年第2期。

架下发挥作用的能力。

从乡村社会现实需要的角度来说，新乡贤是乡村社会中的榜样与先进人物，在乡村社交网络中居枢纽地位，受到乡民的广泛关注。互联网时代，新乡贤作为公众人物的意见领袖作用愈发凸显，新乡贤的一言一行都可能处于任何互联网用户的注视之中。因此，新乡贤的言行更应规范，以维护其乡村发展的"带头人"形象。此外，随着新乡贤群体规模的快速壮大，新乡贤为乡村发展作贡献的方式也愈发多样，这一现实情况正呼唤着更为明确、更加现代化、更具效力的新乡贤文化规范的出现，为新乡贤与乡村之间的连接的常态化、深入化、制度化打下坚实基础。

新乡贤文化中的规范元素，既包括由习俗、经验形成的不成文规范，也包括理性设计而成的成文规范，还包括规范实施机制与行为。

（一）不成文规范

不成文规范，指的是在同一时间、空间条件下，一群人由于共享相似或相同的文化习惯、文化环境而共同默许与遵循的规范。这种规范由习俗与经验经过长时间的自我完善与发展演化而来，具有历史性，以不成文的形式存在却因无时无刻不存在于人们的社会生活中而极易受到忽视。虽然未被明确记载与体系化呈现，但不成文规范始终存在于一个地区或民族的文化脉络中，对规范对象的言行产生重要的约束作用。不成文规范是相对稳定的、约定俗成的。

新乡贤文化根植于乡土，有着悠久的历史渊源，因此包含着许多不成文规范。这些不成文规范大多是道德层面的，与新乡贤文化中的价值观紧密相联，常见于文化仪式中。如新乡贤文化祭祀仪式中，由于历史上乡村地区长期受氏族社会父系家长制的影响，嫡长子在祭祀仪式中通常扮演关键角色，履行特殊的祭祀行为。这一规范一般不会以明文规定的形式呈现，但作为乡风民俗的一部分而存在，为参与祭祀的乡民所默认与遵循。这便是一例由习俗演化而来的不成文规范。

再如，前文已经提到了，新乡贤文化价值观中包含着见贤思齐的精神。而在具体的新乡贤文化宣传中，有时并不会刻意强调见贤思齐精神的重要性。这是因为，新乡贤作为乡村社会中的榜样与先进人物，其本身就是"见贤思齐"精神的代表与具象化体现，他们在乡村发展中所作出的卓越贡献本就由全体乡民见证与学习，无需特别强调。这便是一条由经验形成的不成文规范。

（二）成文规范

与不成文规范相异，成文规范需要经过特定的设计程序，由理性探讨而成。成文规范更加侧重于调整当下的社会关系，约束具体社会环境中的言语与行为，具有较强的现实指向性。相比于不成文规范，成文规范通常更为具体与深入，为约束对象的言行提供明确的框架限制，其约束与限制的效果更为直接。

具体而言，新乡贤文化成文规范主要有以下三种形式。

其一是新乡贤群体的准入规范。普通乡民进入新乡贤群体需要一定的规范，才能使新乡贤群体边界得以明晰，才能加强新乡贤群体内部认同感。新乡贤群体的准入规范通常以明文规定的形式存在，针对不同类型的新乡贤，存在不同的准入规范。例如，浙江省嘉兴市秀洲区在选树"青年新乡贤"的过程中规定评选对象年龄必须在 40 岁以下，户籍为秀洲区或长期在秀洲区工作，并提出了六个新乡贤评选类别，分别对道德建设的示范者、民间文化的传承者、公益事业的推动者、民间纠纷的平息者、脱贫致富的引领者、乡风文明的建设者的具体评选标准作出了规定。

其二是新乡贤群体的退出规范。前文已经提到，新乡贤对乡村发展的贡献属于自发或自愿的奉献型行为，一般而言并无直接利益回报。这就造成了个别新乡贤被评选上之后消极懈怠，甚至对乡村发展进步产生阻碍。因此，新乡贤群体必须建立与完善明确的退出规范，将逾越规范的部分新乡贤清扫出新乡贤队伍，保持新乡贤队伍的纯洁性与先进性。当然，使不符合规范的新乡贤退出不是目的，而是手段。退出新乡贤队伍的人不能被当作"敌人"来对待，他们仍然是乡民的一部分，因此在保障退出规范有效实施的基础上，还需建立柔性退出机制，避免惩罚极端化，为退出者仍然为乡村发展作出贡献留足空间。

其三是新乡贤组织的管理制度与规范。随着各类新乡贤组织规模的不断壮大，建立新乡贤组织内部行之有效的管理制度与规范是最大化发挥组织效能、推动组织良性发展的必然要求。这些管理制度与规范使新乡贤"有所为而有所不为"，明确了新乡贤在组织中以及乡村发展过程中应承担的责任与义务，也将新乡贤组织运作的流程与方法固定下来。

事实上，成文规范与不成文规范之间并不是相互割裂的，而是规范体系下的两个相互联系、相互补充的部分，二者的规范内容亦不可避免有重叠之处。而随着乡村社会制度化建设向纵深发展，一部分不成文规范完成了向成文规范的转变，以更具现实指向性的方式服务于乡村社会治理。

（三）规范实施机制与行为

规范实施机制与行为也是文化规范的重要组成部分，其解决的核心问题是"怎样让规范发挥约束作用"。在新乡贤文化规范中，存在数种规范实施机制以及建立在机制之上的实施行为。

其一是外部强制型。这是由外部力量来强制执行规范的机制，依靠强执行力与公信力的外部力量作为机制的基础。新乡贤的准入与退出规范便适用于通过外部强制型实施机制来保证效力。

其二是外部规劝型。这一机制由个人或组织通过道德力量感化与教化而实现，无强制力。例如，当新乡贤逾越新乡贤组织的管理规范时，组织领导者通过劝服逾矩的新乡贤以实现规范效果。

其三是内部认同型。这一机制依赖规范的约束对象自身培养对规范的认同感，从而将其内化于心而无须刻意遵守。显然，个人素养的高低决定着内部认同型机制能否产生效用。从弗洛伊德"三重人格理论"的角度而言，外部强制型与外部规劝型的实施机制是通过作用于人的"自我"人格而实现，使新乡贤遵循"现实原则"调整"本我"人格，从而与新乡贤角色定位及乡村社会环境相适应。内部认同型的实施机制则是通过挖掘新乡贤的"超我"人格，激发其理想、价值、信念而发挥作用。

根据我国乡村发展实际，应当以外部强制型实施机制为主，以外部规劝型实施机制为辅，逐步通过宣传教育的方式提高内部认同型实施机制的重要性。

## 第三节 新乡贤文化的层级关系

根据文化性质的差异，新乡贤文化可分为物质文化、行为文化、制度文化、精神文化四个组成部分。根据文化功能、地位与可知可感程度，新乡贤文化又可分为外显层、中间层、内隐层三个层级。其中，物质文化归属于新乡贤文化的外显层，行为文化与制度文化归属于新乡贤文化的中间层，精神文化归属于新乡贤文化的内隐层。三个层级之间相互联系、相互作用、相互渗透，构成了完整的新乡贤文化系统，成为有组织的稳定复合体。

### 一、外显层：物质文化

新乡贤文化中的物质文化部分，是指乡村地域系统中与新乡贤相关的物质生产活动及物质产品的总和所体现出的文化，也称"物化的知识力量"。物质作为载体所承载的文化侧重于表现人与社会之间的关系，而物质本身所形成的文化则更侧重于表现新乡贤文化中人与自然的关系，反映着"人类对自然的把握、利用、改造的程度与结果"以及社会生产力的发展水平。在新乡贤文化构成要素中，新乡贤文化载体与物质文化相对应，新乡贤文化设施、新乡贤文化器物皆为典型的物质文化形式。

对新乡贤文化的物质文化部分的探讨，需建立在以下几个认知基础之上。

首先，物质文化并非所有物质形态的单纯存在与组合。物质的简单排列组合并不能承载文化内涵，与新乡贤文化不相关的物质存在亦不属于新乡贤文化的物质文化范畴。只有凝聚着新乡贤及相关群体的观念、需求、能力的物质存在才能够归类于新乡贤文化的物质文化部分。

其次，物质文化具有可感性与客观实在性。这种客观实在性是新乡贤文化的抽象部分具象化的依托，是新乡贤文化由无形向有形转变的基础。

再次，物质文化属于新乡贤文化层次划分中的外显层。这是因为当人与新乡贤文化产生接触时，物质文化作为新乡贤文化系统中最直观、最容易被感知的部分往往首先进入人的视野，充当新乡贤文化的"外表"。基于这一"外表"，人才能够建立对于新乡贤文化的初步认知。从符号学的角度来说，新乡贤文化传播对象对于新乡贤文化的理解实质上是一个由"能指"向"所指"转化的符号化过程，如果脱离外显层所提供的认知基础而直接让人理解新乡贤文化的中间层与内隐层，则会造成"能指"的缺失，进而导致转化的失败与传播意义的断裂。

## 二、中间层：行为文化与制度文化

新乡贤文化中的行为文化与制度文化，共同构成了新乡贤文化层级划分的中间层。这一层次的可知可感程度低于外显层的物质文化而高于内隐层的精神文化，兼具物质文化与精神文化的部分特质。

新乡贤文化中的制度文化部分是指新乡贤及相关群体为了适应自身社会角色与乡村发展需要而主动创制或遵循的各种社会规范的总和。制度文化表现的是"人与社会"和"人与人"之间的关系，基本不与自然直接发生关系，但其发展水平受到人与自然进行物质交换方式的制约。合理的制度文化是物质文化和精神文化协调发展的重要保证。制度文化既包括由习惯、经验、传统积累而成的非成文规范，也包括由理性设计建构而成的成文规范，同时还包括规范实施机制。因此，新乡贤文化构成要素中的新乡贤文化规范与这一部分相对应。

新乡贤文化中的行为文化部分是指新乡贤及相关群体在生产生活中表现出的特定行为方式和行为结果的积淀。它既包括典礼、仪式等特定时间、空间条件下的行为方式与结果，也包括常态化生产生活中的行为方式与结果。相比之下，前者较为明显，具有体系化的特征，而后者通常难以被察觉与提炼。在新乡贤文化构成要素中，新乡贤文化仪式与这一部分相对应，各具特色的仪式性行为在新乡贤表彰仪式、联欢仪式、祭祀仪式、捐赠仪式中显露出来。

有观点认为，制度文化包含于行为文化的范畴之内，其实是行为文化的一种特殊表现，是行为文化的固定化、程式化。然而，在新乡贤文化中，制度文化与行为文化虽呈现相互渗透的态势，存在交叉与重合的部分，但二者之间的区分较为明显，不能视为包含与被包含的关系。例如，新乡贤文化仪式虽然从整体上归属于行为文化，但其中的仪式规范显然属于制度文化而非行为文化的范畴。而新乡贤文化规范虽然从整体上归属于制度文化，但其中的规范实施行为显然属于行为文化而非制度文化的范畴。因此，在新乡贤文化中，与其将制度文化视为行为文化的一部分，不如说二者处于相互交叉、相互渗透之中。

事实上，行为文化与制度文化虽同属中间层，但从可感可知的程度而言亦有所区别。行为文化是文化的动态表现，更容易被人所感知，也更容易发生改变，处于新乡贤文化中间层的外层。制度文化是文化的静态表现，相比之下更不易被人所感知，发生改变的可能性与幅度也较低，位于新乡贤文化中间层的内层。

## 三、内隐层：精神文化

新乡贤中的精神文化指的是乡村社会生活中，在一定的社会文化背景与意识形态的长期影响下形成的一种精神成果和文化观念，其中价值观是最为核心的精神文化内容，被喻为精神文化的灵魂。精神文化是文化系统中最为稳定而持久的部分，在社会变迁中难以被根本性改变，因而具有强烈的历史传承性与民族性，成为群体认同感与归属感的根源。精神文化本身是社会意识的重要组成部分，不可被直接感知，因此位于新乡贤文化层次的内隐层，辐射与主导着整个文化系统。在新乡贤文化要素中，新乡贤文化灵魂与这一部分相对应。

精神文化在形态上与物质文化、行为文化、制度文化存在较大差异，但在形式上并不是孤立的。新乡贤文化价值观自有其理论价值，又渗透于文化载体、文化仪式、文化规范之中，是与载体、仪式、规范等文化的方方面面相交融而形成的现实价值。例如，新乡贤文化价值观中的"崇德向善、亲和乡里、见贤思齐、遵纪守法、敬业奉献"也常常出现于新乡贤文化规范中的退出规范、组织管理规范中，消极怠工的新乡贤违反了"敬业奉献"价值观，就要被清理出新乡贤队伍。如此，"敬业奉献"这一价值观便产生了现实作用与意义。

如今是一个强调文化差异性的时代。一种文化形态必须发扬自身特色从而具备一定的辨识度，才能与其他文化形态区分开来，文化影响对象才会产生对文化本身的清晰认知与深入了解的意愿。杜威认为，那些没有经过传播、分享，在表达中得到重生的想法只是自言自语。[①] 从这一角度而言，适度扩大文

---

① 约翰·杜威：《公众及其问题》，魏晓慧译，新华出版社，2017。

化差异性是扩大文化传播效果、赋予文化源源不断的生命力的一种渠道。也只有如此，一种文化形态的独特价值才能得以发挥。而一种文化形态与其他文化形态的差异性，总是通过精神文化来实现的。精神文化作为文化层次中的内隐层，它难以复制与不可替代的特性使其构成了文化系统中最具特色与生命力的部分。就新乡贤文化而言，著书立说、立碑颂德等物质文化形式并不为其所特有，组织管理制度与仪式性行为也常见于其他文化形态中。真正使新乡贤文化具备文化辨识度的是蕴含着见贤思齐、亲和乡里等价值观的精神文化以及物质文化、行为文化、制度文化中的精神文化内核。

## 四、各层级文化间的相互关系与作用

正如新乡贤文化中的四部分——物质文化、行为文化、制度文化、精神文化之间是相互关联、相互渗透、相互影响的，三层级之间也同样处于相互作用之中，并以不同的层级定位与功能共同推动文化系统的整体发展。

人对于文化的认知是一个由表及里、由浅入深的过程，如同剥开一颗洋葱。如果将整个新乡贤文化系统喻为洋葱，那么新乡贤文化的外显层、中间层、内隐层就代表着由表及里的洋葱皮。因此，要对新乡贤文化层级划分及层级相互关系进行剖析，或许可以借鉴霍夫施泰德的"洋葱皮理论"，并结合新乡贤文化特征构建新乡贤文化"洋葱皮"模型，如图 4.2 所示。

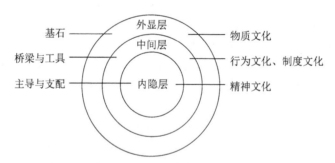

**图 4.2　新乡贤文化"洋葱皮"模型图**

在文化冲突、交流与融合的过程中，越外层的文化层级越容易发生改变，越里层的文化层级越稳定，不易发生根本性变动，但也同样在发生渐进式的细微变化。这是因为文化影响对象在认知文化并接受文化的过程中会根据自身生活经验、思想观念对已认知到的文化部分进行能动性改造，并以新的形式表现出来。这类新的文化不断与原有文化形态发生碰撞与融合，推动文化进一步演变。越外层的文化层次越容易被人们所感知，也越容易因人们的能动性改造而发生改变。

　　如同洋葱皮越靠近核心的部分体积越小，文化层级结构中越靠近核心的层级部分越凝练，表现形式越固定，而越靠近表皮的部分越是内容庞杂，存在多种呈现形式与阐释角度。这可能是因为在文化建设与文化创造的过程中，物质文化、行为文化、制度文化的创造门槛相对较低，人们更愿意充分发挥主观能动性来充实新乡贤文化的这些部分。相比之下，创造精神文化需要耗费更多的时间与精力，实为一个厚积薄发的过程。一方面，它需要大量的知识、思想、技术作为基础，这一基础的积累非一朝一夕之功；另一方面，一个完整、明晰的精神文化系统的建立，通常需要创造者经年累月的感性认知与理性探讨，甚至需要数代人的持续耕耘。新乡贤文化自身特色同样是在长时间与其他文化形态的比较与融合中产生的。因此，精神文化作为文化层级结构中的内隐层，其文化价值最高，门槛与难度同样最高。

　　（一）外显层的基石作用

　　在新乡贤文化系统中，外显层发挥着基石的作用。它是文化的外在表现，是中间层、内隐层的物质基础。要实现发展新乡贤文化的目标，增强传播效果，就必须落脚于扩大与优化新乡贤文化中的外显层。因为潜在的文化传播对象通常以表层的物质文化为理解新乡贤文化的切入口，如果物质文化成果过少，就自然难以吸引足够多的传播对象。缺乏牢固的外显层所提供的物质基础，新乡贤文化的中间层与内隐层将成为空中楼阁，难以实现可持续的发展。

　　具体而言，物质文化的基石作用主要体现在两个方面。其一，新乡贤文化外显层为整个新乡贤文化系统提供根基，成为其外部表现，支撑新乡贤文化系统的生存与发展。一种文化形态若仅以意识的形式而存在，就会被固化在形而上的思辨空间中，独有理论价值而缺乏现实价值。新乡贤文化究其本质是一种服务于乡村振兴，具有强烈现实意义的文化形态，物质文化对于整个新乡贤文化系统的基石价值也就更为凸显。只有落于物质文化这一"实处"，新乡贤文化才能够为人们所认知与体悟，新乡贤行为文化、制度文化、精神文化才能发挥作用与价值，最终服务于乡村振兴。也只有发展壮大新乡贤文化中的物质文化，加快建设各类新乡贤组织、新乡贤文化设施，加大对新乡贤文化器物生产与保护的投入，才能为全体乡民参与到新乡贤文化的建设中开辟渠道，从而有效扩大全体乡民对新乡贤文化的认同感与参与感。乡民是新乡贤文化的建设主体之一，缺乏乡民参与的新乡贤文化，是无源之水、无本之木，新乡贤文化的发展也无从谈起。从这一角度而言，作为外显层的物质文化是整个新乡贤文化系统得以充分发展的基础与保障。

其二，新乡贤文化外显层为中间层与内隐层发挥作用与价值提供物质条件，并在此基础上扩大中间层与内隐层的价值。无论是中间层还是内隐层，其作用的充分发挥都需要依托一定的物质条件进行。而在物质文化作为载体发挥作用时，精神文化、行为文化、制度文化的价值与物质文化的载体价值相复合，最终实现整体价值的升华。例如，新乡贤捐赠行为被记录在新乡贤文化纪念碑之上，在此处，纪念碑作为新乡贤文化的物质文化承载着捐赠行为的文化价值，又发挥了自身的物质文化价值，吸引人们前来观摩与学习，督促后人铭记恩情、报效家乡，提升了捐赠行为的影响力。从这一角度而言，物质文化存在扩大中间层、内隐层价值，提升其为乡村发展服务效能的关键作用。

（二）中间层的桥梁与工具作用

新乡贤文化中间层"既是物质文化的精神，又是精神文化的物质"，具有中间地带的桥梁与工具作用。新乡贤行为文化的桥梁作用表现为，行为文化首先由精神文化所支配，新乡贤选择怎样的行为方式，与其所遵循的价值观一致，如果不一致便会产生费斯汀格所说的"认知失调"。由于人类天生存在对不和谐事物的改造欲望，认知失调会促使新乡贤改变行为以适应观念或扭转观念以支撑行为的合理性。然而，新乡贤的所作所为显然不只是对新乡贤价值观的简单呈现，而是在新乡贤思考自身与乡村社会环境、自身与自然环境之间的联系的基础上作出的一种权衡。它既受新乡贤价值观等精神文化的指引，也受客观物质存在的制约。这一权衡实际上是物质文化与精神文化之间的"中间地带"的反映，包含着平衡、妥协与调适等多种思维方式。制度文化的桥梁作用表现，正如制度的本质是对现实关系的反映与调整，它把人们相互之间及其与自然界之间的现实的物质关系，提升为一种权力意志的精神表现。同时，它又选择精神文化的某些部分具体化为组织建构的实践，完成了将新乡贤文化中的抽象部分具象化、具象部分抽象化的任务。由此，制度文化实现了"向上解释、向下规定"的双向功能。毫无疑问，这也是一种平衡的艺术。

此外，中间层的工具作用同样值得关注。新乡贤文化外显层与内隐层之间的转化，需要通过中间层来进行。行为文化与制度文化产生后，精神文化可以经由行为文化与制度文化产生物质成果。例如，在新乡贤思想汇聚、整理、出版为相关书籍的过程中，某些书籍的出版资金来源于新乡贤的捐赠行为，书籍出版流程由新乡贤理事会全程严格把关。在此情况下，作为意识的思想转化为存在的书籍，是通过捐赠行为与理事会管理制度而实现的，捐赠行为与理事会管理制度实际上发挥着转化工具的作用。

（三）内隐层的主导与支配作用

内隐层发挥着主导与支配的作用。隐藏于文化内核之中的精神文化是文化的灵魂，一切文化现象、文化观念皆起源于精神文化，新乡贤文化系统的外显层与中间层归根结底是内隐层的表现。

内隐层的主导与支配作用体现在两个方面。第一是主导整个新乡贤文化系统的发展方向与趋势。作为"中枢神经系统"，内隐层把握着新乡贤文化系统的发展进程，规定了其发展方向。"新乡贤文化将往何处去"这一时代问题的最终答案不是取决于外部推动力量的大小，而是取决于作为内隐层的新乡贤文化的精神文化发展到哪一阶段。从根本上而言，新乡贤文化的精神文化部分是服务于乡村振兴战略规划的。因此，它始终在产业兴旺、生态宜居、乡风文明、治理有效、生活富裕的乡村振兴总要求下发展，在中国特色社会主义乡村振兴道路中前行。新乡贤文化中的任何部分、任何要素都无法脱离这一方向而发展。

第二是为外显层与中间层的文化建设提供思想理论指导。新乡贤文化拥有丰富的精神内涵与多样化的精神成果，中间层与外显层的文化建设不能脱离这些精神成果而孤立存在，反而需要依赖已有的精神成果为其建设过程赋能。精神文化充实了物质文化、行为文化、制度文化的内容，又以其在文化系统中特有的科学性与深刻性为其他文化层级的发展提供理论基础，增强合理性。现代乡村社会，人民群众的精神文化需求量不断增大，需求途径与方式趋于多样化。在现有的文化环境下，新乡贤文化作为满足乡民精神文化需求的关键渠道，更应充分发挥文化层级系统中内隐层的统领作用，提高中间层、外显层文化建设的质量，推动新乡贤文化内容与乡民文化需求的对接，更好地为乡村文化繁荣服务。近年来乡村公共文化空间建设如火如荼，但也出现了一些文化设施与乡民联系不紧密，一些文化组织刚建立即停摆的现象，这都是缺乏前期理论研究的结果。因此，新乡贤文化建设过程中，精神文化所提供的科学性与深刻性应受到高度重视。如此，作为内隐层的精神文化实际上支配着整个文化系统的发展方向、趋势、进程，扮演着"指挥官"的关键角色。

# 第五章　新乡贤文化的建构原则与机制

2017年党的十九大报告中提出乡村振兴战略，并把乡村振兴战略作为国家未来发展的七大战略之一，而建构新乡贤文化是乡村振兴有效推进的重要举措之一。2018年9月，中共中央、国务院印发了《乡村振兴战略规划（2018—2022年）》，强调要"积极发挥新乡贤作用"，从中央政策层面对新乡贤文化给予了高度重视。建构新乡贤文化，契合国家战略，反映社会共识，顺应时代趋势，既是实现乡村振兴战略的文化支撑，也是新时代我国乡村文化建设的重要途径。新乡贤文化建构是一项系统工程，首先需要明晰建构目标、原则及机制，以规范新乡贤文化建构的具体实践，因此明确新乡贤文化建构目标、原则及机制是推进新乡贤文化发展的基本前提。建构目标引领发展方向，建构原则规范建构行动，建构机制明确具体建构方式，通过全流程的把控和规划，推进新乡贤文化建构。

## 第一节　新乡贤文化的建构目标

在党的十九大报告中，习近平总书记明确提出实施乡村振兴战略的决策，并将其作为国家未来发展不可动摇的战略决策，写入中国共产党党章。作为新时代开展"农业、农村、农民"工作的指导思想和战略导向，乡村振兴战略是党和国家面对社会主要矛盾转变的新形势，为决胜全面建成小康社会，全面建成社会主义现代化强国，实现"两个一百年"奋斗目标而作出的重大部署。"产业兴旺、生态宜居、乡风文明、治理有效、生活富裕"是乡村振兴战略的总要求，反映了乡村振兴战略的丰富内涵，要促成乡村产业、生态环境、人文乡风、基层治理和农民生活五大方面的相互作用和协同共进，需要新乡贤群体的智慧和力量。在乡村振兴战略总要求的指引下，新乡贤文化建构的目标要顺应时代需求，践行社会主义核心价值观，助力乡村发展，为乡村振兴和城乡一体化服务。

## 一、新乡贤文化建构总目标

新乡贤文化建构的总目标是建构各具特色的、彰显社会主义核心价值观的新乡贤文化。乡村千姿百态，文化资源各不相同，生长于乡村广袤大地上的新乡贤文化也因此个性鲜明、各具特色。明晰新乡贤文化建构目标时，要全面把握乡村的差异性，强化地域特色，打造别具一格的富有地方特色的新乡贤文化；要融入社会主义核心价值观，打造与时代发展相结合，体现时代精神，满足时代所需的新乡贤文化，在彰显社会主义核心价值观中体现新乡贤文化的先进性。各具特色体现新乡贤文化的内生魅力，是新乡贤文化的个性所在；彰显社会主义核心价值观体现着新乡贤文化的与时俱进，是新乡贤文化建构的共同遵循。

### （一）各具特色的新乡贤文化

我国乡村社会千差万别，建构新乡贤文化必须根据乡村实际状况因地制宜地制定发展规划。由于地理环境的多元性、社会历史发展的差异性，中国乡村社会演化出丰富的乡村文化形态和独特的话语体系。新乡贤文化显示出鲜明的地域性、历史传承性和多维性特征，建构新乡贤文化必须紧扣新乡贤文化特征、因地制宜、分类指导，找寻文化适配。

第一，突出地域特色，利用独特的地域属性培育各具特色的新乡贤文化。"乡贤文化通常是县级基层地区，研究本地历代名流时贤的德行贡献，用以弘文励教、建构和谐社会的文化理念与教化策略。"[1] 在建构新乡贤文化的规划与实践中，必须尊重并利用其鲜明的地域性，一方面以本地区范围内有文化影响力和突出贡献的历史名流和当代名贤为主要对象；另一方面，新乡贤文化辐射面不宽泛，仅服务于本地区，服务于地域范围内有共同文化记忆的群体。根据新乡贤文化鲜明的地域性特征，地方在进行新乡贤文化建构过程中就要更加注重建构方式方法的本土化。深入挖掘地方乡贤文化历史，发掘文化特色、独特优势，依据地区特殊的人文风貌、文化传统和居民偏好等，找寻最优方案，建构独特适配的新乡贤文化。

第二，注重历史文化特色，利用独特的历史资源培育各具特色的新乡贤文化。乡贤文化通常是在某个历史背景下产生的，代表着一个时代、环境、民族

---

① 王泉根：《中国乡贤文化研究的当代形态与上虞经验》，《中国文化研究》2011 年第 4 期。

与社会机制之下的事物与文化。①由于各个历史时期的政治经济文化发展存在很大差异，在不同社会条件下产生的乡贤文化也不尽相同，其中所包含的文化内涵、表现形式和特点特征等都是一个时代的彰显。这些经过时间打磨传承下来的文化和精神，都是极具价值的人类历史文化瑰宝，是新乡贤文化建构的宝贵源泉。作为泛指的乡村承载着源远流长的农耕文明和博大精深的传统文化，作为特指的乡村因其不同的地理位置和时代方位而表现出迥异的承载方式，乡贤文化有其独特的历史文化底色。不同的时空节点、不同的人文资源涵养出不同的乡村文化形态，成为新乡贤文化建构的源头活水。在新乡贤文化建构过程中，充分依托各地特定的历史文化积淀，深入挖掘各地的历史文化资源，在历史长河中提取当地特有的各种要素和资源，使其注入新乡贤文化框架中，以此提升乡村文化建设质量和水平，完善乡村文化原有体系，促进乡村振兴。

第三，依托多维特色、利用多维的内容与形式培育各具特色的新乡贤文化。新乡贤文化是多维性的，根据内容的存在状态和表现形式，包括了精神文化、行为文化、物质文化和制度文化，在建构过程中，要全面兼顾、统筹协调，对不同形式的文化进行分类指导、分类建构，从而搭建起一个多维度的新乡贤文化框架。这个框架包含着丰富的内涵实体，既有多元要素，也有多重层级，给新乡贤文化建构带来无尽的想象和极具张力的空间。不同地方在建构新乡贤文化时，应突出自身优势，发掘特有元素，释放个性魅力，在多维框架中精准发力，打造具有高识别度的新乡贤文化。

## （二）彰显社会主义核心价值观的新乡贤文化

社会主义核心价值观是新乡贤文化的精神内核和价值追求，要发挥社会主义核心价值观的导向、引领、凝聚作用，建构彰显社会主义核心价值观的新乡贤文化。核心价值观，是一个国家或民族在社会发展进程中坚守的价值共识和价值理想，是价值多元化、多样化发展进程中处于领导地位的价值规范和基本遵循。作为维系民族生存的精神纽带，核心价值观代表着一个国家、一个民族、一个社会共同的思想道德水平。在统一的核心价值观的引领下，国家和民族的精神才有所依归，人们行事才有所遵循。

十九大报告指出："社会主义核心价值观是当代中国精神的集中体现，凝结着全体人民共同的价值追求。"凝聚共同的精神、铸就民族之魂是建构新乡贤文化的重要前提，彰显社会主义核心价值观应贯穿在新乡贤文化建构的全过

---

① 杨军：《当代乡贤文化在社会主义核心价值观培育机制中的作用》，《行政与法》2015 年第10 期。

程。国家要"富强、民主、文明、和谐",必须发展和振兴乡村社会,通过建构新乡贤文化,发挥新乡贤作用,激发乡村内生动力,推动乡村产业振兴,使乡村走向强富美;社会要"自由、平等、公正、法治",新乡贤文化建构要以此为目标与导向,推动乡村社会的文明乡风、法治建设等进一步发展与完善;个人要"爱国、敬业、诚信、友善",也是新乡贤文化建构中的价值取向,新乡贤是品行端正、德才兼备的榜样性人物,在社会主义核心价值观的实践中起着重要的标杆与纽带作用,新乡贤文化则以价值导向、引领、凝聚等方式,提升乡村群众对社会主义核心价值观的认同,推动着社会主义核心价值观在乡村落地、与乡村融合并广泛传播。

综上所述,新乡贤文化建构必然要尊重地域特征和文化差异,结合历史与现实,以社会主义核心价值观为精神内核,因地制宜地制定建构方案,探索与之适配的新乡贤文化形式,最终建构起各具特色的彰显社会主义核心价值观的新乡贤文化。

## 二、新乡贤文化建构分目标

新乡贤文化不是单一的内容或文化载体,而是受经济、政治、政策和方针等诸多因素影响的复杂系统。微观而言,新乡贤文化是以新乡贤为主体而衍生的一种文化形态,具体来说是新乡贤群体或组织,在长期生产生活实践中,将其掌握的文化知识、农业经验、传统技艺、风俗习惯和与之相关的法律规章以及精神文明遗产等整合凝练,形成的一种促进乡村文化发展的文化形态;中观而言,新乡贤文化除了承载了一个村落的历史文化、承接了一个村落居民的乡愁记忆,还被赋予了新时代的内涵,是更大范围的延伸和更深层次的发展;宏观而言,新乡贤文化是中国特色社会主义文化特殊而又重要的组成部分,是促进城市与乡村高质量融合和城乡一体化发展、落实并实现乡村振兴战略的重要布局。

基于对新乡贤文化微观、中观、宏观层面的多维度分析,我们明确了新乡贤文化建构总目标的实现需要系统化的建构。在微观层面,新乡贤是新乡贤文化的直接相关体,是缔造者,也是传承发展者。作为新乡贤文化创造主体,新乡贤群体的发展现状和质量直接影响着新乡贤文化发展现状和质量,两者紧密联系、正向相关。基于这种关联,促进新乡贤文化发展要扩大新乡贤群体数量,提升新乡贤人才素质和水平,建构新乡贤人才队伍。在中观层面,新乡贤文化要以史为鉴,尊重历史文化的重要地位,传承并发展其中的乡贤文化精神,维系乡民的乡愁记忆,形成情感价值上的认同感。还要致力于对新乡贤文化的整体呈现,对乡村群众进行价值引领,使之对新乡贤文化形成多角度、全方位的整体感知。在宏观层面，新乡贤文化为乡村振兴战略服务，因此新乡贤文化不仅要服务乡村，同样也为城乡融合、城乡一体化提供契机。城乡之间合理的要素流动和协同互动，能够推动建构新乡贤文化的城乡认同。

多维度的系统建构，促进了总目标的细分和落地。壮大新乡贤队伍、完善新乡贤文化的整体呈现、促成新乡贤文化的城乡认同成为建构各具特色的彰显社会主义核心价值观的新乡贤文化的分目标。

（一）壮大新乡贤队伍

二十世纪五十年代，世界范围内对乡村人才资源的研究开始发展，其中关于乡村人力资本、人才资源的理论成果，为我国乡村振兴发展提供了诸多理论参考和借鉴。1960 年，舒尔茨提出了人力资本理论，并在著作中详细地阐述了人力资本的重要意义，他表示："人力资本是体现在劳动者身上的一种资本类型，即劳动者的数量和质量，具体以劳动者的知识程度、技术水平、工作能力以及健康状况来表示和衡量。人力资本和土地、资金等实体性要素在社会生产中具有同等重要的作用，可以通过投资而形成。人力资本的积累，才是社会经济增长的真正源泉。"[①] 毋庸置疑，新乡贤是乡村振兴战略中重要的人力资本组成。以此为参考，新乡贤人力资本的构成要素如表 5.1 所示，包含了智力要素、精神要素、健康要素。具体来看，新乡贤是具有参与乡村治理能力及治理意愿的能人贤士，普遍具备智力因素、健康因素，而回报桑梓、奉献故土也充分证明了新乡贤人力资源拥有充分的精神要素。因此，人力资本理论下的新乡贤是标准的、有效的人力资本，是社会经济发展的重要源泉，也是推进乡村振兴、新乡贤文化建构的重要力量。

表 5.1　新乡贤人力资本要素构成表

| 新乡贤人力资本要素构成 | 智力要素：知识程度、技术水平、工作能力、思维能力、创造力、创新力等 |
| --- | --- |
| | 精神要素：合作、社交、创新、敬业精神等 |
| | 健康要素：身体、心理健康等 |

人力资本理论强调了人力资本在社会经济发展中的重要地位，这为我国乡村振兴战略的实施提供了参考。乡村要实现快速可持续发展，就必须加大对人

① 张金山、彭述华、袁航：《人力资本理论及对我国乡村振兴的启示》，《税务与经济》2019 年第 3 期。

力资本的投入，壮大人才队伍。人力资本至关重要，但当前我国乡村发展、乡村人才建设面临很多困难。其一，乡村空心化严重，乡村人才资源单向输出，乡村人力资本严重匮乏。由于历史与政策的影响，我国城乡发展差距日益显著，相较于封闭、落后的乡村，开放、先进的城市具有经济发展速度快水平高、产业齐全、就业机会多、发展前景广、物质生活条件好、教育医疗等基础设施完备、社会保障体系健全等诸多优势条件，城市吸引力造成乡村青壮年劳动力大批量外流，乡村人力资本严重流失。其二，乡村人才本身存在一定缺陷。由于乡村教育资源相对匮乏，乡村人才普遍存在水平不足、素质不高的状况。此外，乡村人才多集中于农林畜牧等农业科技相关领域，管理类、文化建设类的知识水平高、综合素质优良的人才较为缺乏，存在人才结构不合理的问题。其三，乡村人才建设的体制机制不完善，无法吸引优秀人才回乡创业发展，无法保障人力资本效用的稳定发挥。要促进乡村人才建设，发挥人才效用，需要发挥政府的引导力、地方的支持力和乡村人力资源的创造力，共同壮大乡村发展的人才队伍。

2018 年 1 月 2 日，中央一号文件《中共中央　国务院关于实施乡村振兴战略的意见》明确指出："实施乡村振兴战略，必须破解人才瓶颈制约。要把人力资本开发放在首要位置，畅通智力、技术、管理下乡通道，造就更多乡土人才，聚天下人才而用之。"2018 年 9 月 26 日，中共中央、国务院联合印发的《乡村振兴战略规划（2018—2022 年）》对强化乡村振兴人才支撑作了更加详细具体的阐述，提出"实行更加积极、更加开放、更加有效的人才政策，推动乡村人才振兴，让各类人才在乡村大施所能、大展才华、大显身手"。人才资源毋庸置疑地成为了乡村振兴战略发展和推进的最重要的资源和强大驱动力。

乡村振兴，人才为要。习近平总书记指出："发展是第一要务，人才是第一资源，创新是第一动力。"新乡贤作为乡村振兴的重要人才资源，是乡村走向现代化发展的引导者；是连通乡村与城市，实现互联互通和深度融合的桥梁纽带；是乡风文明的倡导者；是社会主义核心价值观的传播者；是新乡贤文化建构的主力队伍。促进新乡贤人才资源开发，壮大新乡贤队伍，是新乡贤文化建构的首要任务和发展基础。

壮大新乡贤队伍，要从三个方面具体落实：扩大新乡贤的整体数量和发展规模、改善并提升新乡贤的参与意愿和积极性、加强建设新乡贤组织。

第一，扩大新乡贤的整体数量和规模，丰富新乡贤多元化的群体构成。如图 5.1 所示，目前的新乡贤群体构成以政府人员、企业家、创业人员、道德模范等为主，行业人才较为缺乏，因此要壮大人才队伍，丰富新乡贤的群体构成，就要鼓励社会各行各业、各个阶层的精英与人才投入到乡村建设和乡村振兴工作中。

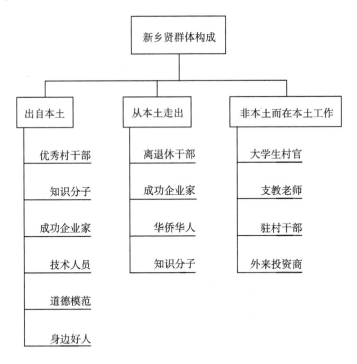

**图 5.1　新乡贤群体构成图**

第二，改善并提升新乡贤的参与意愿和积极性。通过建立与完善各种激励手段和机制，提升其工作能力，增加其工作机会；对新乡贤的工作进行具体的关心和指导，使其智力优势得到有效发挥；通过政策引导与激励，提升新乡贤的参与主动性、积极性和创造性。

第三，完善并壮大新乡贤组织。目前各地根据自身情况，建立了多样化的新乡贤组织（图 5.2），包括经济建设类、基层治理类、文化服务类、联络联谊类和慈善服务类等，根据新乡贤的特性和优势，在乡村建设中发挥不同的作用。壮大新乡贤队伍，要完善和壮大新乡贤组织，通过组织形式来引进更多新乡贤、更好地发挥新乡贤作用。

（二）完善新乡贤文化的整体呈现

文化建构是一个长期而复杂的过程。中央农村工作会议明确了乡村振兴战略的"三步走"时间安排及目标任务，要求到 2020 年，乡村振兴取得重要进展，制度框架和政策体系基本建立。就目前来看，学术界对于相关理论的建构

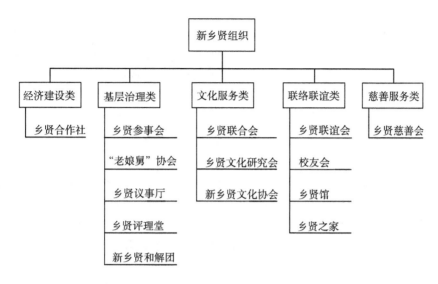

**图 5.2　新乡贤组织构成图**

取得了一些研究成果，各地方政府在具体实践上也不断打破常规，锐意创新，取得了一定成效，但由于缺乏整体发展观，新乡贤文化的发展和呈现趋于单一和片面，没有体现整体性。以传统乡贤文化为发展基础，以新时代中国特色社会主义理论为依托，以社会主义核心价值观为精神内核，新乡贤文化不是单一个体文化形态，而是由诸多要素构成的复杂系统。因此，新乡贤文化建构以马克思主义整体观为指导，完善新乡贤文化的整体呈现，提升群众对新乡贤文化的整体感知。

马克思主义整体观要求人们以整体的方式认知事物，其实质是以嵌套的形式考察事物自身的本体和事物与其外在环境中的其他事物所构成的整体。① 新乡贤文化作为文化大系统的分支，同样具有文化特性，实质上也是一个由诸多要素构成的复杂系统，具有整体性、层次性、动态性。

其一，完善新乡贤文化构成要素的整体呈现。文化的整体性要求我们在建构新乡贤文化时，要关注诸多构成要素之间的相互作用，兼顾物质文化载体的创新与发展和精神文化引领与导向的双重建构，注重政府、地方、新乡贤与群众的良性互动，以系统全面、整体性的眼光看待新乡贤文化，发挥其整体化的功能与效用。

其二，完善新乡贤文化层级功能的整体呈现。文化具有层级性，新乡贤文

---

① 于海飞：《马克思主义整体观与中国传统文化的重塑路径探究》，《白城师范学院学报》2019 年 Z2 期。

化建构中要有意识地分清主次，明白要素之间的嵌套关系，发挥层级功能共同助力整体发展。物质文化、行为文化、制度文化和精神文化共同构成新乡贤文化的不同层级，具体表现为外显层、中间层和内隐层三个层级，新乡贤文化建构应贯通三个层级并使之整体呈现。建构中的物质文化承载精神文化内涵，为精神文化发展服务。各地遴选新乡贤模范，成立乡贤联谊会，评选优秀新乡贤，修建乡贤文化馆、村史乡史主题博物馆，举办新乡贤文化节，修缮祠堂、发扬祠堂文化，打造新乡贤文化公园、文化广场，等等。这些都是提升群众对社会主义核心价值观的感知和践行。

其三，完善新乡贤文化动态发展的整体呈现。文化具有动态性，新乡贤文化也是处于动态变化之中，随着时代变革和社会发展，新的科学技术、新的发展理念、新的文化与思想等都为新乡贤文化不断注入新的血液和内涵。与时代同轨，与历史同行，新乡贤文化的建构和发展才能够不断丰富完善，为群众提供新乡贤文化的整体呈现。

完善新乡贤文化的整体呈现，提升群众对新乡贤文化的整体感知，应发挥新乡贤文化同源性特征，提升群众对于新乡贤文化的情感接纳和价值认同。同源性是新乡贤文化的重要特性。以血缘亲情为纽带生活在同一地域空间的人们创造并影响着地域的历史文化和社会环境，形成了地域特有的生活习惯和风俗特点，使得长期生活在一起的民众具有很大程度上的心理共识。一方面，新乡贤文化的这种同源性引领着这一地域内人们的世界观、人生观和价值观的形成，由内而外影响着区域内人们的举止与行为。另一方面，新乡贤本身就是乡村地域中德行兼备、具有强大影响力的意见领袖，其身上所具备的品质、德行都发挥着榜样作用，引领着乡村群众的价值追求，塑造着乡村的精神内核。在价值认同的情感基础上，群众从排斥到接纳新乡贤文化，逐步调适并参与到建构活动中，逐渐对新乡贤文化形成系统而全面的、整体化的感知。

（三）促成新乡贤文化的城乡认同

新中国成立以来，我国城乡关系主要经历了三个阶段的变化，大致分为城乡分离、城乡失衡、城乡融合。城乡关系包括众多关系因素，其中的城乡文化关系是重要组成部分，伴随其演变而呈现不同的状态。新中国成立初期，在社会主义改造和优先发展重工业的政策导向下，"以农补工""以乡助城"等举措相继出台，乡村合力助推工业化和城镇化发展。随着户籍制度和统购统销制度的确立，城乡差异逐渐形成，城乡二元发展格局逐步显现。同时，严格的户籍制度和计划经济限制了人口的流动，城乡相对封闭，城乡文化的巨大差异被人为控制，没有显现出来。十一届三中全会后，政治、经济秩序逐步恢复，城乡壁垒打破，劳动力和生产资料可以在城乡之间相对自由地流动，工业化、城市化、信息化快速发展，城乡文化之间的沟通、交流、碰撞也日趋增加。城乡文化逐步同质化、乡村文化逐步边缘化，引发了城乡文化的认同危机。① 中国城乡文化本身具有的同源性、一体性和互补性，随着时代发展和城乡二元化特性的加深，逐渐崩解又重构。

　　乡村振兴战略背景下，城乡文化差异明显、问题突出，以推动城乡一体化为重要目标的新乡贤文化要想获得自身在城乡之间的共同认同，第一步是要打破壁垒，搭建桥梁，建立城乡间的文化认同，重构城乡文化的同源性、一体性、互补性。学者沈小勇提出："文化认同作为影响社会发展进程的关键变量，泛指不同层面的实体之间具有共同的文化和价值指向，这种认同的基本特质就是具有共同性、价值性，能够有效避免文化冲突。"② 基于文化认同的理论，新乡贤文化建构要同时发挥城市和乡村的双重力量，借助城市的成熟体系和强大力量，反哺乡村文化的建设，发挥优势资源效用，弥补乡村文化发展的短板。强化城乡文化的同源性，挖掘更多能够引发情感共鸣的文化因素，促进城市文化与乡村文化的包容与认同，弥合城市与乡村之间的文化鸿沟。

　　促进新乡贤文化的城乡认同，既是新乡贤文化总目标的实现路径，也是乡村振兴战略推进城乡融合、城乡一体化的客观要求。具体而言，在促进城乡认同方面，新乡贤文化有独特的优势。一方面，新乡贤群体大多生长于乡村，在城市发展并有所成就，拥有浓厚的乡土情怀，对乡村本土文化有归属感和认同感；另一方面，他们在城市接受教育并生活，接受了城市文化的熏陶，了解城市先进的文化体系和文化成果。作为天然的城市与乡村文化交流与传递的承载者，新乡贤要发挥桥梁作用，促进城乡文化的良性交流和互动，以文化认同带动城乡认同。

## 第二节　新乡贤文化的建构原则

　　建构新乡贤文化要深入贯彻乡村振兴战略思路，通过吸引新乡贤回乡贡献、回报桑梓，推动城乡文化一体化，促进乡村经济、政治、社会、文化、生态等共同发展，满足乡村群众日益增长的美好生活需要。为实现建构各具特色的彰显社会主义核心价值观的新乡贤文化的总目标，要坚持以原则为导向，从坚持新乡贤主体原则，突出价值导向原则、因地制宜原则、城乡一体化原则方

---

① 徐之顺：《城乡文化：基于文化认同的和谐共生》，《江苏社会科学》2016年第2期。
② 沈小勇：《城市化进程中的文化认同：基本特征和政策展望》，《桂海论丛》2015年第2期。

面寻找依托和方向，促进壮大新乡贤队伍、完善新乡贤文化的整体呈现、促成新乡贤文化的城乡认同的分目标完成，从而推动总目标的逐步实现。

## 一、新乡贤主体原则

强化新乡贤文化建构人才支撑，壮大新乡贤人才队伍，政府及相关部门应注重人才管理。毛泽东人才管理思想指出，人才管理的根本宗旨就是要通过科学有效的管理来发挥人才优势，充分调动人的积极性、主动性和创造性；人才管理的中心工作是发现、识别、培养和使用人才，而不是压抑人才、埋没人才。[①] 新乡贤人才管理第一要义是以人为本，因此，一要尊重新乡贤在新乡贤文化建构中的主体地位；二要坚持能级原则，使用科学有效的人才管理方法，能够使人才与任务、岗位最大程度适配，优化人才结构，使之发挥最大效用；三要坚持激励原则，以激励为主要手段，重视精英人才的个人成长和发展，为其作用和潜力的发挥创造良好的条件，提供有力的支持和完备的保障，物质激励与精神激励共同结合，提高新乡贤的积极性和创造性。

### (一) 以新乡贤为中心

新乡贤人才管理的核心要素是人，坚持以人为本、以人为中心为基本原则，从人本伦理出发，肯定新乡贤的价值、尊重新乡贤、关注新乡贤、关心新乡贤。

正如同人性假设理论，对劳动者的认知从经济人发展到社会人、自我实现人、道德人再到复杂人的假设，这是管理学对人不断认识发展的过程，从满足私欲、维持人际关系到满足人的自我实现，人性越来越被重视和尊重。

根据新乡贤定义，新乡贤是有一定的知识文化，熟悉现代社会运行逻辑、乡村社会交往规则的社会群体；有一定地位，能够成为乡村意见领袖的社会群体；品德行为高尚，符合社会伦理道德规范，践行社会主义核心价值观的社会群体；对乡村具有强烈的乡情和乡愁的社会群体；有时间、有意愿、有能力参与乡村治理的社会群体。新乡贤是具备较高的文化水平和文化素养的人才资源，因此，新乡贤人才管理更应该注重其作为自我实现人和道德人的精神需求。

马斯诺需求层次理论认为，人的需要可分为生理需要、安全需要、爱和归属需要、自尊需要和自我实现需要，这些需要是随着人们心理的发展程度而变

---

① 路宁：《毛泽东人才管理思想述要》，《前沿》2015 年第 9 期。

化的，是动态的、发展的。[①] 新乡贤自身大多已经在各自领域有所成就，一方面，他们响应国家号召，返乡投资创业，回报桑梓，发挥自身所带的资源优势和潜力，充分展现自身的能力，满足个人情感上对于自我目标及定位的要求；另一方面，新乡贤回乡也是积极主动承担起社会责任、组织义务，满足道德实现诉求的体现。

坚持以人为本原则，要尊重新乡贤在新乡贤文化建构中的主体地位，以新乡贤为建构中心，通过挖掘新乡贤人物故事，创新精神文化载体，宣传新乡贤文化精神，发挥新乡贤作为乡村意见领袖的引领示范作用，凸显其中鲜明的人本性。在尊重新乡贤的同时，满足新乡贤的自我实现和道德实现。

（二）能级与权责相匹配

能级原则是由现代物理学的能级概念发展而来，被管理学引用后逐步形成能级原则。物理研究中微观粒子的能量呈现梯级，不平均不连续，却保持了整体结构的稳定，复杂系统之所以能够平稳运行，是因为每个能量都拥有自身的等级与归属，秩序井然，维持了复杂系统的稳定结构与有序运作。在人才管理方面，能级原则指的是根据不同能级的人或组织赋予不同的权责，使其权责与能级相一致。[②] 与之类似，新乡贤人才之间存在差异性，因此新乡贤人才管理要坚持能级原则，根据新乡贤的特性、能力、品质的不同，妥善安排其在新乡贤文化建构中的职能和层级，合理使用新乡贤人才，最大程度发挥新乡贤自身潜力和能力优势，使人才效益达到最优化。

新乡贤人才管理要坚持能级原则，第一步要明确新乡贤的内在含义和构成，根据新乡贤的特质，针对性地发挥其作用，做到能级对应。对于新乡贤主体构成，复旦大学邵晓莹副教授指出，只要是关注乡村的发展并出谋划策的"在土""离土"和"舶来"乡贤都可以被称为新乡贤[③]，新乡贤主要包括了乡土孕育型、告老还乡型、回报家乡型、海外华侨型。[④] 新乡贤构成主体呈现多元化，根据他们所擅长的领域，赵永红将新乡贤的主要类型划分为：经营性乡贤、技能型乡贤、公益型乡贤、文化型乡贤及治理型乡贤。[⑤] 通过两种研究视

①　方靖雯：《浅谈人性假设对管理思想的影响》，《现代经济信息》2018 年第 24 期。
②　魏秀茂：《坚持能级原则 提高人才效益》，《中共福建省委党校学报》1986 年第 9 期。
③　李思琪：《新乡贤：价值、祛弊与发展路径》，《国家治理》2018 年第 3 期。
④　钱静、马俊哲：《国内新乡贤文化研究综述》，《北京农业职业学院学报》2016 年第 4 期。
⑤　赵永红：《乡贤文化与"新乡贤"的内涵界定》，《宁波日报》2018 年 6 月 7 日第 8 版。

角，学者高万芹将新乡贤分为精英型新乡贤和平民型新乡贤。<sup>①</sup> 新乡贤主体构成的多元化必然产生多样化的参与模式。新乡贤文化是以新乡贤为主体，与其相关、由其创造的文化。参与方式的多样化，必然意味着新乡贤文化建构形式与内容的多样化。在建构过程中，不同类别新乡贤的主体作用的发挥也将存在不同。

作为主体的新乡贤在不同地区的新乡贤文化建构实践中都有所创新，拥有差异化的定位，扮演不同角色，发挥不同作用，但目前没有哪一类型的新乡贤能够独当一面，完全满足新乡贤文化建构的整体要求。只有作为主体的新乡贤发挥主观能动性，调动积极性，各司其职，各尽其能，使不同类型、不同领域的新乡贤同心协力，相互协调配合，才能共同推动新乡贤文化的建构和乡村振兴战略的推进。

在乡村振兴战略不断推动深化的背景下，新乡贤作为新乡贤文化建构和引领乡村发展的重要人才资源，可以根据自身优势和特点，通过不同形式和方法发挥作用，参与到乡村建设当中。作为精英型新乡贤的回乡富人、企业家、离退党政干部、专家学者、技能型人才等，要在促进乡村的产业发展、经济转型、脱贫致富和基础设施建设等方面发挥作用。这一部分新乡贤大多生于乡村，是在外发展的不在场乡贤，他们是基于乡情乡愁、政府鼓励政策等多方面因素推动下回乡成为新乡贤的。他们往往在市场信息、产业发展、先进技术、管理经验、资金资源等方面有着较为丰富的资源，能够为乡村产业转型、经济发展提供机遇，促进乡村振兴。具体包括以建言献策、乡村顾问、投资产业、开拓农村市场、招商引资、项目承包、农村基建、捐钱捐物、村务监督等方式参与乡村振兴，从而发挥他们在乡村基础设施建设、农村产业发展、农民就业、农民富裕以及民俗文化建设中的作用。<sup>②</sup>

不同于精英型新乡贤，平民型新乡贤在乡村社会存在更为普遍，他们往往是土生土长、直接参与到乡村建设中的在场新乡贤。他们往往具有高尚品德、优良品质、待人和善、乐于助人，有文化，有技能，德才兼备，身份多样，包括道德模范、乡村优秀基层干部、乡村教师、家族权威、身边好人等。这一部分新乡贤，是真正身处乡村、贴近乡村、了解乡村的，他们能够实际地参与到乡村事务的处理、村民关系的建立和基层治理工作中，发挥自身优势，实现群

---

① 高万芹：《新乡贤在乡村振兴中的角色和参与路径研究》，《贵州大学学报（社会科学版）》2018 年第 3 期。

② 高万芹：《新乡贤在乡村振兴中的角色和参与路径研究》，《贵州大学学报（社会科学版）》2018 年第 3 期。

众动员。

以能级原则为指导，明确新乡贤之间的差异性，有区别、有针对性地进行引导，根据特征和优势为不同类型的新乡贤制定合适的参与路径和方式，使其主体作用的发挥能够更加出色，以提升新乡贤人才管理效率。

### （三）激发内生动力

马克思主义哲学认为，劳动者是生产活动中最积极的因素。而当劳动者的积极性被充分调动时，他们的能力和潜力可以更大程度地发挥。因此，新乡贤人才管理要坚持激励性原则，通过有效的激励手段和完善的体制机制，调动新乡贤在文化建构中的积极性、主动性和创造性。

心理学指出，"激励"是一种持续激发内在隐性动力的心理过程。通过外部环境的改善、外在因素的调整进行刺激，激发人心理上的积极反应，使其在一定时间内保持一种兴奋的状态，其工作效率及水平保持在一个较高程度。在对新乡贤人才管理过程中，依据需求层次理论，满足新乡贤的高层次需求，以达到激励的目的之外，还应该考虑到更多的影响因子，对具体的激励因素进行探究，以促进更好的激励效果的实现。在对新乡贤进行激励的过程中，要注重激励的引导性，物质及其他外在激励只能产生短暂的积极心理反应，要将外在激励转化为新乡贤的自觉意识，引导其思想的转变、行为的优化。

美国心理学家弗雷德里克·赫茨伯格提出的双因素激励理论认为，满意的对立面不是不满意，而是没有满意，反之亦然。经过研究，他将影响人们工作行为动机的各种因素分为保健因素和激励因素。[①] 双因素理论指导下，新乡贤人才管理要改善新乡贤工作中的保健因素，消除其不满情绪，例如改善新乡贤的工作环境、生活条件，改善新乡贤保障政策，提升待遇与福利，保障其安全稳定等外部因素；根据新乡贤的特性和特长进行合适的工作安排，人尽其才，注重对新乡贤进行精神激励，认可其工作与成就，重视对新乡贤的培养，使其拥有足够的发展空间，通过内在激励来发挥激励因素的影响力和作用力。

新乡贤人才管理要坚持激励性原则，但要杜绝程序化的无意义激励，要根据新乡贤的个性、工作内容、环境变化等多重因素的不同而采取差异化的激励措施，有目的性、针对性地进行适度的激励，才能更加充分地调动不同新乡贤的积极性、主动性和创造性，最大化地发挥激励的效用。除此之外，进行激励行为时要遵循合理性、明确性、时效性原则。其一，遵循合理性原则，对于新

---

① 马健康、徐明、陈忠航、唐泽波：《基于双因素激励理论的高校人才管理模式研究》，《辽宁师专学报（社会科学版）》2011年第3期。

乡贤的激励要做到适度、合理，根据新乡贤的实际贡献大小以及完成目标的价值给予相应的奖励，奖励过多或过少都容易适得其反。其二，遵循明确性原则，在激励机制及标准制定中，明确具体工作的目标、评价标准，此外，对奖励内容，尤其是物质奖励的数额和指标等进行直观表达，清晰明确的奋斗目标和奖励内容都是具有导向性的，能够提升激励效果。其三，重视激励的时效性原则，把握激励的时机，在恰当的时间给予适度的激励刺激，能够使新乡贤的工作热情成倍提升，激励效果达到更优。

## 二、价值导向原则

文化作为一种意识形态性的产物，最核心的是价值观的建构。余英时先生曾说："任何对于中国文化重建的新尝试都不能不从价值观念的基本改变开始。"文化建设中"意识形态决定文化前进方向和发展道路"，因此新乡贤文化建构必须把握核心价值观，使其成为行动的定位器和指向标。毫无疑问，新乡贤文化作为新时代社会主义文化建设的形式，必然要关注文化和价值之间的重要关联，将社会主义核心价值观贯彻落实到建构的每一环节。新乡贤文化作为新时代促进乡村振兴战略贯彻落实、推动城乡融合发展的精神动力，是乡村文化建设的重中之重。作为意识形态层面的建构，新乡贤文化建构的过程是重构乡贤文化精神内核、构建乡村文化核心价值体系的过程。文化的形成是人类社会化实践成果不断累积的过程，要建构一种新的文化样态，首先必须明确在现实社会中，文化是以一种"场域"的形态而存在的。[①] 因此新乡贤文化建构必然围绕文化场域的形成而展开。从乡贤文化的历史发展来看，乡村社会通过宗祠祭祀、树碑立传等多样化的形式，对其精神内涵进行建构和丰富，并最终形成以核心价值观导向的文化场域，来发挥文化传承、情感认同、价值引领的作用。由此可见，新乡贤文化建构本质上是坚持价值建构原则，以核心价值观导向为核心，在遵循一定的秩序和规约的前提下建立文化场域的过程。新乡贤文化价值建构原则下，通过共同价值系统搭建，使社会主义核心价值观成为新乡贤文化的核心和精神根基；坚持主导性与多样性相统一原则，在社会主义核心价值观引导下，搭建新乡贤文化价值体系，推动文化多样性发展；突出价值导向，坚持显性与隐性相结合原则，通过内在引领与外部熏陶双重作用，推动群众对新乡贤文化价值观的接受和理解，从而转化为行动动力。

---

① 黄峰：《文化场》，《北方经贸》2000 年第 4 期。

### （一）构建共同价值系统

皮埃尔·布迪厄的场域理论提醒我们，人们对于世界的认知和观点，都是从各类场域中构建出来的。[①] 场域的构建并非通过强加行为来实现，新乡贤文化建构也并不是搭建一个虚无的形式框架，而是包含着丰富的内涵实体，其要发挥作用的精神内涵和价值核心才是建构的重点。新乡贤文化建构的价值核心和内在机理共同发生作用，这才显示出新乡贤文化发展的样貌和过程。在新乡贤文化建构过程中，坚决落实社会主义核心价值观的价值核心地位，发挥新乡贤文化在文化传承、情感认同、价值引领方面的作用。

因此，新乡贤文化价值建构要坚持共同价值系统原则，坚定不移地将社会主义核心价值观作为精神内核和共同的价值遵循，使其成为新乡贤文化建构主体、影响对象及其他群众共同认同的价值系统。中共中央办公厅印发的《关于培育和践行社会主义核心价值观的意见》中强调，社会主义核心价值观是社会主义核心价值体系的内核，与中国特色社会主义发展要求相契合，与中华优秀传统文化和人类文明优秀成果相承接，是我们党为凝聚全党全社会价值共识作出的重要论断。新乡贤文化作为新时代乡村文化发展的新形式，传承了中华优秀传统文化的精神内涵，又融入了新时代先进、前沿的文化发展理念，因此要推动群众对新乡贤文化的整体化认知、城乡认同，就要为其注入全社会共同认可并遵循的价值系统，即社会主义核心价值观。

新乡贤文化价值建构，通过开发完善乡村文化资源，推进城乡文化融合和城乡一体化，缩小城乡之间的文化差异，推动社会平稳、协调、可持续发展，实现富强、民主、文明、和谐的价值目标；以党和国家政策为导向，新乡贤文化建构同时推动乡村社会经济、基础设施、公共文化服务、社会保障等多领域的完善，提升乡村群众的生活水平，契合自由、平等、公正、法治社会层面的价值取向；通过遴选乡贤模范，宣扬崇贤学贤，引导全社会学习新乡贤文化，引导群众坚守爱国、敬业、诚信、友善的价值准则，使社会主义核心价值观真正成为新乡贤文化价值建构中的共同价值系统。

### （二）主导性与多样性相统一

坚持主导性与多样性的辩证统一是马克思主义方法论的重要内容。以唯物辩证法和矛盾观为参考，新乡贤文化价值建构要同时把握发展中的主要矛盾，

---

[①] 皮埃尔·布迪厄、华康德：《实践与反思——反思社会学导引》，李猛、李康译，中央编译出版社，1998，第 146 页。

把握全局，树立主导性，兼顾次要矛盾，注重多样性。

主导性在事物运动发展变化过程中起引领、指向作用，决定着事物性质和发展方向。新乡贤文化价值建构要强调并坚持社会主义核心价值观的核心地位，发挥其主导性和引领性，规范新乡贤文化建构行为，使其始终围绕社会主义现代化建设和发展展开，坚守文化发展底线，以社会主义核心价值体系为依托，坚定发展方向，推动乡村振兴战略的发展和落地。

多样性是事物发展过程中的变化性、差异性，是事物的多种表现形态。新乡贤文化价值建构要注重社会主义核心价值观之外的精神文化内涵的开发和挖掘，丰富新乡贤文化价值体系。新乡贤文化植根于底蕴深厚的中国乡村文化，优秀传统文化中的精神文明成果，各地区各具特色的文化风貌，都是多样性的具体体现，要积极开发新乡贤文化，使其在新时代焕发光彩。传承优秀乡贤文化作为发展基础，不断丰富乡村文化形式，涵养乡风文明，培育高尚品行，弘扬乡贤文化中优秀精神，在农村空间营造全民向学的文化氛围，引导农民积极学习文化知识，打造学习型乡村；弘扬乡贤文化的崇德向善精神，以新乡贤为榜样，引领乡村尊崇品德、努力向善，传承传统美德，打造文明乡风；开发新乡贤文化的不同载体，发挥祠堂文化、家风家训文化、儒学文化、乡贤名人文化、地区历史文化等多种文化形态的作用，建构多样化的新乡贤文化价值载体，结合地域特色和主流价值观，提升群众对于新乡贤文化的认同感和接受度。

看待问题要坚持主导性和多样性相统一，重点论和两点论相结合，注重建构社会主义核心价值观的主导地位，兼顾多样化的新乡贤文化价值体系，为我们解决新乡贤文化价值建构的理论问题和现实问题都提供了有效参考和明确指向。这也要求我们在建设和发展新乡贤文化过程中，既要始终不渝地坚持和发展核心价值观和主流文化的主导性，又要积极引导多种文化共同繁荣，促进文化多样性的健康发展，实现主导性和多样性的协调统一。

## （三）显性与隐性相结合

根据 MBA 智库的概念界定，显性管理是指管理者为了实现一定的管理目标，有组织、有计划、有意识地对被管理者采取直接干预、控制等措施，从而达到管理目的的一种管理方式；隐性管理是指管理者通过情感、认同、感化、渗透等措施对被管理者的意识、思想施加影响，从而达到管理目的的一种管理方式。以此为参考，要突出新乡贤文化的价值导向作用，须融合显性管理和隐性管理，使两者共同发挥作用，直接干预与情感渗透相结合，使新乡贤文化价值观更好地被群众所接纳而产生正面影响。

从心理学来讲，显性管理更加强调管理举措的灌输性、直接性，刺激效果显著，能够收获明确且迅速的反馈，这种强度较大的直接性刺激能够短时间内给受管理者留下深刻印象，产生显著效果，但这种效果的持续性较差，无法产生深远持久的效用。因此，新乡贤文化价值建构在需要短期强效的反馈及效果的场景中，可对群众进行显性管理。例如通过举办新乡贤文化节，引导乡村民众参与，提升对新乡贤文化的理解和认同，需要高频率、高强度地进行新乡贤文化宣传和价值观念的输出，吸引乡村民众的注意力，作出快速情感反馈并转化为行动，积极参与到文化节的相关活动中。

隐性管理更加注重潜意识层面的影响，通过非显性表达，潜移默化地传达管理者的思想理念和价值观念，间接、含蓄地引导被管理对象。往往隐性管理由间接载体来发挥作用，新乡贤文化价值建构中更多的是通过活动载体、物质载体、信息载体等来承载新乡贤文化的价值观，间接地使群众对新乡贤文化的认知、情感等产生变化，从而将这些内容渗透到其潜意识和思想中，使其树立起与新乡贤文化价值观相契合的思想观念，进而引导行为向好向善转化。例如，各地在新乡贤文化建构实践中，通过多样化的形式，建立新乡贤参事会、理事会、联谊会等组织，集中对新乡贤及其各项事务进行有效管理，间接树立了新乡贤文化的有序化；通过评选"最美新乡贤""十大新乡贤"等，以品德高尚、德才兼备的新乡贤为榜样和标杆，在全社会营造崇德尚贤的氛围；各地方根据地域特色，挖掘乡村文化资源，建造新乡贤文化馆、村史纪念馆、新乡贤文化广场、文化图书馆等，通过场景的营造，对群众起到潜移默化的作用；出版新乡贤相关书籍，将新乡贤文化与学校教育相结合，借助多样化的载体，使新乡贤文化渗透到文化生活的各个角落，潜移默化地传递新乡贤文化价值观。

### 三、因地制宜原则

乡村社会是兼具自然环境、社会文化、经济政治等多元因素为一体的地域综合体，是人类活动的主要空间之一，也是我国社会的重要组成部分。由于乡村社会鲜明的地域性、历史性和多维性，乡村与乡村、区域与区域之间存在巨大差异，这就要求我们在促进乡村发展、建构新乡贤文化时要秉持因地制宜的原则，分类指导，体现特色，不搞标准化和一刀切。《乡村振兴战略规划（2018—2022年）》在乡村振兴战略实施基本原则中明确指出："坚持因地制宜、循序渐进。科学把握乡村的差异性和发展走势分化特征，做好顶层设计，注重规划先行、因势利导，分类施策、突出重点，体现特色、丰富多彩。既尽力而为，又量力而行，不搞层层加码，不搞一刀切，不搞形式主义和形象工程，久久为功，扎实推进。"现代化进程加快，我国乡村的差异化并没有因此减小，乡村地域独特的资源优势、价值、多元功能等引导其发展方向走向差异化、多样化，因此坚持因地制宜的原则是推动新乡贤文化在地化发展的必要条件。建构新乡贤文化要坚持因地制宜原则，要做到尊重乡村之间的巨大差异，以平等的视角看待乡村、地区之间的文化差异；发挥区位优势，以各种有利资源支持本地区特色化的新乡贤文化的发展；挖掘优势文化资源，将新乡贤文化与当地文化特色相结合，形成独具特色、与本地区发展相适配的新乡贤文化。

（一）尊重乡村环境差异

坚持因地制宜的原则，必须尊重乡村环境差异，在新乡贤文化建构时要辩证地看待乡村异质化，进行特色化、差异化的建构。乡村的存在和发展离不开自然环境和社会环境，其演化也必然受到自然地理条件的约束，受到经济政治和社会文化环境等多元因素的影响。其一，自然地理环境的差异性决定乡村之间存在巨大差异。自然地理环境由气候、地形、生物、水资源、土地资源等多种元素组合而成，元素性质不同会导致较大差异，此外各种元素都是以多形态呈现而非单一形态，大小不同、性质差异的多重组合形成了我国乡村生存发展所依存的自然地理环境的差异性。从地势来看，我国地势西高东低，复杂多样，各类地形兼具；从气候来看，我国国土南北跨度大，气候类型多样；从资源来看，我国矿产、土地、森林、水资源、动物资源等丰富多样。自然条件是乡村存在的物质根基，是乡村的依附之本，自然条件的多样性自然造就了多样化、差异化的乡村形态，使其呈现出明显的区域性特征。其二，社会因素影响乡村，造成内在差异。生产力是乡村发展影响因素中最主要的。地区生产力的发展水平往往决定了乡村的经济条件、发展规模和文化特征等内在差异。随着现代化发展速度加快，我国地区差异呈现扩大趋势，社会经济水平差距越来越大，各区域形成了与自身条件适配的、适合自身发展的社会文化等，乡村社会异质化显著。

我国幅员辽阔，地大物博，作为乡村社会发展基础的地理环境与社会因素具有巨大的差异性，因此乡村之间存在差异性是必然的。建构新乡贤文化实践中，首要的是尊重乡村差异，以平等的眼光和辩证的观点看待乡村之间的差距和不同。尊重乡村差异，发掘乡村所蕴含的优势资源。学者郑风田、杨慧莲依据禀赋特征及其在乡村振兴中的有利依托，将我国现有的村庄大致划分为四类：种养与自然与人文景观资源均丰富型；种养资源丰富，但自然与人文景观资源稀缺型；种养资源稀缺，但自然与人文景观资源丰富型；种养与自然与人文景观资源均稀缺型。[①] 建构新乡贤文化要认清乡村发展现状，准确认知乡村类属，取长补短，充分发挥优势资源效用，助力特色化、差异化的新乡贤文化的建构。

### (二) 分类推进建构实践

坚持因地制宜的原则，在尊重乡村环境差异化基础上，要分类推进各乡村的新乡贤文化建构实践。马克思主义辩证方法论要求我们要在矛盾普遍性原理的指导下，具体分析矛盾的特殊性，做到具体问题具体分析，达到认识和行动上的辩证统一。基于乡村发展的多元化和差异性，新乡贤文化建构要根据乡村具体情况的不同，进行分类指导和推进。《乡村振兴战略规划 (2018—2022年)》提出："顺应村庄发展规律和演变趋势，根据不同村庄的发展现状、区位条件、资源禀赋等，按照集聚提升、融入城镇、特色保护、搬迁撤并的思路，分类推进乡村振兴，不搞一刀切。"不同分类中的乡村在建构新乡贤文化中，要扬长避短，发挥比较优势，建构与发展条件适配的并且有利于促进乡村文化繁荣发展的新乡贤文化。

第一，聚集提升类村庄。具体来说这一类村庄聚集效应明显，乡村聚落的规模较大，中心村发展优势明显，同时拥有一定数量的一般村庄。这一类村庄是我国乡村的主要类型，是乡村振兴和新乡贤文化建构的重点。聚集提升类村庄更易发挥新乡贤文化的中心辐射作用，以优质的环境和条件吸引新乡贤回乡发展。在文化建构实践中，中心村发挥模范带头和引领作用，带动周边一般村庄共同投入到新乡贤文化建构中，充分发挥聚集效应。第二，城郊融合类村庄。地理位置上，这类乡村处在城市近郊并与县城、城关镇等毗邻，地理位置上连通城市和乡村，因此具备诸多有利的发展条件。新乡贤文化建构最重要的是要吸引新乡贤回归，城郊融合类村庄具有地理位置上的比较优势，同时其深受城市发展影响，经济发展水平、基础设施建设等都优于一般村庄，因此能够更好地吸引新乡贤的回归，也能够为新乡贤文化建构提供人才资源和经济基础等各方面的支持和保障。第三，特色保护类村庄。这类村庄普遍拥有丰富的自然景观资源、历史文化资源、少数民族特色资源等，是传统文化的重要象征和载体，也是我国传承和保护的文化瑰宝。一方面，特色保护类村庄发展历史悠久，传承了丰富的传统文化资源，是新乡贤文化发展的重要基础；另一方面，这类村庄有巨大的旅游业、服务业等行业的发展潜力，能够更好地吸引新乡贤

---

① 郑风田、杨慧莲：《村庄异质性与差异化乡村振兴需求》，《新疆师范大学学报 (哲学社会科学版)》2019 年第 1 期。

回归。因此，整合资源优势，发挥吸引力吸引新乡贤人才回归，是特色保护类村庄建构新乡贤文化的优势所在。第四，搬迁撤并类村庄。这类村庄由于各类原因，经历了村落分散和重组，原有村落的凝聚性被大幅削弱，需要精神领袖与引导者。因此，在搬迁撤并类村庄中，新乡贤能够更顺利地融入并参与治理，以及建构新乡贤文化。坚持因地制宜原则，就需要具体问题具体分析，根据村庄的实际状况和特征，分类有序地推进新乡贤文化建构。

### （三）结合当地文化特色

坚持因地制宜原则，要重点开发当地的文化特色，打造独具特色、别具一格的新乡贤文化。我国乡村发展历史悠久，蕴含深厚而丰富的中华优秀传统文化资源，而各地区、各村落由于自然环境、历史文化等发展有所差异，形成了千差万别的文化形态，而这些文化瑰宝都是新乡贤文化发展的重要根基和内容来源，各地方建构新乡贤文化应该充分利用当地文化特点，打造独具本土文化特色的新乡贤文化品牌。地方特色文化资源与新乡贤文化互通，让新乡贤文化建构变得有血肉、接地气，减少群众对于新乡贤文化的疏离感，认同感和熟悉感让其更加容易被当地群众所理解和接受。例如，广东省佛山市三水区白坭镇充分利用本地独具特色的祠堂文化资源，深挖其中蕴含的道德规训、乡贤文化以及其他优秀精神文明成果，丰富了新乡贤文化的内容。白坭镇建构新乡贤文化，以祠堂为主要载体，继承发展优秀祠堂文化，弘扬优质的精神文化内涵，以"祠堂＋文化"为主要理念，"1＋4＋N"模式为主要实施方式，打造"一祠堂一品牌"，以全新的视角和方式诠释了新乡贤文化和地方特色文化的融合发展，彰显了地方特色，是新乡贤文化建设因地制宜原则的良好实践（图5.3）。

贯彻因地制宜原则，要传承并保护当地的特色性传统文化成果，批判继承、创造性发展，用新时代的理念和方式赋予其新的时代内涵，充分发挥地方文化的独特性，打造独具特色的新乡贤文化。发挥地方特色文化资源优势，建构一个以当地特色文化元素为基础，挖掘新乡贤文化新的载体，发挥传统建筑文化、传统农业文明、文物古迹、民间文化、传统技艺等物质文化遗产与非物质文化遗产的突出作用，唤醒特色文化资源，形成具有辨识度和影响力的文化符号，打造独具地方特色的新乡贤文化品牌。

## 四、城乡一体化原则

党的十七届六中全会提出要加快城乡文化一体化发展，其具体内涵是在一个行政区域内，城乡文化要进行统筹规划、协调发展。新乡贤文化建构以推动

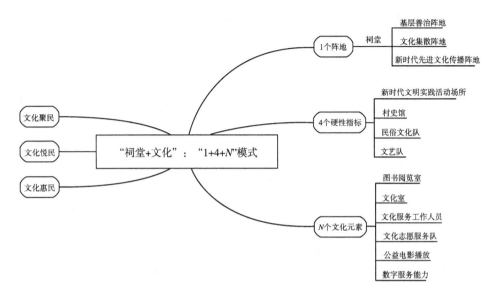

图 5.3　"祠堂＋文化"："1＋4＋N"模式图

文化城乡一体化为目标之一，推动农民与城乡居民对新乡贤文化的认同和全面认知，打破城乡之间的文化壁垒，缩小认知差距与文化差距，以新乡贤文化为桥梁，搭建起城市文化与乡村文化的融通渠道。一方面，新乡贤文化很大程度上丰富了乡村文化内容和文化形式，加快了乡村文化的发展速度；另一方面，引导城市精英、新乡贤人才回乡参与新乡贤文化建设，带动城市与乡村之间的文化资源、文化生产要素的流通，加强了城乡文化的沟通。

新乡贤文化城乡一体化建构中，要坚持相对独立原则、求同存异原则和统筹兼顾原则，发挥城市文化与乡村文化各自优势，尊重城乡之间的差异性，通过新乡贤文化的纽带作用，挖掘城乡文化之间的共通性。马克思主义文化动力观认为，文化实际上也是一种生产力，文化动力促进政治、经济和社会的发展进步；同时，文化动力的发展与不同的历史发展环境相适应。[①] 加强新乡贤文化城乡一体化建构，能促进城乡之间的精神文化交流与互通，使城市居民与农民在意识形态上形成共识，产生认同感，推动城乡融合和城乡一体化。

（一）坚持相对独立

新乡贤文化城乡一体化建构中，要坚持相对独立原则，维持新乡贤文化本

---

① 许晰美、王树松：《马克思文化动力观对城乡文化一体化的指导意义》，《理论观察》2016 年第10 期。

身的特质和内涵，避免在与城市文化交流中被同化、被侵蚀。乡村文化作为中国传统文化的重要组成部分，是一个特定自然区域或同一族群生产生活方式、饮食风俗习惯、图腾崇拜、宗教信仰等历史文化符号的集成表述。① 独特的民族性、鲜明的地域性，形态各异、内涵丰富，乡村文化在历史文化发展中的积淀形成了其特有的重要价值。习近平总书记多次在讲话中强调：乡村文明是中华民族文明史的主体，村庄是这种文明的载体，耕读文明是我们的软实力。作为历史悠久的传统农业大国，中国的乡村文化是传统文化发展的根脉，是城市文明发展的基础。

在社会历史发展进程中，无论是纵向还是横向的融合，乡村文化都受到不同程度的影响、同化或侵蚀。总体而言，是乡村文化没有坚守好自身立场，对自身的相对独立性没有准确认知，从而被外来或强势文化影响而改变。从历史发展纵向维度看，自鸦片战争中国被迫打开国门开始，中国小农经济与手工业经济为主的农业文明被外国资本主义文明逐步侵蚀，中国传统文化逐步崩溃并走向重构。从空间格局横向维度看，随着工业化、城市化的发展，城市在物理空间上不断扩张，不断占用农村土地进行城市化扩展，并因此带动城市文明对乡村文明的强势改变和影响。面对经济、政治、文化等多方位的强烈冲击，乡村文化无法保持自身的相对独立性，在融合过程中处于被动地位，逐步被影响、被同化。

以历史发展为经验，新乡贤文化在其城乡一体化建构过程中要占据主动位置，主动融合、找寻城乡一体化的切入口和探索融合机制，在一体化融合中，要坚持相对独立性原则，积极主动而非沦为附庸。以尊重乡村、尊重新乡贤文化主体地位为前提，输出优秀的新乡贤文化成果，宣扬新乡贤文化价值观，在与先进的城市文化的交流中，要以开放的态度，吸收先进的、优秀的文化内容，参考学习有借鉴意义的文化形态，学习先进科技、传播手段等对新乡贤文化发展有所助益的内容。

坚持相对独立原则的另一重要观点，是乡村本身要对新乡贤文化保持高度的认同感，充分肯定新乡贤文化的价值，能够在与强势而先进的城市文化的交流融合中保持足够的自信心，能够坚定文化立场，肯定自身价值，以积极开放的姿态面对新乡贤文化城乡一体化。

---

① 王敦：《乡村振兴背景下壮民族优秀传统文化传承创新的审美人类学视域》，《广西民族研究》2018 年第 6 期。

（二）坚持求同存异

新乡贤文化城乡一体化发展要坚持求同存异的原则，厘清农村与城镇需要在哪些方面增进共同点，在哪些方面减少或保留差异性。[①] 以求同存异原则为导向，新乡贤文化加强与城市文化交流与融合，提升新乡贤文化的城乡认同，推动城乡一体化发展，要从尊重城乡差异、增加城乡共同性、发挥城乡比较优势三个方面展开。

尊重城乡差异，辩证性地看待城市文化与乡村文化的不同，理性认识城乡文化之间的差距，尊重城乡文化各自的特性和价值趋向。新乡贤文化作为乡村文化的重要组成部分，有与农业生产、农民生活、农村历史等相关联的乡村基因，其中包括值得永久传承的思想观念和精神文化等内容。新乡贤在农业文明中酝酿出尊重自然、敬畏自然的心态，淡泊名利、忠恕任事的处世态度，坚持中庸之道、友善互助的人际交往原则。宗族社会重视亲缘关系，重视社会秩序，强调社会运行的规则感和原则性。相较之下，城市文化生成于工业文明中，更加讲求效率和速度，重视创新创造，更加注重对经济利益的追求，注重逻辑思维、法治思维。城市文化为契合现代社会发展，更加注重理性规则的建立，感性、人情化的部分被隐藏。新乡贤文化城乡一体化建构要尊重城乡文化之间的较大差异，打破传统的对城乡文化的固有认知印象，用客观、理性的态度去评价。城市文化所包含的因素不全是先进的、优秀的，乡村文化也不是阻碍城市化、现代化发展的顽固势力，要尊重差异，更要辩证地看待城乡文化。城乡文化各有特色、各有优势，只有切实树立了正确的认知，才能够构建起新乡贤文化城乡一体化。

增加城乡共同性，找寻新乡贤文化城乡一体化的沟通连接点。中国是一个历史悠久的农业文明古国，孕育了代表东方文明的中国乡村文化，这是中国传统文化的源头和基础，是几千年传承发展下的结晶。[②] 中国的城市是从乡村土地上发展起来的，乡村文化是中华文化发展的根基，城市文化也在乡村文化的深厚积淀中与时代、社会相结合而形成，不断创新、改革、发展。城市文化与乡村文化一脉相承，具有历史共通性。因此，城市文化在发展过程中，势必会继承乡村文化的精神和基因，发展传统乡村文化的内容。一方面，新乡贤文化在推进城乡共同认知、城乡一体化时，要挖掘新乡贤文化中与城市文化相吻合的内容，例如共同的文化记忆、先进人物等，通过共性开发，建立起城乡文化

①　任淑艳：《城乡一体化发展需有原则推进》，《辽宁行政学院学报》2013 年第 6 期。
②　胡剑南：《乡村振兴战略背景下的乡村文化研究》，《重庆社会科学》2019 年第 5 期。

交流融通的话语体系，互相尊重、取长补短。另一方面，社会主义核心价值观是城乡文化共同的价值追求。基于此，城市与乡村在建构核心价值观方面不同的呈现、不同的形式和内容能够成为交流的主题，城乡之间相互参考和借鉴，完善核心价值观的建构思路和实施路径。

发挥城乡比较优势，取长补短，促进优势效用的发挥。2013 年政府工作报告指出，促进区域经济协调发展，充分发挥各地比较优势，统筹规划、分类指导。以此为借鉴，新乡贤文化城乡一体化协调发展，也应该充分发挥城乡文化的比较优势，发挥各自的长处，弥补融合发展中的不足，实现高效、高质量的城乡一体化。城市经济发展水平高，经济基础雄厚，科学技术先进，人才质量高，思想观念更加现代化，可以发挥经济优势，加大资金投入乡村建设，推动乡村经济发展，带动文化进步；可以发挥科技优势，促进农业、乡村的科技化进程，培养农民的科学意识，向乡村输入先进的传播技术手段，促进文化的交流传播；可以发挥人才优势，引导新乡贤回乡建设，带动一系列资源回归乡村，促进乡村全面发展，加大对乡村文化的建设和乡风文明的引导。乡村文化作为新乡贤文化的根基，发挥文化资源优势，历史悠久的传统乡贤文化是中华文化之瑰宝，包含了数量庞大的历史文化遗产以及传承至今的精神文明成果，极大地丰富了新乡贤文化的内涵和底蕴。乡村可以发挥乡情乡愁优势，吸引新乡贤回归乡村，回报桑梓。

## （三）坚持统筹兼顾

科学发展观的第一要义是发展，核心是以人为本，基本要求是全面协调可持续性，根本方法是统筹兼顾。所谓统筹兼顾，就是从实际出发，统揽全局，科学筹划，协调各方面关系，平衡各个发展环节，兼顾各方面利益，调动一切积极因素，以实现革命或建设目标。[①] 新乡贤文化城乡一体化要坚持统筹兼顾原则，统筹全局，兼顾各方，使各个因素能够协调配合，发挥最大效用，推动新乡贤文化的城乡认同和一体化目标的实现。

以统筹兼顾为新乡贤文化城乡一体化指导原则，其一是因为统筹兼顾原则强调以全面的眼光、辩证的观点来观察目标，分析其发展进程，集中体现了马克思辩证唯物主义的核心与精髓。城乡一体化建构实践本身包含了两个主体，城市文化与乡村文化，而两者由于社会历史发展原因，"二元对立、冲突割裂"的关系影响深远，因此建构过程要以辩证的观点统筹双方，不偏不倚、客观公正地分析各自优缺点，以平等的态度看待城乡文化，在一体化融合过程中主体

---

① 李学同、李菲：《毛泽东统筹兼顾思想试析》，《岭南学刊》2015 年第 1 期。

两方都需要有所妥协，以开放、包容的姿态接纳，并与自身文化进行良好的融合。以全面统筹的视角关注新乡贤文化城乡一体化，对于城乡文化所涉及的全要素、全过程进行监控，以全面的眼光考虑新乡贤文化城乡一体化对城乡文化发展、居民生活、社会经济发展等多方面可能产生的影响。

其二，统筹兼顾原则以社会发展的内在规定性和规律性为指导，推动我们在新乡贤文化城乡一体化建构中认知和把握发展本质。马克思对社会发展的规律作出过经典表述，即生产力决定生产关系，经济基础决定上层建筑。依照社会发展的规律性，新乡贤文化作为社会意识形态，要与整个社会经济发展状况相匹配，在国家乡村振兴战略背景下，城乡一体化、城乡融合已然成为发展趋势。国家通过政策引导，在政治、经济等方面不断推动城乡之间的交流互动，打破发展屏障和阻碍。顺应发展局势，新乡贤文化发挥文化反作用力，推动新乡贤文化城乡一体化建构，助力城乡融合融通。

其三，建构新乡贤文化城乡一体化运用统筹兼顾的根本方法，牢固树立发展是第一要义的意识，坚持新发展理念，树立并贯彻落实创新、协调、绿色、开放、共享发展理念，把握新时代乡村事业发展新特征，实现更高质量、更有效率、更加公平、更可持续的发展。[1] 新乡贤文化不是单一存在的个体，是乡村振兴战略的重要部分，因此，新乡贤文化建构要为推动乡村振兴而服务，为实现乡村振兴战略总目标而奋斗。

促进新乡贤文化城乡一体化，推动城乡文化融合，不是城市文化与乡村文化的简单叠加，而是两方文化在交流发展中，相互认知与了解、相互借鉴与吸收、相互促进与发展，在这一过程中，找寻城乡文化的共同点，在融合创新中催生新的文化形态和内涵。就文化本身的特点而言，越是外围和浅层次的越容易实现融合，而越是核心和深层次的价值观越难以改变。[2] 因此，新乡贤文化城乡一体化要做到真正的融合和一体化，要坚持统筹兼顾原则，从城乡文化共同点入手，由点及面、由浅入深，从浅层的文化交流逐步发展到城乡价值观的共通与融合；通过增强城乡对新乡贤文化的共同认可，打破城乡文化壁垒和城乡居民的心理隔阂，缓解文化冲突。

---

① 张天佐：《乡村振兴战略研究》，《当代农村财经》2018 年第 8 期。
② 程渝：《城乡统筹发展中城乡文化冲突及整合研究》，硕士学位论文，西南石油大学思想政治教育专业，2012。

## 第三节　新乡贤文化的建构机制

新时代乡村振兴战略背景下，"文化建设是当前新农村建设中的战略任务"①的形势依然未变，建构新乡贤文化是解决农村现实问题、推动乡风文明建设的重要途径。在明确新乡贤文化总目标、分目标和建构原则基础上，如何进一步发挥新乡贤文化的价值以助推乡村振兴战略的实施是摆在我们面前的现实问题。社会学中对"机制"的概念表述为：在正视事物各个部分存在的前提下，协调各个部分之间关系以更好地发挥作用的具体运行方式。要实现建构各具特色的、彰显社会主义核心价值观的新乡贤文化的总目标，要统筹协调新乡贤文化建构的各个参与主体，通过明确各部门具体运作方式，建立健全体制机制，保障新乡贤文化建构的合理推进和顺利实施。

建立新乡贤文化建构人才管理机制，可通过培养、激励、保障机制的健全和完善，推动新乡贤人才队伍的壮大；健全新乡贤文化建构价值作用机制，可通过价值引领、浸润、转化，引导群众对新乡贤文化的整体认知；完善新乡贤文化建构城乡统筹机制，须发挥城乡优势，深化城乡之间关于新乡贤文化的沟通交流，推动新乡贤文化建设，促成城乡对新乡贤文化的共同认同和肯定。多元化的机制建立，从多个维度明晰了相关部门的具体运作方式，为新乡贤文化建构目标的达成提供保障。

### 一、新乡贤文化建构人才管理机制

作为乡村振兴战略中重要的人才资源，新乡贤的发现、培养、激励和保障，都对发挥新乡贤作用、促进乡村发展至关重要。发现和培育人才是人才管理的基础，各地区要明确新乡贤标准，通过各种渠道和方式挖掘新乡贤人才，开发更多、更优质的人才资源，发挥其智力及经验优势，为新乡贤文化建设提供人才保障和智力支持。适当有效的激励机制是发挥人才效用的助推器，通过精神激励和物质奖励相结合的方式，对新乡贤工作成就和优秀成果给予表彰和奖赏，用积极的激励刺激新乡贤的心理，使其转化为新乡贤的工作动力，提升工作积极性、主动性和创造性。完善对新乡贤的保障机制，促进保健因素的完善和加强，免除新乡贤的担忧，改善新乡贤的工作环境和条件，通过相关政策规范，保障新乡贤的合法权益，保证新乡贤工作的顺利开展。正如学者应小丽所说："新乡贤作为一种当下的民间权威，其身份的获得非天然继承，需要一

---

① 贺雪峰：《为什么要强调新农村文化建设》，《解放日报》2007 年 11 月 22 日第 7 版。

系列制度、权威资源、文化传统和社会生态的支持与发掘，其功能的激活需要以吸纳为前提。"① 因此，新乡贤文化建构的前提是要完善新乡贤发现、培养、激励、保障机制，全面增强新乡贤人才资源的活力。

（一）培育机制

完善新乡贤培育机制的第一步是明确新乡贤的标准，以确切的标准来遴选人才。随着新经济时代的来临，经济发展速度、城市化进程都在不断加快，城市与乡村之间的人口流动也在不断加快，离散性增强，乡村事务参与主体结构呈现出多元化趋势，异质性趋向扩大。为适应这些实际情况，地方政府对新乡贤进行了严格定义并且制定了相关认定和评选标准。各地区乡镇遴选或认定新乡贤的标准也有所差异，主要通过组织推荐、媒体发现、个人自荐等方式进行选定。

培育机制第二步是要对现有新乡贤进行培训、升级，提升新乡贤人才的基本素养、业务能力和综合水平。在确保新乡贤人才资源的源源不断之外，还需要对现有的新乡贤资源进行有组织有计划的培训，提升新乡贤的服务意识和服务水平，使其能够适应互联网，熟练使用现代化科技手段和新媒体平台等。还要加强思想政治教育，增强新乡贤对党的路线方针政策的学习和把握能力，提升新乡贤对法律法规的掌握程度，倡导新乡贤学法、懂法、守法、依法办事。例如，河南省濮阳县西辛庄由政府主导，建立对新乡贤的双元培训制度。政府和培训机构相互联动，为新乡贤群体定期开展培训活动，有针对性地寻找契合当地发展所需的专业讲师来进行培训。

着力培育新乡贤文化工作者的创新思维和创新意识。创新性、创造性的思维是提高新乡贤文化工作者创新能力的关键，作为新时代的新乡贤，墨守成规、因循守旧是行不通的，只有掌握创新的方式方法，不断适应时代发展趋势，推动自身综合素质的提高，才能更好地运用智慧和才能推动新乡贤文化的构建。新乡贤文化工作者要掌握创新的方法，培育逆向思维、反向思维、横向思维、求异思维四大思维方法。善用逆向思维和反向思维去认知问题，能够发掘出不同的观察角度，更容易发现问题；运用横向思维，突破问题结构范围，从新的角度得到新的认知视角和启示；运用求异思维，发散地、多方面地探索解决问题的途径。新乡贤文化工作者在实际工作中，还应该树立责任意识、敬业意识、奉献意识、团结意识。首先要增强责任意识，责任意识是一切行动的

---

① 应小丽：《乡村振兴中新乡贤的培育及其整合效应——以浙江省绍兴地区为例》，《探索》2019年第2期。

前提和保障，是新乡贤文化工作者探索解决新问题的内在动因；增强奉献意识和敬业意识，新乡贤才能兢兢业业，专注于文化建构事业，为村民谋福祉；增强团结意识，在团队配合与协作中激发创造力，提升工作效率和效果。

培育机制第三步是培育人才，扩充新乡贤队伍，增强人才力量。发展新乡贤文化不仅要用好已有的新乡贤人才资源，还要注重人才培养，做好人才管理工作，为新乡贤文化的持续发展做好人才储备，让新一代的年轻人理解并认同新乡贤文化，以新乡贤为标杆，争当新乡贤。例如，浙江省绍兴市上虞区积极开展的新乡贤培育活动，打造"青蓝工程"，旨在依托上虞丰富的乡贤文化资源，通过以老带新、传承乡贤精神的方式，让乡贤文化、乡贤精神烙印在年轻一代的心中。通过言传身教的形式，让新时代的青少年能够深刻领会和理解乡贤文化的深厚底蕴和内涵，以新乡贤为榜样，在心理上崇贤尊贤，在行为实践上学贤传贤，弘扬乡贤文化精髓。让年轻一代在今后的学习和人生中，将新乡贤文化精神内化为努力奋进的精神动力、为人处世的行为准则、崇德向善的品质追求，使上虞新乡贤文化传承能够得以延续。新乡贤文化建设有源源不断的人才输入和人才储备，新乡贤文化事业才能不断发展壮大。

新鲜血液的加入对新乡贤文化的传承和创新都至关重要。例如，浙江海宁市着眼于下一代，大力推广新乡贤文化进校园工程，针对不同年龄和学段的学生，通过组织编写《海宁历史文化读本》，建立纪念馆、图书馆和展览馆等进一步普及新乡贤文化，增强学生对新乡贤的认同感和敬慕感。各地方政府和新乡贤组织要在培育人才上下功夫，扩充新乡贤队伍，增强人才力量，才能保证新乡贤文化的传承、发展和创新。

（二）激励机制

激励机制是新乡贤人才管理的关键，正向激励作用下，新乡贤能够释放更多潜力，推动新乡贤文化建构更快更好更优质发展。不同于一般的人才管理，新乡贤本身具有特殊性。新乡贤具有成熟性，个体发展较为完善，因此物质奖励对于他们的吸引力较小，政府及地方的激励机制更多地要侧重于对新乡贤精神层面的满足和奖励。《乡村振兴战略规划（2018－2022年）》明确提出，建立健全激励机制，研究制定完善相关政策措施和管理办法，鼓励社会人才投身乡村建设；建立城乡、区域、校地之间人才培养合作与交流机制。

丰富激励手段，通过多样化的方式激励新乡贤。根据《中共中央　国务院关于实施乡村振兴战略的意见》的具体要求，各地政府及相关部门根据当地特点及现实情况，制定相应的政策举措，通过优惠政策、精简审批、精细服务，激励在场新乡贤和不在场新乡贤回乡参与乡村建设。政策层面为新乡贤提供的诸多优惠条件，能够对新乡贤起到很大程度上的激励和引导作用，同时，更应不断丰富激励手段，强化激励效果。从精神激励和物质激励两方面入手，把对新乡贤的精神激励放在首位，通过举办各种寻访、评比、推选、表彰新乡贤等活动对新乡贤进行荣誉激励；通过赋予新乡贤政治身份提升其影响力来实施激励；通过举行各种仪式凸显新乡贤的美德和效用进行激励；等等。探求多样化的激励方式，增强激励举措的适用性和创新性，通过联谊会、乡贤研究会、同乡会、团拜会等各种形式，搭建新乡贤管理平台，提供新乡贤发挥作用的空间。作用空间的拓展，唤醒新乡贤创新创造创业的激情，激励新乡贤投身于农村广阔舞台。同时，新乡贤依托各种基层组织，嵌入到乡村振兴中的方方面面，在助力乡村振兴中体现自我价值，得到乡民的高度认可，这种认可转换成源源不断的激励，使新乡贤功能发挥更为有效和持久。

完善激励流程，使激励机制发挥实效。首先，地方政府及相关部门积极搭建平台，成立专门的新乡贤联络部门和服务管理机构，落实新乡贤激励工作；其次，与已引进的新乡贤签订责任书，在责任监督与权利保障中做好激励；然后，完善奖惩制度，以新乡贤业绩评估结果为依据，对兢兢业业、功绩显著的新乡贤，给予各种政策优惠及物质、精神激励，以促使新乡贤释放更多能量，为乡村建设与发展多作贡献；最后，切实落实激励流程中的各项工作，使新乡贤所作贡献能够得到关注和广泛传播，增强新乡贤的荣誉感、获得感，助力新乡贤社会价值的实现。

（三）保障机制

完善保障机制，为新乡贤提供良好生活和工作环境。保障新乡贤在乡村的生活环境和合法利益，是吸引和留住更多新乡贤参与到乡村建设中的必要条件。政府部门要加快相关机制建设和规定政策出台，为新乡贤提供相应的保障和物资支持，舒适的居住环境和完备的医疗条件是外来乡贤关心关注的重点问题。基于此类问题，政府部门应该与当地乡村管理部门、村民合作，为新乡贤提供稳定的住房保障。新乡贤工作范围主要是乡村，可联手当地村庄，租用村民民房，以补贴资助的形式提供住房保障；在医疗保障方面，明确医疗保险转入条件以及流程，对于符合条件的新乡贤，免费将其医疗保险从城市转入农村。[①] 此外，政府应该依照目前乡村现状，从优化生态环境、完善基础设施建设等各个方面共同提升新乡贤的工作和生活环境，留住人才。

完善保障机制，营造有利于新乡贤文化发展创新的社会环境。新乡贤文化

---

① 谢芬：《乡村振兴背景下的新乡贤文化建设探析》，《农村经济与科技》2019 年第 11 期。

的发展创新不仅需要党和政府的政策支持与引导、法律法规的保护，也需要全社会共同营造的适应发展创新的社会环境和积极、阳光、宽容的社会氛围和民众心态。任何创新与实践都是不断进步的过程，其发展需要大众宽容的心理和良好社会舆论的支持。新乡贤文化建构与发展同样如此，只有在社会认可的基础上，才有可能不断创新、不断发展。因此，政府及相关部门应当加强舆论引导与舆论宣传，通过多形式、多平台宣扬新乡贤精神，在社会范围内营造尊重新乡贤、崇拜新乡贤、支持新乡贤、学习新乡贤的文化和舆论氛围，提升新乡贤群体的自我荣誉感和社会认同感。要注重运用大众媒体的力量，依据传统媒体、新媒体的不同特性和优势，开辟不同的新乡贤传播专题和内容，加强对新乡贤典型人物、背后故事以及人文精神的挖掘和传颂；在线下，通过"乡贤宣讲团"、乡贤文化广场、"乡贤功德榜"等多种仪式性活动，以新乡贤为题材创作文学、影视作品，利用多种新形式大力开展新乡贤文化宣传，讲述有温度的故事，加强正面的舆论引导，让尊崇乡贤精神蔚然成风。

完善保障机制，形成有利于新乡贤文化创新的工作机制。坚持党组织统一领导，健全新乡贤文化建构的组织领导和运行机制。各地方政府要明确新乡贤文化建构的管理权责，将工作细化、量化，具体落实，使新乡贤文化建构工作能够顺利开展，新乡贤文化工作者能够有具体的指挥部门和归属，由其统一管理和监督，能够促进新乡贤文化创新力的发挥。

完善新乡贤文化管理部门的终身学习制度，打造学习型组织，推动新乡贤文化工作者不断提升自我，发挥创新创造的活力。在组织内部开展学习活动，组织形式多样、内容丰富的报告会、讨论会、交流会等，实现新乡贤文化建设经验和资源的共享。组织开展专项培训教育课程，提升新乡贤文化工作者的思维水平和工作能力。

政府建立容错机制，为创新提供制度保障。"对失败的容忍是激励创新的必要条件。"建立新乡贤文化建构工作的容错激励机制，使干部及新乡贤对事后容错有明确预期，不畏首畏尾，能够更大程度激发工作积极性和创造力。

## 二、新乡贤文化建构价值作用机制

新乡贤文化价值建构机制，一方面，是以发挥社会主义核心价值观指导作用为基础，发挥其统领作用，建立价值统领机制，将社会主义核心价值观贯彻落实到新乡贤文化建构的各个环节，统领一切行动和建构方向。另一方面，统领并引导乡村群众的思想意识，使之与社会主义核心价值观不断融合。建立价值浸润机制，通过不同形式的、显性和隐性的管理，在乡村建构新乡贤文化、承载新乡贤文化，使新乡贤文化在各个方面都能对乡村群众产生影响，逐步实现价值浸润。建立价值转化机制，突出价值导向作用，使新乡贤文化价值观内化于心，外显于行，使意识形态性的价值观转化为可见可知的行动，使其成为指导乡村群众的实际行动的力量。

新乡贤文化具有独特的人文道德价值以及经济社会效益，它是倡导文明乡风的精神力量、传承地域文化的方向坐标，在乡村社会矛盾化解中起着"安全阀"的作用。[①] 新乡贤文化传承传统乡贤文化并以此为基础，其中所具有的文化道德力量具有精神引领作用，能够教化乡民、涵养乡风，引导村民的价值观念和实践行为，使乡村向着更文明、更和谐的方向发展。新乡贤文化还鼓励村民参与到乡村事务和文化建设中来，健全乡村群众的利益表达机制，提升村民的参与度和积极性，凝聚乡村各种力量，共同致力于新乡贤文化整体化建构。

（一）价值统领机制

新乡贤文化发挥价值统领作用，将内涵丰富的精神文明成果作为价值观的传播载体，引导乡村群众崇德向善，践行社会主义核心价值观。新乡贤文化继承了中华优秀传统文化的基因，蕴含丰富深沉的传统智慧经验、人文精神和人文道德，同时新乡贤文化具有时代精神，彰显时代特质。在传承、发展和建构新乡贤文化的过程中，政府通过各种方式使乡民近距离感知传统文化，并借此起到教化乡民，潜移默化提升乡民文化意识、文化素质的作用。在新乡贤文化的建构、乡风文明的建设中，新乡贤就是最好的老师，具有模范带头作用。基于对乡村、乡民相关情况的了解以及新乡贤自身丰富的文化知识、较高的文化涵养，新乡贤作为新乡贤文化主体，成为基层人民信赖和学习的先进模范，通过新乡贤选树、人物故事宣讲、新乡贤相关报道等多种形式，展示他们的形象和他们的思想、品行，以及对乡村建设的深刻认识，从而引导乡民见贤思齐、崇德向善，形成文化自觉和强烈的文化自信，在基层形成良好的社会风气，引领社会文明风尚，促进乡风文明建设，提升乡村文化软实力。

以马克思主义为指导，发挥社会主义核心价值观的统领性。发展建构新乡贤文化价值观，不是一味地照搬和仿照，必须坚持一切从实际出发实事求是的工作原则，调查分析所在地区及村落的实际情况，深入了解其中的历史文化、宗教习俗和社会结构特征等，有针对性地制定发展规划和策略。用发展的眼光看问题，结合当今时代条件，运用先进的科学技术、管理思想、传播媒介等打造新时代新乡贤文化。

深入挖掘传统乡贤文化的思想观念、人文精神、道德规范，并用继承创新

---

① 许谨谦：《充分发挥乡贤文化的积极作用》，《云南日报》2017年11月14日第5版。

赋予其时代内涵，使之在新时代新形势下依旧能够焕发光彩。更重要的，是将社会主义核心价值观融入新乡贤文化建构的过程和成果中，使其在新乡贤文化建构、乡风文明建设、新乡贤文创产品生产、新乡贤文化传播等方面起到引领作用，从潜移默化到引导教育，促进村民产生情感认同，优化行为习惯。

### （二）价值浸润机制

新乡贤文化价值建构机制要加强隐性管理，建立价值浸润机制，通过非显性的影响方式对群众进行价值观的浸润和引导。新乡贤文化价值浸润机制的对象和主体是农民，因此首要的是尊重农民主体地位，发挥新乡贤在价值建构和价值浸润中的重要作用。区别服务于传统统治阶级的宗族领袖、乡绅乡贤，新乡贤的构成以本乡本土人群为主，又不限于本乡本土。从分类来看，有出自本土，与本土农民共生长，深刻了解农民生活现状、文化需求，如乡村干部、返乡务工人员、技术工人、知识分子等；有从本土走出，有声望有影响力的成功人士，因其怀有浓厚的乡愁乡情，其在心理上与本土村民更亲近。新乡贤从地域上、情感上、利益上贴近村民，新乡贤文化建构过程中要以村民为工作重心和导向，深入基层生活，体察村民实际需求。新乡贤要能够沉下来，接地气，在情感上真正为村民着想，使其有认同感；在利益上贴近实际、满足实际所需，真正为村民办实事，解决问题。新乡贤本身就是新乡贤文化价值观的承载体，在工作中贴近村民、接触村民，就是价值浸润的过程。

新乡贤文化服务于农民，通过多样化的形式进行价值浸润。新乡贤文化作为中国特色社会主义文化建设和乡村振兴战略的一部分，必须坚持农民本位，以农民为中心，为农民服务。新乡贤文化为乡村振兴战略服务，推动乡村文化建设、乡风文明建设，最终的目的是推动乡村持续向好发展，提升农民生活环境质量，优化文化氛围，丰富农民精神文化生活，提升农民综合素质和行为品德。

### （三）价值转化机制

新乡贤文化价值建构的最终目的是要实现价值的转化，优化村民的思想观念和行为举止。因此，实现价值转化的第一步是培育和践行社会主义核心价值观。主要的形式是充分发挥新乡贤的模范先锋和示范引领作用，形成"崇贤、学贤"风尚，加强教育引导、实践养成，提高村民的知识水平，涵养其品德素养，培育并践行社会主义核心价值观。

新乡贤文化的实践性，是价值转化的重要依托，新乡贤文化从实践中发展而来，最终也要落到行动中去，实现价值观从意识形态到实际行动的转化。新乡贤文化并不是书面上、口头上的文化，是从实践中总结丰富而来的并运用到实践中去的具有现实意义的文化。不同于封建时期为统治阶级利益服务的传统乡贤，新乡贤依托于党的基层组织产生，他们一般具有较高的文化水平和道德素养，在参与新乡贤文化建构中，他们批判性地继承先贤通过实践总结并流传下来的精神文化遗产，并摒弃传统乡贤文化中等级尊卑、封建迷信等落后思想，通过实践和调研，科学地进行文化建构。他们深入基层，扎根乡村，服务人民，惠及群众，利用自己的知识、技术、财富等为村民热心服务并作出贡献。新乡贤用实际行动引领着村民，将文化的影响落实到行动中。

新乡贤文化不是虚无缥缈、高高在上的形而上的东西，其最重要的特性就是现实性，从客观现实出发，以客观现实为依据，严格按照社会发展的逻辑，满足新时代乡村振兴战略所需。新乡贤文化不是单一而孤立的，而是与当今中国发展态势相关联的，是为当前经济政治社会文化生态全方位立体化发展服务的。解决现实问题，为本地区的发展提供参考和思路，也是乡贤文化研究和新乡贤文化建构的价值所在。新乡贤文化发展就是要连接传统与现实，在文化研究与社会发展之间搭起连通的桥梁，发挥传统文化在新时代的作用，发挥乡贤文化在乡村振兴战略中的特殊作用。运用传统乡贤智慧，满足时代发展所需，指导新乡贤文化建构，为乡村文化建设助力，推动城乡一体化进程和乡村振兴战略的发展。如辽宁省鞍山市努力挖掘传统乡贤文化，积极建设新乡贤文化，并将其运用到了素质教育方面。将新乡贤文化作为青少年思想品德建设的新载体，举办乡贤文化相关主题教育活动，带领青少年参观学习乡贤纪念馆、主题教育基地、名人馆、城乡档案馆等，为青少年讲述乡贤背后的故事，引导青少年崇德向善、见贤思齐。发挥新乡贤文化在学校教育中"第二课堂"的作用，使传统乡贤文化在现代教育中重新焕发生机，实现新乡贤文化的价值转化。

### 三、新乡贤文化建构城乡统筹机制

近年来，我国经济社会发展取得优异成绩，人民生活水平和幸福感逐年提升，但巨大的发展成果背后同样存在突出的矛盾和问题。城乡二元结构尚未被撼动，城乡经济发展水平差距大，社会文化发展不协调，居民收入、公共基础设施、教育医疗等不同步、不平衡，城乡矛盾依旧是制约我国全面、协调、可持续发展的主要矛盾之一。因此，推进城乡一体化发展是形势所迫，也是大势所趋，国家积极布局，从政策高度肯定并推进城乡融合与城乡一体化发展。

2020年政府工作报告指出，我国常住人口城镇化率首次超过60%，城市化进程进一步加快。城市与乡村在发展水平、资源配置、文化观念等方面的差距越来越大，乡村劳动人口单向输出造成了乡村治理人才流失、治理主体弱化等问题，参与对象多元、环境复杂多变也成了新乡贤文化发展的困境。要推进新乡贤文化城乡一体化，单纯依靠乡村内部的力量已经无法完成。因此，推动新乡贤文化建构城乡统筹机制的完善，要发挥乡村主体地位作用，建立乡村内生机制，优先挖掘乡村内部的发展潜力，推动新乡贤文化的发展壮大；发挥城市的比较优势，以城带乡，引导城市先进、优质资源投向乡村，传播城市文化先进经验，带动乡村发展和新乡贤文化的创新创造；最重要的是建立城乡协同机制，加强城乡之间的交流和沟通，推动城乡优势发展资源的双向流通和合理配置。

（一）乡村内生机制

在乡村振兴战略如火如荼推进的当下，乡村经济发展加快，村民生活水平提升；相较之下乡村文化发展缓慢，传统乡村文化生存空间被挤压，数量巨大的优秀传统文化正在逐步走向衰落和消亡。一方面，乡村文化被城市文化所压制，内涵丰富、形式多样的乡村文化被人们忽视；另一方面，随着社会经济发展，人民对于美好生活的需要日益增加，村民在物质生活得到满足后，精神文明方面需求增加，但文化却出现了缺位，乡村内部出现了文化供需的失衡。新乡贤文化的出现弥补了这一空缺，建立乡村文化内生机制，开发乡村内部的文化资源和潜力，改善乡村文化的供需失衡。

建立新乡贤文化建构城乡统筹机制，首先要建立健全乡村内生机制，以农民为根本，切实尊重农民主体地位。乡村社会空间中的文化主体和文化承载者是农民，而新乡贤来源于农村，也是农民中的一分子，新乡贤文化最终目的是促进乡村文化繁荣，实现乡村振兴，为农民服务。因此，新乡贤文化建构必须坚持以农民为根本的原则，明确新乡贤文化是由农民创造，为农民建构的，以农民为核心，为农民谋福祉。

新乡贤文化实践要依靠广大的农民群体，充分发挥农民主体性作用，激发以农民为主体的乡村的内生动力，深度挖掘农民自身蕴藏的巨大能量，发挥其实践积极性和创造性，使其融入新乡贤文化，走一条以广大农民为基础的新时代乡贤文化建设道路是实现新乡贤文化价值的可行路径。

建立乡村内生机制，要传承发展乡村文化资源，挖掘乡村特色文化资源的发展潜力。乡村、乡民、乡贤之间的血缘亲情是维系乡村与新乡贤关系的纽带，是促进新乡贤文化发展的重要因素。新乡贤文化构建要将村落中人们因血缘宗亲而建立起来的情感联系进行强化和维护，提升乡民和新乡贤的归属感。如广东佛山市三水区以地域历史文化为基础，开发创新"祠堂＋文化"发展模式，是其在新乡贤文化建构中强化认同性和亲缘性的有力之举。

在新乡贤文化城乡一体化发展大局中，首先要把着眼点放在发挥乡村内生发展力上，挖掘传统文化、乡村文化的内在源流和创新潜质，让乡村文化焕发新光彩，这也是新乡贤文化在城乡一体化中站稳脚跟的基础和底气。

（二）以城带乡机制

2019 年 4 月发布的《中共中央　国务院关于建立健全城乡融合发展体制机制和政策体系的意见》提出，要顺应城镇化大趋势，牢牢把握城乡融合发展正确方向，树立城乡一盘棋理念，突出以工促农、以城带乡，构建促进城乡规划布局、要素配置、产业发展、基础设施、公共服务、生态保护等相互融合和协同发展的体制机制。"以工促农、以城带乡"，是城市反哺乡村、推动乡村和村民共享工业化和城镇化发展成果的重要政策；是解决中国"三农"问题，加快城乡融合和城乡一体化发展的根本途径；是保持社会经济协调、平衡、全面发展的客观要求；是全面建成小康社会，实现两个一百年目标的重要保障。

建立新乡贤文化建构城乡统筹机制，要注重以城带乡，发挥城市的引领、协助作用。在现代化、城镇化不断发展的当下，城市成了一个地区的发展核心，国家经济发展首先惠及的是城市，高效益产业、高新技术、高质量人才、先进思想等都成了城市的优势资源，随着城市的发展扩大，其资源优势愈加明显。在以城带乡机制中，城市要以积极主动的姿态，分享资源，反哺乡村，从多个层面对新乡贤文化进行完善和促进，以城市优势带动乡村文化发展，缩小差距，推动新乡贤文化的城乡一体化进程。具体可以从以下三个途径建构城乡统筹机制。

引导城市资金投入到乡村文化产业发展中，可通过企业合作开发乡村文化产业、公益投资乡村公共文化事业等方式，增加乡村文化的资金投入，带动文化产业的复苏和发展。资金投入之外，城市成熟完善的文化产业体系，能够为乡村文化产业发展提供借鉴，通过考察与调研，创新适合地区发展、与之相匹配的文化产业体系。

引进成长于城市的新乡贤及其他高素质人才回归乡村，进行新乡贤文化建设。新乡贤是连接乡村和城市的纽带，也是以城带乡机制的主要实施主体。新乡贤在城市中发展并有所成就，接受城市文化的熏陶和培养，了解城市文化的内涵，享受城市文化的成果，对城市文化有足够的了解和体会。作为高素质的人才资源，新乡贤回乡进行文化建设能够为乡村发展提供强大的智力支持；作为乡村文化与城市文化的天然结合体，新乡贤在文化建设中能够理解乡村文化的精神内涵，同时能够把握城市的先进文化，将两者融合并输出，减少了城乡之间的文化冲突和隔阂，提升了城乡认同。国家通过政策鼓励、保障激励等多重手段，吸引各类人才返乡入乡创业。建立健全城市人才入乡激励机制，为乡村文化建设提供充足而高质量的人才资源保障。

带动先进互联网科技、传播技术等与新乡贤文化相结合，提升传播效率。城市文化发展迅速的主要推动力是科技的发展。当下互联网、数字化信息技术推动社会文化形式不断变化，但乡村由于较为偏远，基础设施不够完善，互联网普及率不够高，因此信息技术对于乡村文化的推动不够显著。完善新乡贤文化城乡统筹机制，坚持以城带乡，城市扶持乡村加快互联网基础设施建设和数字化文化传播平台的搭建，通过现代化的传播手段，促进新乡贤文化发展和传播。互联网作为一个开放平台，能够打破时空限制，传播新乡贤文化，助益城乡一体化建构。

### （三）城乡协同机制

建立新乡贤文化建构城乡统筹机制离不开城乡协同，要促进资源要素在城乡之间的双向互通和自由流动；要促进各个部分的统筹协调，协同共生，相互促进，共同发展。

完善城乡协同机制，首先要坚决破除妨碍城乡资源要素自由流动和平等交换的体制机制壁垒。由于城乡二元分割，以及城乡之间在经济水平、社会发展、文化发展等方面存在的巨大鸿沟，都是阻碍城乡一体化的最大障碍。在这一问题上，政府不断通过政策调整，一方面减少城乡之间的流通阻碍，另一方面通过激励政策鼓励城乡之间的交往和流通。政府政策之下，城乡一体化发展更需要依靠城市和乡村积极主动打破壁垒，加强沟通交流。

完善城乡协同机制，要运用协同理念，促进城乡的价值最大化。协同理念由美国学者伊戈尔·安索夫引入到企业管理领域，协同是每个参与个体相互协作，使整体价值大于单独个体价值的简单相加。协同理念下，在新乡贤文化发展中，城市和乡村相互协同，发挥各自优势，能够达到一加一大于二的效果，共享资源后，城乡个体能够发挥出更大的潜力。

促进城乡协同发展，政府要致力于建立健全体制机制，推动城乡要素的双向流动和合理配置，加大力量推动各类要素向乡村流动，形成良性循环，为乡村振兴注入新动能。通过健全农业转移人口市民化机制、建立城市人才入乡激励机制、健全财政投入保障机制、建立工商资本入乡促进机制、建立科技成果入乡转化机制等政策，促进资源要素在城乡之间的流通和合理配置，推动新乡贤文化城乡一体化。

# 第六章　新乡贤文化的建构路径与模式

新乡贤是乡村治理、乡村建设的参与者、守护者和奉献者，新乡贤文化是传统乡贤文化的延续和发展。在新时代，建构新乡贤文化意义重大，它是乡村振兴的时代要求和历史必然。因此，我们有必要全面推动新乡贤文化建构工作，借助新乡贤的力量和智慧，以帮助化解乡村的发展困境、推进乡村振兴战略的实施。新乡贤文化的整体建构离不开相关理论依据，表现出一定的路径遵循和模式选择。本章结合我国部分地区建构新乡贤文化的实践案例，从理论和实践两个层面出发，对新乡贤文化建构的路径和模式作深入剖析，从而为全国其他地方的新乡贤文化建构提供可参考、可借鉴的样本。

## 第一节　新乡贤文化建构的理论依据

习近平总书记曾多次强调："要治理好今天的中国，需要对我国历史和传统文化有深入了解，也需要对我国古代治国理政的探索和智慧进行积极总结。"在中国历史上，乡贤自古以来就扮演着重要的角色，它是古代乡村实行基层自治的主体力量。为了化解当前乡村发展困境，新乡贤的角色效用再度引发人们的关注和思考，新乡贤治理、新乡贤文化等也成为助力乡村振兴的热门议题。近年来，全国各地掀起一场"新乡贤热"，各地区先后开展呼唤新乡贤回归、建构新乡贤文化的系列活动，为乡村治理和乡村振兴提供了新思路、新方法。

历史和实践的经验告诉我们：在基层治理中，新乡贤能够发挥自身的优势，巧妙化解村民之间的矛盾与纠纷，帮助形成自治、法治、德治"三治合一"的治理局面；在乡村产业振兴中，新乡贤也能够起到引导带头作用，帮助村民发展乡村经济、改善产业结构。在新的时代背景下，我们有必要进行新乡贤文化建构，使其感染人、浸润人、影响人，使新乡贤发挥好"服务乡村，反哺社会"的作用。本节从权威理论、文化认同理论、社区营造和授权赋能、正式制度与非正式制度四个方面，对新乡贤文化建构的理论依据进行阐释与分析。

## 一、权威理论

"权威"一词来源于西方社会，中国古代的儒家、法家等思想中也有关于权威的内容。马克斯·韦伯是权威理论的奠基人，他曾在《经济与社会》一书中首次指出：权威是一种"合法性的支配形式"。从这个角度上看，权威区别于权力，它是一种自愿的服从和内心的认同，不具有强制性。这和费孝通先生在《乡土中国》一书中对于中国社会权力的说法不谋而合，他指出：中国社会的权力可以分为横暴权力和同意权力，前者是指权力的拥有者发号施令，强制被支配者的行动；而后者是指一般民众共同授予并承认的权力。此外，马克斯·韦伯根据人类社会合法性统治的形式将权威分为三种类型，即传统型、魅力型和法理型。关于权威的价值和作用，恩格斯曾指出，"没有权威，就不可能有任何的一致行动"，因此权威的存在能够推动集体活动的开展，能够引导民众向着集体的目标一致前进。

### （一）新乡贤是乡村权威

我国古代的乡村治理多依赖于乡绅，因而形成了乡贤治村的基层自治模式。这种治理模式虽然也会产生支配行为，但是它并不具有暴力性、强制性。古代乡绅、乡贤的权力更多来自民众的授予，属于一种同意权力，也就是说乡贤是乡村中的权威，由村民选定。被选出的乡贤往往德高望重，在乡村中有较大的影响力和话语权。对于乡贤作出的决策，村民一般会赞同并自愿地服从。当前，随着乡村经济社会的发展，乡贤群体的范围不断扩大，新乡贤陆续出场；乡贤文化也被赋予了新的时代内涵，演变成为新乡贤文化。我国学者将权威理论应用于乡村社会治理的研究之中，那么新乡贤作为传统乡贤的延续和发展，实质上也成为一种乡村权威或者说民间权威。加之乡贤治村的历史悠久，村民在潜移默化之中已经形成习惯，新乡贤的出现便能唤醒村民的集体记忆，触发作用机制。因此新乡贤也拥有了同意权力，从而能够在乡村治理和乡村建设等方面发挥自己的优势和价值，带领村民共同参与乡村振兴。

### （二）权威善治的可能性

何谓善治？从字面意义上理解，善治应当是良好的治理，国家或组织通过善治使公共利益最大化。学者俞可平指出"善治实际上是国家的权力向社会的回归，善治的过程就是一个还政于民的过程"，同时他认为善治包含六个基本要素，即合法性、透明性、责任性、法治、回应与有效性。其中，合法性和有效性越高，善治的水平就越好。① 而乡村权威也强调合法性、有效性。新乡贤作为乡村权威，在参与乡村建设和乡村治理的过程中，其身份需要得到村民的认可和肯定，新乡贤可能是由村民自下而上选拔出来的，也可能是由政府自上而下评选出来并授予合法身份的。在有效性层面，新乡贤参与乡村建设和治理的实践成果会成为政府和村民判断其价值的指标，这是新乡贤善治的最高的衡量标准。此外，善治强调国家和社会公民的共同参与、合作管理，而对于乡村来说，村民的公民意识尚未完全激活，因此实现乡村善治需要借力乡村权威。在乡村领域内，乡村权威既是善治的先行者，也是公民意识的激活者，他通过积极参与乡村治理来维持乡村社会秩序，同时唤醒村民的主体意识，带动其参与到乡村治理之中。

在权威理论的视角下，新乡贤化身为一种乡村权威。龚丽兰和郑永君两位学者由此出发，引入了嵌入性和公共性，并进行分析：乡村权威的嵌入性包括人际嵌入性、体制嵌入性和文化嵌入性，它影响着新乡贤的治理能力；乡村权威的公共性分为实践公共性、言论公共性和价值公共性三个方面，它影响了新乡贤的治理意愿，治理能力和治理意愿最终会影响乡村治理的效果。②

## （三）乡村权威的嵌入性

在分析经济与社会两者的关系时，卡尔·波兰尼提出了嵌入性这一概念。嵌入性理论是新经济社会学中的一个核心理论，是指经济制度深嵌于社会关系中。后来马克·格兰诺维特在此基础上，构建了社会嵌入性的框架，他认为"任何个人都不是孤立的，都是嵌入在特定社会结构和关系网络中"③。换言之，个体的发展已经和社会紧密相连，必须依赖一定的社会结构和社会关系网络来获取发展资源、赢得社会支持。对应地，乡村权威的嵌入性是指乡村权威深嵌于乡村社会的发展中，这是一种理想的发展模式。此外，上文提到乡村权威的三个维度：首先是人际嵌入性，指的是新乡贤要和乡村民众保持良好的互动关系，这种良好的互动关系能够增加两者之间的黏性，促进村民对新乡贤的认同和支持，从而有利于新乡贤乡村工作的展开。其次是体制嵌入性，即新乡贤需要和村两委保持较高的关联度。在这种情况下，新乡贤或本身是村两委的主要成员，或被纳入村两委的组织架构中，或与村两委有着密切的合作关系，

---

① 俞可平主编《治理与善治》，社会科学文献出版社，2000。

② 龚丽兰、郑永君：《培育"新乡贤"：乡村振兴内生主体基础的构建机制》，《中国农村观察》2019年第6期。

③ 王倩：《人口老龄化背景下城市社区"嵌入式"养老模式研究——以合肥市庐阳区为例》，《安徽行政学院学报》2019年第1期。

通过这种体制的嵌入，新乡贤能够获得更多的发展资源和政策支持。最后是文化嵌入性，它要求新乡贤要和乡村之间保持较强的情感联系、文化认同，新乡贤文化本身来源于乡村，是对各地新乡贤文化发展的提炼和概括，它与乡村已经产生了密切的关系。

### （四）乡村权威的公共性

公共性是推进社会治理现代化的重要价值取向与实现路径。区别于个人性、排他性，公共性要求人们肯定并尊重共在他者、关心并维护公共利益①，而乡村权威的公共性是指乡村权威对于集体利益、乡村和村民的关心程度。它也包括三个方面：第一，实践公共性，参与社会治理的人要通过实践来获得自身发展，它要求新乡贤要积极参与乡村公共事务、为集体谋取公共利益；第二，言论公共性，是指对公共利益的表达，这种表达一般属于公权力的拥有者，而新乡贤正是乡村公共利益表达的代表者，新乡贤需要反映村民的难题和要求；第三，价值公共性，指公共精神的传递，新乡贤作为乡村权威、乡村榜样，其言行要受到规范和制约，要具备社会公德意识和勇担责任、无私奉献的精神，并在与村民的互动中展现出来。

综上所述，新乡贤作为一种特殊类型的乡村权威，只有同时具备合法性和有效性，新乡贤善治才成为可能。此外，新乡贤具有嵌入性和公共性，人际、体制、文化的嵌入性影响其参与乡村治理的能力，实践、言论、价值的公共性影响其参与乡村建设的意愿，而治理能力和治理意愿最终都会作用于新乡贤参与乡村治理的效果。

## 二、文化认同理论

文化来源于人们日常的生产生活，是对人类社会物质文明发展的反映。文化认同理论强调的是个人或群体对于某种文化的归属感和认同感。文化认同与身份认同紧密相连，它是身份认同的核心和集中表现。习近平总书记在提及文化认同时曾指出："加强中华民族大团结，长远和根本的是增强文化认同，建设各民族共有精神家园，积极培养中华民族共同体意识。文化认同是最深层次的认同，是民族团结之根、民族和睦之魂。文化认同问题解决好了，对伟大祖国、对中华民族、对中国特色社会主义道路的认同才能巩固。"因此，民族文化对促进民族团结、凝聚建设力量有着重要作用。在构建社会主义和谐社会的

---

① 王敏、王滨：《公共性视域下社会治理现代化的现实困境与优化路径》，《理论导刊》2020 年第 6 期。

过程中，需要动员全体国民共同参与，用集体的智慧和力量化解发展困境，解决发展难题。新乡贤文化是中华民族优秀传统文化的重要组成部分，建构新乡贤文化体现了我们对该文化内核的认同，一方面有利于增强新乡贤群体对自己身份和角色的认同，另一方面也能增强国民对于民族文化的认同，为社会主义和谐社会凝聚力量。

（一）文化认同促进身份认同

在身份认同的建构过程中，文化认同发挥着重要作用。个体通过文化认同获得一种"我们感"，进而在群体中找到归属感和安全感，这是个体靠近群体并融入群体的途径和过程。在建构新乡贤文化的具体实践中，从中央政府到地方政府都高度重视，并为其发展提供了优惠的政策、便利的环境。比如多次在政府公文中强调建设新乡贤文化，基层组织主动与新乡贤们联络沟通，等等。这些政府部门的举措为新乡贤提供了合法的身份，为新乡贤文化的传播提供了推动力。同时，新乡贤文化中既包含着"爱乡""爱国""感恩"等中华民族优秀品质，也与当代的社会主义核心价值观有着紧密的联系，新乡贤反哺桑梓、服务乡民，反映出他们对家国的热爱和无私奉献、恪尽职守的高尚品德，这正好与社会主义核心价值观中的公民层面的价值准则不谋而合。中华民族的优秀品质和社会主义核心价值观已经得到了国民的普遍认同，再加上新乡贤文化是乡贤文化的延续和发展，这为新乡贤文化的发展打下了基础。因此，新乡贤文化能够得到村民的认同和肯定，其建构能够促进新乡贤群体的身份认同，增强他们的归属感和认同感，促进新乡贤群体的发展和组织的壮大。

（二）文化认同强化民族认同

"共同的文化渊源是族群的基础，族群是建立在一个共同文化渊源上的。"[①] 民族文化是民族在生产生活实践中积淀的精神财富，是推动民族发展、促进民族团结的最稳定的要素。民族认同包含许多层次，但文化认同是其中最具有生命力和持久力的，一个民族的文化内核往往不易发生根本性的改变。习近平总书记曾指出："中华文化源远流长，积淀着中华民族最深层的精神追求，代表着中华民族独特的精神标识，为中华民族生生不息、发展壮大提供了丰厚滋养。"新乡贤文化是对乡贤文化的扩充和发展，是乡贤文化在新时代的重要补充。乡贤文化是在几千年来各地区乡贤实践中诞生的，是各地乡贤治村的经验总结，其中蕴含着基层协商民主自治的雏形，蕴藏着促进乡村全面和谐发展

---

① 周大鸣：《论族群与族群关系》，《广西民族学院学报（哲学社会科学版）》2001年第2期。

的道理，对化解当下的乡村发展困境有启发作用，能够发挥文化感染人、浸润人、影响人的重要作用，能助力乡村振兴战略。文化认同深嵌于民众的思想和行动之中，具有强大的影响力和凝聚力，这就为人们的民族认同打下坚实的基础。新乡贤文化建立在几千年来地方乡贤实践的基础之上，属于民族文化的一部分。当下建构新乡贤文化有利于增强人们对民族文化的认同，并作用于民族的发展实践之中。

### （三）从文化认同到文化自觉

费孝通在《反思·对话·文化自觉》中提出"文化自觉"的概念，并将其定义为文化的自我觉醒、自我反省和自我创建。与文化认同相比，文化自觉对主体的要求更高，主体需要清楚地了解文化的来龙去脉，把握文化的未来发展趋势。如果说文化认同是一种社会心理过程的话，那么文化自觉则包含了更多方法论的要求。随着乡村经济的发展，乡村文化受到了多元文化的冲击，进而发生变革，并导致村民文化认同的失衡和紊乱。这就要求乡村文化建设需要立足于本土传统文化，吸收现代文化精华，以帮助村民接受、认同先进的乡村文化，进而有助于乡村社会的发展。但是，在以往的文化建设中，村民经常处于一种"等、靠、要"的状态，他们被动地接受着由上而下的文化建设，这对于乡村文化的建构来说是不利因素，因此需要走一条主动的、创新的文化建设之路，即从文化认同转向文化自觉。

《论语》有云："以德润身，以文化人。"文化作为一种精神力量，能够给个人成长带来深刻的影响，也会对国家和民族产生长远的作用。中华民族优秀传统文化为人们提供了价值判断的标准和尺度，这种标准和尺度深深印刻在中华儿女的一言一行当中，印刻在国家和民族发展的足迹之中。新乡贤文化作为优秀传统文化的组成部分，天然地能够获得文化认同，这种文化认同感能够促进新乡贤群体自觉自发自动为乡村建设尽心尽力。此外，大力弘扬并建构新乡贤文化能够为新乡贤群体带来归属感，能够在潜移默化之中进一步增强人们对新乡贤文化和民族文化的认同感，从而为社会主义和谐社会的建设凝心聚力。同时，我们对于新乡贤文化的认同不能仅仅停留在表层，更要对其过去和未来有充分的把握，要积极加入新乡贤文化的建构中，为其赋予新的时代内涵，只有这种由文化自觉产生的内生动力，才能驱动新乡贤文化持续发展下去。我们也要善于从传统文化之中吸收治理乡村、发展乡村的有效经验，并将其在现实乡村中巧妙地加以应用。面对我国城乡发展不均衡的情况，以及乡村发展的人才困境、经济困境、治理难题等，我们可以充分借助新乡贤文化的影响力，以乡情、乡愁为纽带，吸引新乡贤回归，由此引入乡村发展资金、技术、人才，并通过新乡贤化解政府和村民之间的矛盾、解决邻里之间的纠纷，从而建设和谐美丽的新农村。

## 三、社区营造和授权赋能

"社区营造"的概念最早诞生于日本，1970 年古川町掀起了社区营造的热潮，通过积极调动社区的资本和文化资源，在全体居民的共同努力下，该社区的整体环境发生了很大的变化。此后古川町的社区营造经验进一步传播开来，在我国，台湾地区台南市南投县桃米村、后壁区土沟村相继借鉴其营造经验，山西省永济市蒲州镇寨子村也建立起蒲韩乡村社区。当前，随着乡村社会的发展，乡村建设也不可避免地出现问题，我们有必要将社区营造置于中国化的语境中进行考量，借鉴吸收其经验教训，以化解乡村发展困境。

### （一）社区营造

社区营造是指优化排列社区内的已有资源，通过各种方式和手段增强居民的参与意识，培养社区共同体意识，从而实现居民的自我管理、社区的自我治理，最终增强社会活力，帮助政府解决社会经济发展以及社会和谐的问题。[1] 这是一种"自下而上、由内而外"的营造模式。[2] 在这个过程中，如何激发居民的主动性、培育居民的参与能力成为社区营造的关键环节。因此，这就需要政府和 NGO（非政府组织）、NPO（非营利组织）等新兴组织一起发挥功用，最大程度地调动居民建设社区的积极性和创造性。

同时，社区营造并不是简单的、针对某个方面的发展规划，而是一项涉及"人、文、地、产、景"等综合性治理要素的总体行动。[3] 因此，仅仅动员全民参与是不够的，还需要发挥更多资源优势，在营造过程中将地域文化贯穿其中，对社区的传统加以延续和留存，开展地方特色产业经营，以打造独特的社区文化景观。在日本古川町社区营造的案例中，除了动员全民参与外，社区也对地域文化、传统民俗加以利用，通过举办艺术节等文化活动，不仅将社区文化推广出去，同时还能够唤醒居民的社区文化记忆，从而增强其归属感和责任感。

社区营造行动具有系统性和复杂性，这就对参与营造的居民提出了更高的要求，他们需要具备社会组织能力、人际交流能力、社会责任感、集体意识

---

① 罗家德：《我们应该怎样做乡村建设》，《商界（评论）》2014 年第 1 期。

② 王亚欣：《对台湾原住民部落观光营造的思考》，《旅游学刊》2006 年第 4 期。

③ 陈蓓丽、吴佳峻、徐选国：《社区营造的本土实践范式：何以可能，何以可为——基于浙江塘村"柴砖银行"项目的经验研究》，《社会工作与管理》2020 年第 3 期。

等，而这些能力和意识需要通过授权和赋能来实现，这也是社区营造成功的关键。

（二）授权激发参与主动性

授权往往是领导者将部分决策权转移给下属。在社区营造中，授权能够激发居民参与的主动性。在我国，不论是城市社区还是乡村社区，都是实行以居民自治为主、兼有国家行政管理的治理模式。但是，在实际的治理中，大多偏向国家行政管理，而忽略了居民自治；同时，居民参与社区治理的意愿和能力不足，这也是导致社区自治发展不足的原因。授权的具体途径是权力的下放、让渡，国家行政管理部门可以将部分决策权、治理权授予社区，给予居民自我管理的自由空间，以激发民主自治的活力和创造力。具体到乡村建设中，为了调动基层组织和村民参与管理的积极性，上级主管部门可以适当地将权力下放，给村民参与村务的机会和渠道，培养村民的主人翁意识，从而形成"村民自治、政府配合"的基层治理模式。然而，培育村民的自治意识需要较长的时间，需要多个主体互相合作，也需要多个环节层层配合，更需要植入乡村文化精神。因此，我们在建构新乡贤文化的过程中，将新乡贤纳入村两委，并授予其合法的身份，不仅能够发挥新乡贤的榜样带头作用，潜移默化地引领村民加入乡村治理和建设事业中，还能够通过新乡贤文化的精神力量，激活乡村文化的生命力，从而唤醒村民自治的集体记忆，促进村民自动自觉地进行乡村社区的管理工作。

（三）赋能培育参与意识和能力

"赋能"类似于组织运作中的"激励"，但是相较于激励，赋能更强调激发主体的活力和创意，它对文化的依赖程度较高，更关注组织中人和人之间的互动关系。在社区营造的过程中，赋能发挥着关键性的作用——培育居民的参与意识、训练居民的参与能力，可以说，赋能环节决定了社区营造的质量。在社区赋能的过程中，可以利用社会自组织团体活动、社区大学和服务型学习、政府相关计划支持等三种方式，来培育居民基层参与的能力，唤醒居民的主人翁意识。[①] 具体来说，社会自组织团体是赋能的催化剂，它能够自下而上地开展活动，传达民情民意，激发居民参与意识，同时监督政府工作；社区大学和服务型学习能够为居民提供了解社区的机会，并为居民提供终身学习和培训的平

---

① 谢迎乐：《授权赋能视角下国内社区营造研究梳理及对乡村振兴的启示》，《社会与公益》2019年第7期。

台；政府相关计划支持是政府根据社区营造的规划提供行政扶持力量，通过政策措施为社区发展提供人才资源等便利。在新乡贤文化建构的过程中，新乡贤组织主动吸纳新乡贤、培育潜在新乡贤，为村民参与乡村建设提供了方便的渠道；同时，新乡贤组织通过开展乡村经济、文化教育、生态等方面的活动，帮助村民推动乡村产业、生态等全方位的发展，这也有助于展现新乡贤的价值效用，扩大新乡贤文化的知名度，在乡村营造"人人当乡贤"的良好氛围。

## 四、正式制度和非正式制度

新制度经济学把制度变迁分为强制性制度变迁和诱致性制度变迁两种类型。强制性制度变迁是由政府行政力量主导的，是自上而下的制度变迁；而诱致性制度变迁是指群体或个体所进行的自发性的变迁，一般在制度不均衡引发获利机会的情况下发生，是制度自下而上产生的变迁。[①] 不论是强制性制度变迁还是诱致性制度变迁，其本质都是正式制度和非正式制度的博弈和互动。当正式制度占上风时，体现出强制性制度变迁；反之，则是诱致性制度变迁。

制度可以分为正式制度和非正式制度。正式制度是指人们自觉发现并加以规范化和一系列带有强制性的规则；非正式制度包括行为准则、伦理规范、风俗习惯和惯例等，它构成了一个社会文化遗产的一部分，并具有强大的生命力。[②] 在我国乡村，正式制度指的是村民自治制度，非正式制度则是乡规民约、宗族文化等，如古代社会的乡绅、乡贤治村是非正式制度。由于我国乡村社会的复杂性，正式制度和非正式制度各有千秋，两者呈现出复杂的互动关系。

### （一）正式制度对非正式制度的嵌入

目前，世界范围内还未出现完美无缺的制度设计，任何一个制度都会有缺点和疏漏之处。我国乡村的正式制度亦是如此。村民自治制度是乡村的治理制度，它规定村民委员会是基层自治组织，鼓励村民直接行使民主权利，倡导乡村进行自我管理、自我教育、自我服务。从 1982 年到现在，它接受了几十年的实践检验，在乡村建设中发挥了较大的作用，也是乡村振兴的推动力。但是，在实际的实践过程中，村民自治制度自身遇到了发展困境，国家的制度设计可能不易在乡村落地。此外，村民自治制度的实践还会受到非正式制度的影

---

① R. 科斯、A. 阿尔钦、D. 诺斯等：《财产权利与制度变迁——产权学派与新制度学派译文集》，上海人民出版社，1994，第 18 页。

② 道格拉斯·C·诺思：《制度、制度变迁与经济绩效》，刘守英译，三联书店，1994，第 64 页。

响和制约，主要体现在两个方面：一是，正式制度的缺陷为非正式制度提供了进入的空间。例如，村民未必完全信任村民自治制度和当地政府，村民自治组织的整合能力不足，村民的参与意识和能力受限，等等。这些问题的出现为非正式制度留下了填补空间。二是，非正式制度在乡村应运而生，村民对其有着天然的信任感，加之非正式制度已经长期存在于村落之中，村民养成了遵循乡规民约的习惯偏好。因此，对于正式制度来说，在设计之时，必须要首先考虑到当地的非正式制度，要因时因地制宜，将正式制度深嵌于非正式制度之中，由此才能推动村民自治制度更好地在乡村落地，发挥出应有的价值效用。

（二）非正式制度对正式制度的挟持

正式制度对非正式制度的嵌入，正是非正式制度对正式制度的挟持造成的。较之正式制度，非正式制度在乡村的生命力更加强大。在我国乡村治理的实践过程中，正式制度表现出形式化和空洞化的特征，非正式制度则呈现出现实化和显性化的特点，主要表现在三个方面：非正式制度塑造乡村公共权力的运作关系、规定乡村社会主体的行为选择、决定乡村治理的实际效果。[①] 具体而言，受制于非正式制度，乡村的公共权力可能被宗族长老或一些组织群体等控制，这种权力的分配会受到多种复杂因素的影响，并且随着乡村社会的发展，公共权力可能会不断更替。同时，在非正式制度生态下，村民的行为选择在一定程度上可能不会遵循正式制度的要求，而是受乡村文化中的伦理价值观影响。比如在利益和道德的选择中，受到乡村文化影响的村民很有可能选择牺牲自身利益，从而遵循乡村道德要求。此外，制度因素是决定治理绩效的关键因素，在现有的乡村生态中，正式制度和非正式制度只有有效衔接或者良性互动，才能长期提高乡村治理的绩效，产生良好的治理效果。

（三）正式制度和非正式制度的融合

对于乡村发展来说，正式制度和非正式制度都不可或缺，两者虽各有千秋，但互相影响、互为补充，因此将两者进行融合是较为明智的选择。非正式制度需要正式制度的法治规范，正式制度需要非正式制度的现实感、"接地气儿"。当前，在我国基层治理制度中，不少地区已经将正式制度和非正式制度结合，实现了自治、法治、德治的"三治合一"。特别是在新乡贤文化的建构过程中，新乡贤协助治理乡村是对乡贤治村传统的延续，它强调"德""善""诚""信"等为人处世的原则，符合中国人的伦理道德价值取向；通过建构新

① 杨嵘均：《论正式制度与非正式制度在乡村治理中的互动关系》，《江海学刊》2014 年第 1 期。

乡贤文化，激发新乡贤参与乡村建设的主动性，从而调动村民参与乡村治理的积极性，有助于推进乡村自治进程；在建构新乡贤文化时，政府对其进行制度设计、行为规范和监督，有助于新乡贤文化适应法治社会的要求，从而发展得更加健康。总之，由于非正式制度的强大生命力，正式制度在落地之前必须要对其进行深入考量，寻找嵌入非正式制度的最佳窗口，以谋求两者的深度融合，最终为"三农"问题的解决提供制度保障。

## 第二节　新乡贤文化的建构路径

在新制度经济学的视角下，乡贤治村和村民自治都包含着正式制度和非正式制度的互动，体现出强制性和诱致性的制度变迁过程。"皇权不下县"是古代乡贤治村的正式制度安排，《中华人民共和国宪法》的相关规定是实施村民自治的正式制度安排。同时，两种基层治理模式的主体相包含，前者是乡贤，后者是村民自身，而古代乡贤也是村民；此外，古代乡贤治村的前提是获得村民的支持，在村民自治中，村两委的成员也同样需要得到村民的认可。正是因为两者都具备了正式制度和非正式制度安排，都体现出强制性和诱致性的制度变迁，两者才能经得起时间和实践的检验，并在我国乡村建设中发挥不可替代的作用。因此，本节从新制度经济学的理论出发，对新乡贤文化建构的路径进行分析，并将其划分为以政府为主导的强制性建构路径和以民间为主导的诱致性建构路径两种形态。

### 一、强制性建构路径

在强制性的制度变迁中，政府是主体力量，它通过行政或立法等方式进行正式制度的安排，因此，政府在制度实施的过程中会加大推动力度，并利用政府的权威性保证制度的良好运行。在建构新乡贤文化的过程中，政府也同样作出了正式制度安排，积极倡导新乡贤文化的落地、鼓励新乡贤参与乡村建设和治理，并通过做好顶层设计突出引导、建立人才行政嵌入机制、授权赋能基层组织等措施推动新乡贤文化的发展。

（一）做好顶层设计突出引导

顶层设计是从全局的视角出发，对系统建设的各方面、各层次、各种要素进行统筹考虑，从而制定正确的战略和路径，并适时调整，规避风险，提高效益，降低成本。① 在国家发展规划的制定中，顶层设计是政府统筹内外政策和制定国家发展战略的重要思维方法。整体观照我国当前的新乡贤文化建构，政府正是沿着顶层设计的思路，通过政策和制度对各地新乡贤文化建构工作加以引导、推动和规范。

1. 政策引导

为了化解乡村发展困境，新乡贤的角色价值重新走进人们的视野，并引起了党和政府的高度重视。为了发挥新乡贤文化的正面效用、吸引更多的新乡贤反哺桑梓，党和政府多次发布相关文件，对新乡贤、新乡贤文化及其建构工作进行了引导和规范，并根据实践情况适时调整。本研究对党和政府关于新乡贤文化的具体政策进行了梳理，如表 6.1 所示。

表 6.1　2014—2018 年党和政府关于新乡贤文化的政策梳理

| 日期 | 单位 | 政策/会议主题 | 与新乡贤文化相关内容 | 角色期待 |
|------|------|------|------|------|
| 2014 年 | 中共中央宣传部 | 培育和践行社会主义核心价值观工作经验交流会 | 要继承与弘扬有益于当代的乡贤文化，发挥新乡贤在社会主义新农村建设中的引领示范作用 | 道德榜样 |
| 2015 年 | 中共中央、国务院 | 《关于加大改革创新力度加快农业现代化建设的若干意见》 | 创新乡贤文化，弘扬善行义举，以乡情乡愁为纽带吸引和凝聚各方人士支持家乡建设，传承乡村文明 | 文化传承者 社会风气引领者 |
| 2015 年 | 中共中央宣传部 | 创新发展乡贤文化现场交流会 | 积极创新发展乡贤文化，推动社会主义核心价值观建设任务落细落小落实 | 道德榜样 |
| 2015 年 | 中共中央宣传部 | 全国农村精神文明建设工作经验交流会 | 培育新型农民、优良家风、文明乡风和新乡贤文化 | 文化传承者 |
| 2016 年 | 中共中央、国务院 | 《关于落实发展新理念加快农业现代化 实现全面小康目标的若干意见》 | 培育文明乡风、优良家风、新乡贤文化 | 文化传承者 道德榜样 社会风气引领者 |

① 张莱楠：《改革开放须重视顶层设计》，上海金融新闻网，2010 年 12 月 17 日，HTTP：//WWW. SHFINANCIALNEWS. COM/XWW/2009JRB/NODE5019/NODE5036/NODE5038/USER-OBJECT1AI69829. HTML，访问日期：2020 年 7 月 10 日。

续表

| 日期 | 单位 | 政策/会议主题 | 与新乡贤文化相关内容 | 角色期待 |
|---|---|---|---|---|
| 2017年 | 中共中央、国务院 | 《关于深入推进农业供给侧结构性改革加快培育农业农村发展新动能的若干意见》 | 培育与社会主义核心价值观相契合、与社会主义新农村建设相适应的优良家风、文明乡风和新乡贤文化 | 文化传承者<br>道德榜样<br>社会风气引领者 |
| 2017年 | 中共中央办公厅、国务院办公厅 | 《关于实施中华优秀传统文化传承发展工程的意见》 | 挖掘和保护乡土文化资源，建设新乡贤文化，培育和扶持乡村文化骨干，提升乡土文化内涵，形成良性乡村文化生态，让子孙后代记得住乡愁 | 文化传承者<br>道德榜样 |
| 2017年 | 中共中央办公厅、国务院办公厅 | 国家"十三五"时期文化发展改革规划纲要 | 弘扬中华传统美德，创新发展乡贤文化，开展孝敬教育、勤劳节俭教育、文明礼仪教育 | 文化传承者 |
| 2018年 | 中共中央、国务院 | 《中共中央　国务院关于实施乡村振兴战略的意见》 | 深化村民自治实践……积极发挥新乡贤作用 | 社会治理参与者 |
| 2018年 | 中央农村工作领导小组办公室 | 《国家乡村振兴战略规划（2018—2022年）》 | 提升乡村德治水平……积极发挥新乡贤作用 | 道德榜样<br>社会治理参与者 |

从表6.1的政策梳理中，我们不难发现以下两点。第一，中央政府高度重视新乡贤文化，积极培育新乡贤文化、发挥新乡贤作用多次被写入中央一号文件中，对于新乡贤返乡、新乡贤文化建构工作起到了强有力的促进作用。第二，在不同时期，中央政府对于新乡贤文化的政策制定呈现出阶段性的特点：2014年，时任中宣部部长的刘奇葆在培育和践行社会主义核心价值观工作经验交流会上提到了乡贤文化和新乡贤，并强调要发挥新乡贤的作用、涵养乡风文明，此时国家对于新乡贤的角色期待偏向道德榜样。此后一直到乡村振兴战略提出前，党和政府都高度重视新乡贤对于乡土文化的传承和发展，以及其对社会主义精神文明建设的作用，将新乡贤定位为文化传承者、社会风气引领者、道德榜样等。而在乡村振兴战略提出之后，国家对新乡贤的角色定位进行了调整，赋予其社会治理参与者的新身份，强调新乡贤文化要在乡村治理中发挥作用，并结合乡村振兴战略各方面逐渐落实新乡贤文化建设。

新乡贤文化脱胎于传统的乡贤文化，是乡村文化的重要组成部分，并与社会主义核心价值观有着内在联系，能够带来积极的作用。同时，新乡贤作为一种乡村榜样，可以凝聚乡村建设力量，助力乡村振兴战略的实施。因此，在新乡贤文化的建构过程中，国家始终根据历史和现实的双重维度进行顶层设计，通过颁布适合的政策来引导和激励新乡贤文化的发展，并不断调整新乡贤的角色定位，将其逐步纳入乡村治理和乡村建设中来，从而推动新乡贤积极返乡建设，促使社会主义核心价值观与乡土文化的更好契合，激励新乡贤文化在乡村振兴过程中的创造性转化与创新性发展。

2. 制度推动

制度是一个社会博弈的规则，或者更规范地说，它们是一些人为设计的、形塑人们互动关系的约束。① 政策和制度密切相关，政策是方向，制度是规则。因此，在新乡贤文化的建构过程中，党和政府除了颁布政策，也对其进行了制度设计。根据新乡贤文化的相关政策和地方工作实践，党和政府不断探索吸引新乡贤返乡建设的制度化道路，通过制度来规范和推动新乡贤文化的建构。

目前，不少地方政府从制度层面推动新乡贤文化发展，引导和规范新乡贤参与乡村建设。以浙江省为例，该省拥有较为丰厚的新乡贤文化资源，地域文化深厚、人才资源充足、经济基础较好，因而该省的新乡贤文化起步早、发展好。浙江省台州市为全面推动新乡贤文化建构，结合当地新乡贤资源现状，不断从全市层面制度化推进。台州市各级党委、政府利用春节、清明等传统节日召开部署会、座谈会，建立县镇村三级新乡贤数据库、项目库，此外部分地区还建立了乡贤会、乡贤基金、乡贤顾问团等，以调动新乡贤回归的积极性、充分发挥新乡贤在乡村治理和乡村建设中的优势作用。此外，一些地方政府为了更好地提升新乡贤的乡村治理和建设水平，出台了关于新乡贤的行为章程。浙江省湖州市德清县洛舍镇东衡村在乡贤参事会的带动下，当地的乡风文明得到了传承、乡村秩序得到了改善、乡村经济得到了发展。为使乡贤参事会发展得更好更规范，德清县委县政府制定了规范的组织活动章程、方案和条例，并敦促乡贤参事会依照制度办事。

社会主义的制度优势助推新乡贤文化建构。党的十九届四中全会对我国的国家制度和治理体系的显著优势进行了全面的总结概括，并强调要继续坚持中国特色社会主义制度，将制度优势转化为治理效能。具体到新乡贤文化的工作中，中国共产党的领导是社会主义制度的最大优势，中国共产党的领导对新乡贤文化同样起着促进作用，不少地区以党建引领新乡贤及其组织的建设，基层党委和党员积极推进新乡贤回归工程。集中力量办大事亦是制度优势之一，正

---

① 道格拉斯·C. 诺思：《制度、制度变迁与经济绩效》，杭行译，上海人民出版社，2014，第 3 页。

是在党的领导下，党和政府的政策、动员得到各地区的积极响应，因而新乡贤文化的发展能够由点到面连成一片。在进行制度设计的过程中，党和政府始终坚持将保证人民当家做主作为出发点，始终将人民群众放在治国理政的第一位。当前国家不断推动新乡贤文化的发展，正是为了发挥新乡贤的榜样带头作用，更是为了培育和发展村民参与治理和建设的能力。同时，新乡贤文化的发展也能够在一定程度上助推社会主义制度的发展，新乡贤文化能够调动村民参与乡村治理的积极性，增强村民的主体意识，因而能促进我国基层民主自治制度的发展和完善。总之，新乡贤文化的发展离不开社会主义制度的推动，社会主义制度与新乡贤文化之间是相辅相成、相互促进的关系。

新乡贤文化是一个系统性的复杂工程，其中涉及村民、基层组织、新乡贤等多个利益主体，而我国当前相关的制度设计还不够成熟，有一定的提升空间。这就需要政府发挥作用，要在政府的主导下进行规则的制定、完善和创新，并且在执行上加强规划手段与实施力度，从多方面进行强有力的引导与规划。

（二）建立人才行政嵌入机制

对于新乡贤文化来说，人才是其发展的载体，人才资源影响着其作用的发挥，持续培养"懂农业、爱农村、爱农民"的"三农"人才队伍是其长期发展的重要基础。然而在我国的现实国情下，乡村社会的发展存在人才短板：因为城市化进程中的城市虹吸效应，城乡背离发展，大量的农村人口进入城市，农民人数大幅减少，甚至出现"空心村"现象。因此，政府需要建立人才行政嵌入机制，从外部嵌入和内生整合两方面着手，以稳妥推进人才回流、挖掘本土人才资源，从而为新乡贤文化发展配置高质量的人力资源和智力支持。

1. 外部嵌入

目前，由于城乡发展不均衡，乡村的人才流失现象较为突出，乡村内部的人口结构失衡，人口老龄化严重，高质量人才紧缺，仅仅依靠乡村现有的人力资源难以支撑新乡贤文化的形成和发展。因此，政府将目光转向乡村外部，通过颁布政策、创新制度来吸引外援活水注入乡村土地。

近年来，政府不断鼓励城市人才下乡、激励高层次人才入乡，以弥补乡村人才资源的缺口，助力新乡贤文化发展，推动乡村现代化的发展步伐，促使城乡进一步融合。例如，2015 年，中组部、中农办以及国务院扶贫办联合印发了《关于做好选派机关优秀干部到村任第一书记工作的通知》，明确要求对党组织涣散、经济发展落后的村庄实现"全覆盖"。① 再比如 2019 年 5 月，中共中央、国务院发布了《关于建立健全城乡融合发展体制机制和政策体系的意见》，其中对"建立城市人才入乡激励机制"进行了诸多论述。这些政策、制度表明国家高度重视城市人才下乡，密切关注乡村人才队伍的建立。

　　当前在我国乡村，以大学生村干部、选调生、驻村第一书记、扶贫人员等为代表的外部人才在多地试点实施，他们主要通过行政方式嵌入基层党委，为乡村建设出谋划策。而这些来自乡村外部的力量，在经过与乡村、村民的磨合和嵌入之后也成为新乡贤的中坚力量，为新乡贤群体输入了新鲜血液，为新乡贤文化带来新的理念。回顾历史，早在二十世纪五十年代我国就已经开始鼓励城市人才下乡，当时掀起了"知青下乡运动"，要求城市中接受过教育的青年走向农村。追寻城市人才下乡历史，有学者指出，从"知青下乡"到"大学生村官""驻村第一书记"等战略决策，再到新乡贤文化的提出，"中央顶层设计的意图即在于重新建构起一个中层结构来填补乡村的权力真空"②。这个由外部力量组成的中层结构，能够和高层、基层同时产生联系，可以缓解官民之间的对立和冲突，在带动乡村有序运转、健康发展的同时，也能为政府排忧解难。

　　就目前的发展情况而言，吸引、鼓励城市人才下乡是推动乡村发展必不可少的途径。外部力量的嵌入不仅可以带来人力、物力、财力等积极因素，而且能够为新乡贤文化提供新的人才资源、新的文化理念，还能够为乡村振兴打造一支"智力军"。

　　2. 内部整合

　　虽然吸引外部力量嵌入是乡村招揽人才的重要途径，但是它并不是完美无瑕的。由于外来人才需要与乡村、村民等进行磨合、嵌入，在这个过程中，它有可能出现"脱嵌"的现象，即外来人才难以融入乡村，或村民难以接受、听从他们的建议和意见。因此，政府也关注到了乡村内部人才资源的整合，在村民中挖掘能人贤士。

　　政府为乡村内部村民提供发展机会和渠道。例如，2020 年，中央一号文件要求"实施乡村文化人才培养工程"。此外，2019 年，农业农村部印发了《农业农村部 2019 年人才工作要点》，要求深化农业农村人才发展体制机制改

---

① 张紧跟：《延揽乡贤：乡村振兴中基层党组织带头人建设的新思路》，《中共福建省委党校学报》2019 年第 6 期。
② 孙邦金、边春慧：《新乡贤参与乡村治理的功能再生与制度探索》，《广西师范大学学报（哲学社会科学版）》2019 年第 6 期。

革，营造适合农村人才发展的环境，并要求全年培育 100 万名新型职业农民。此外，一些地方还打造、推出可供村民终身学习的平台。如浙江省台州市天台县街头镇启动的"全民终身学习活动周"，将当地的文化礼堂作为图书室，选拔表彰"学习之星"，并与浙江广播电视大学结对培育农民大学生，该镇的浙酉村也被省教育厅认定为"浙江省市民终身学习体验基地"。

政府高度重视挖掘乡村内部的新乡贤人才资源。新乡贤群体中有很大一部分来自乡村内部，他们本身就是高质量的人才，拥有比较丰厚的资金或者是独特的技术，又或者是有较高的学识等，能够为乡村发展献计献策。同时，新乡贤积极加入乡村建设能够带动村民提高本领，促进农业多种经营，加快乡村产业结构改变，从而为乡村增添吸引力，促进城乡人口良性循环，有助于乡村人口结构的改善和劳动力素质的提升。更为重要的是，较之外来人才，本土的新乡贤与乡村的情感连接更稳定，并且他们天生就嵌入在乡村，与村民之间的联系密切。当前，不少地区借助新乡贤文化来呼唤在外乡贤回归，希望他们能够为乡村发展投入智慧和力量。例如，2018 年 1 月，中共四川省委、四川省人民政府印发《关于实施乡村振兴战略开创新时代"三农"全面发展新局面的意见》，要求"在有条件的县（市、区）政协设立新乡贤界别"，这为新乡贤赋予了参与乡村治理的合法身份，为其提供了更多建言献策的渠道，使其为乡村治理和建设发挥作用。2019 年 1 月，四川省巴中市通江县率先进行了"新乡贤界"的实践，该县在政协通江县第十届委员会界别中增设"新乡贤界"，将部分新乡贤代表纳入县政协，从而使新乡贤群体在社会治理层面发挥出更大价值。实践证明，新乡贤的确能够发挥自身的优势，在乡村经济、文化、生态等方面起到了带动和引领作用，这也是对乡村人才短板的一个有效补充。

政府通过整合乡村内部的人才资源，为乡村和新乡贤文化的发展提供了较为稳定的动力支持，激活了村民参与乡村建设的主体意识和积极性，从而有助于营造适合乡村人才发展的环境，增强了外来人才的吸引力。

（三）授权赋能基层组织

新乡贤文化的建构需要调动多方的积极性，如新乡贤、村民、基层组织等，需要激发其参与乡村治理和建设的活力，这就需要党和政府自上而下进行权力让渡，将部分决策权交给基层，从而唤醒乡村的主体意识，为乡村建设和新乡贤文化建构赋能。

1. 授权——赋予基层组织治理权力

授权并非新名词，在我国经济社会和政治领域中都存在政府权力下放的情况。改革开放以来，为激发经济社会的发展活力，政府实施了"简政放权"措施，将经营管理的自主权交给企业，增强企业发展的活力，从而促进创业就业、加快经济发展。在政治领域，我国始终坚持基层民主自治制度，给行政村（社区）较大的自治空间，通过基层组织落实群众自治，倡导人民参与管理社区事务、国家事务。此外，在江苏、江西、安徽等地实施的"强镇改革"也是政府权力下放的表现。政府为了促进乡镇经济的发展，通过委托执法的方式，将部分有关经济社会发展的管理权和决策权让渡给经济较为发达的乡镇，使乡镇有了更大的自由空间，有效地提升了乡镇的公共管理和公共服务的能力。①

从我国政治、经济社会的发展经验来看，政府将部分权力下放，授予基层组织合法的治理权力、决策权力，确实能够起到积极效果，可以有效地化解基层发展困境，不断释放政治、经济发展活力，促进基层治理社会现代化。因此，在新乡贤文化的建构过程中，党和政府同样需要借力基层组织，通过授权基层组织，激活其发展新乡贤文化的活力和积极性。

目前我国政府在发展新乡贤文化的过程中，注重将部分权力授予新乡贤、新乡贤组织及其他社会自组织。例如，地区政府从制度层面推进新乡贤组织建设，在新乡贤组织成立或聘请新乡贤之后，政府会赋予其一定的身份，并授予相应的权力。以安徽省安庆市宿松县为例，该县在各乡镇设立了乡贤文化研究分会、乡贤工作室等组织，并纳入 150 多名新乡贤参与美丽乡村建设、社会综合治理等工作。目前在新乡贤组织的带领下，当地的新乡贤多次参与化解乡村各类矛盾纠纷，化解率高达 100%，并积极参与新时代文明实践活动，在教化民风、引人向善等方面发挥作用。在宿松县的新乡贤文化建构工作中，该县为新乡贤赋予合法的身份，将新乡贤组织纳入基层自治之中，使其在解决乡村矛盾中发挥了重要作用。宿松县的做法也得到了国家的肯定和表彰，部分行政村获得"全国民主法治示范村"等荣誉。

### 2. 赋能——激活基层组织治理能量

赋能与授权不同，尽管两者都是从政府的视角出发，但是授权强调政府要适当放权给基层，而赋能更关注基层的治理意识和治理能力，强调充分激活基层参与治理的能量。因此，对于政府来说，赋能是关键性的环节，倘若不能以正确的方式激活基层参与意识，那么政府的授权也将遭遇尴尬。对于新乡贤文化的建构来说，政府必须高度重视如何赋能基层组织，因为新乡贤文化发展的关键在于人，新乡贤、村民等主体参与的积极性和参与的能力决定着新乡贤文化建设的质量和效果。

---

① 陈宝玲：《强镇改革缘起与进程研究：一个制度变迁视角》，硕士学位论文，南昌大学管理学系，2018。

当前，在新乡贤文化建构的过程中，政府赋能基层组织的方式主要有三种：政策赋能、专业赋能、实践赋能。具体来说，政策赋能即政府给基层组织提供相关的计划支持，例如颁布发展新乡贤文化的政策、制定推动新乡贤文化工作的规则，从而授予新乡贤及其组织合法的身份，驱动地方积极开展实践工作。专业赋能即政府对新乡贤及其组织的参与能力进行培训，新乡贤及其组织的工作非同小可，关乎村民和乡村的未来发展，因此政府要定期对新乡贤进行专业能力的培训、对新乡贤组织的管理能力进行提升，同时这些培训也能进一步强化新乡贤对乡村的认知和理解。实践赋能即政府引导新乡贤及其组织开展活动，在服务乡民的活动中增强治理意识，提高治理能力，也能强化新乡贤及其组织与乡村和乡民的情感联络，减少沟通障碍和隔阂。

总体来说，基于赋能环节的重要性，政府必须不断探索赋能的不同形式，打造多角度、全方位、立体化的赋能体系。而目前政府的赋能方式还不够丰富，角度还有待进一步提升和拓展。除了政策、专业、实践等角度，政府可以适当借鉴企业的管理经验，例如引入更有活力的激励机制、保障机制等要素，从物质方面激活新乡贤及其组织的参与意识和参与能力。同时，赋能对文化的依赖程度较高，因此，政府也要加强新乡贤文化的建设，通过以文化人、以情动人来强化新乡贤及其组织对乡村的思想感情，这也是一种更为重要的赋能形式。

## 二、诱致性建构路径

诱致性的制度变迁是以民间力量为主导、自下而上进行的一种制度变迁，是民间基于自身需求进行的制度创新，属于非正式制度安排。在诱致性的制度变迁中，处于基层的行为主体会根据自己的利益需要，对已有的制度进行调整，或对未有的制度进行创立，因此这样的制度安排在一开始就能获得民众的认可和服从。在新乡贤文化的建构过程中，也出现了这种非正式的制度安排。一些地区在政府政策制度出台之前就已经开始进行新乡贤文化建设，其建设主体可能是当地的新乡贤代表，也可能是以村两委、乡贤参事会等为代表的基层组织，他们在乡村内生需求的驱动下，主动在家乡推动新乡贤文化的发展。这种内生需求由两部分组成，即乡村的治理需求和建设需求。

### （一）关注乡村内生需求

学者刘宝宏在对科特勒营销管理范式批判的基础之上，从需求受到内部因素和外部因素双重影响的角度出发，将消费者需求分为内生需求与外生需求两种类型。他认为外生需求是在外部因素影响下强加给消费者的需求，而内生需求则是消费者在考虑自身和外部因素之后自然而然产生的一种需求。① 从这个需求分类出发，乡村内生需求就是乡村在发展过程中，受到外部因素和自身因素的影响后产生的一种自发的需求。乡村在发展过程中，主要受到城市高速发展和自身发展困境双重因素的影响：一方面，城市的发展程度和速度对乡村产生了冲击；另一方面，乡村村民渴望提升生活幸福指数，而新乡贤也希望通过参与乡村事务来实现自身的社会价值。在内外因素的影响下，乡村形成了以乡村治理和建设为主的双重内生需求，而这种内生需求正是其进行非正式制度安排的驱动力，也是自下而上建构新乡贤文化的推动力。

### 1. 乡村治理需求

我国传统乡村形成了以"人治"为基本特征、以伦理道德为主的"自治"偏好，受到这样的传统影响，乡村内部的村民崇尚一种"无讼"的社会状态。新中国成立后，乡村的自生秩序受到村民自治制度的冲击，特别是改革开放以来，城镇化带来的高流动以及新的市场经济、消费主义的价值观念也冲击着乡村社会传统的自生秩序。② 在国家治理和市场经济的双重影响之下，乡村的伦理价值取向被破坏、传统观念被取代、内生秩序被冷冻，而村民尚未形成自主参与村务的主人翁精神，导致乡村治理陷入迷茫期和尴尬期。因此，乡村内部呼唤社会秩序的回归、伦理价值的重构。

对于新乡贤文化的建构来说，乡村内部形成的治理需求是其能够自下而上自发推进的源动力。新乡贤参与治理乡村，其实质和传统的乡贤治村相似，都是乡村权威凭借自己的威严和魅力进行村务的处理。但两者又不同，新乡贤治村要遵循政府的制度、国家的规则，在法律和村民自治制度的规则之下发挥其治理能力，因此新乡贤治理乡村时往往将自治、法治、德治相结合。在新乡贤文化的实践中，"三治合一"是普遍存在的。以浙江省诸暨市为例，该市的"枫桥经验"是全国各地的学习范本，而诸暨市在大力推进村镇乡贤组织建设的同时，也注意将新乡贤和"枫桥经验"相结合，将新乡贤吸收到"枫桥经验"宣讲队、乡风文明理事会、邻里纠纷调解会等村级社会组织，让新乡贤扮演调解员、稳压器、监督员的角色，从而推进基层治理现代化进程。

当前，新乡贤参与基层治理已取得初步成效。在新乡贤及其组织的参与下，基层治理融自治、法治、德治于一体，进而有助于实现善治，同时也使乡村秩序得到了维护、乡土伦理得到了重构、民间自治和政府官治得到了平衡。未来新乡贤应当在实践中进一步融入基层治理之中，并密切联系乡村和政府，

---

① 刘宝宏：《内生需求 外生需求及其营销管理模式》，《东北财经大学学报》2003 年第 5 期。

② 熊烨、凌宁：《乡村治理秩序的困境与重构》，《重庆社会科学》2014 年第 6 期。

以更好地推进基层民主自治的进程，满足村民和乡村治理的需求。

2. 乡村建设需求

在我国的现实国情下，乡村社会的发展受到来自内外部因素的影响。随着乡村社会在现代化进程中的衰落，不愿离开乡村的本土村民或对乡村抱有强烈感情的在外村民产生了建设美丽乡村的需求和期盼。

乡村建设包含着多方面的内容，既要进行产业的发展、环境的整治，又要着手改善生态、满足乡村公共服务的需求，同时还要注重乡村文化的传承。首先，多数村民在经济利益的驱动下离开乡村，因此，经济产业的发展是解决乡村问题的重要抓手，也是平衡城乡发展的主要途径。其次，由于乡村的现代化进程发展较慢，当地的环境保护机制尚不健全，造成村民的生活环境不够便利、人居条件不够舒适，这也是乡村缺乏吸引力的原因之一，需要整治。再次，当前乡村的生态意识普遍较弱，存在为了"金山银山"抛弃"绿水青山"的情况，从而造成乡村的生态环境"伤痕累累"，亟待修复。然后，乡村公共服务不仅包含物质方面的基础设施，也包括精神方面的文化休闲项目。随着乡村经济社会的发展，村民对于精神文化方面的需求进一步提升。因此，乡村建设也要不断满足村民对于文化生活的需求。最后，在经济利益、外来文化、村民出走的冲击之下，乡村文化的生存面临困境，而文化是一个地区、一个民族的灵魂，因此要对乡村文化进行整合、传承，使其在深层次上凝聚乡村的发展力量。

乡村建设的需求为新乡贤文化的发展提供了催化剂，村民、乡村在发展需求的驱动下开始建构新乡贤文化，在新乡贤群体的带领下主动进行乡村建设，打造"强富美"的新农村。以河南省濮阳市濮阳县庆祖镇西辛庄村为例，为了改善当地的发展状况，该村的新乡贤积极参与乡村建设、改善乡村生态、传承乡风文明、维护社会秩序、引入村外资源，从而推动乡村经济实现又快又好发展，大大提升了当地村民生活的幸福感。

(二) 培育乡村内生权威

在社会的发展过程中，权威的重要性不言而喻，权威能够推动集体活动的开展，能够促使人们向着一致的目标前进。在新乡贤文化的建构过程中，也同样需要权威发挥作用，其中主要分为乡村内生权威和外来嵌入权威两种类型。乡村内生权威指的是在本土生成的精英能人，如乡村中的经济能人、文化贤士等；而外来嵌入权威即非本土培育的人才下乡，如大学生村干部。较之外来嵌入权威，培育乡村内生权威意义深远、更为重要。

## 1. 内生权威存在的必要性

在新乡贤文化的发展中，外来嵌入权威稳定性不足且存在"脱嵌"风险。外来嵌入权威虽然是补充乡村人才短板的重要途径，然而其稳定性不足，部分村干部、书记由于行政原因可能会被调走，一些项目制的扶贫小组在目标完成后也可能会离开。此外，外来人才与乡村、村民之间不可避免地存在一些沟通隔阂，村民可能不会立刻服从外来权威的决策，因此，外来人才需要与乡村、村民进行磨合，但是最终成功嵌入并稳定留存的外来权威较少。

而内生权威不仅具有天然的嵌入性，并且他们能够从根本上激活乡村发展的活力和能量。乡村内生权威生于本土，与乡村有着天然的接近性和情感联结，因而能够与乡村保持长久稳定的关系，并且几乎不需要经历磨合、嵌入的过渡期。因此，对乡村内生权威的培育是非常有必要的。在地方实践中，大多数新乡贤由乡村内生权威构成，主要分为两种类型：本土村民中的精英能人、返乡回归的新乡贤。他们都对乡村有着强烈的感情，建设乡村的欲望更为浓烈，并且能补足乡村发展的缺口，带领村民共同治理和建设乡村。

## 2. 内生权威身份的合法性

乡村内生权威发挥作用的前提条件是其必须要有合法的身份。目前，在诱致性的建构路径中，乡村内生权威产生的途径主要是村民遴选、自荐、组织吸纳三种。无论哪种方式，新乡贤都要首先获得合法的身份。而以民间为主导力量的新乡贤文化建构中，新乡贤身份来自村民、组织对其身份的认可和肯定，这种认可和肯定天然的、自然而然形成的，不具有强制性。

不论是本土的乡贤，还是返乡回归的精英，他们都凭借自身的能力赢得村民的认可，进而获得合法的身份，以便于参与乡村治理和建设。例如，致富能手在经济发展方面的能力出众，村民对他在经济方面的决策会更加信服，甚至可能会在他的引导下对自己的生产方向进行调整。在这个过程中，村民认可他的经济乡贤身份，并为其赋予了引导乡村经济发展的权力。再譬如，返乡回归的文化乡贤，在返乡之前他可能已经功成名就，有着较高的社会地位；回归乡村后，村民会自觉自发地将其视为文化能人，那么当他进行乡土文化建构时，村民可能会主动配合，甚至加入其中共同建设。简而言之，内生的新乡贤能够比较轻松地获得村民的认可，在参与乡村建设工作中也能比较容易得到村民的配合和服从。

## 3. 内生权威参与的有效性

乡村内生权威在获得合法的身份之后，便能够参与乡村治理和乡村建设。根据前文所述，内生的新乡贤容易获得村民的认可，能够得到村民授予的"同意权力"，因而可以在实践中发挥自身的价值和作用，推动新乡贤文化的发展进程，助力乡村振兴目标的实现。同时，乡村权威具有嵌入性和公共性，因此内生的新乡贤也拥有嵌入性和公共性。具体而言，内生新乡贤具有人际、体制、文化等方面的嵌入性，因此他们在参与乡村事务时外来阻力较小，参与的能力能够得到发挥和显现；内生新乡贤拥有实践、言论、价值等方面的公共性，因而他们重视、关心并维护乡村整体的利益，愿意为乡村奉献自己的能力，乐于带领村民向好向善发展。总之，内生新乡贤的嵌入性和公共性共同保证了其参与乡村治理和建设的可能性和有效性，能够发挥出自身的价值和效用。

以江西省南昌市退休市长李豆罗为例，2010 年退休后的李豆罗回到南昌市进贤县前坊镇西湖李家村，担当起新农村建设总顾问的职务，带领家乡村民共同建设美丽新农村。李豆罗从西湖李家村的薄弱处着手，按照"先村容，后文化，再产业"的规划逐步行动。在村容改造方面，李豆罗对村里历史悠久的老房子进行了修缮，在村里的土路上铺设一层红石，挖深山塘水库以防汛抗旱，带领村民植树造林，完善基础设施实现人畜分离，最终西湖李家村变成了青山绿水、鸟语花香的江南水乡。在文化传承方面，在李豆罗的推动之下，西湖李家村的农博馆收集了 3000 多件与农耕文明相关的器具，村里的文化艺术中心——"农夫草堂"收藏了众多图书和名人字画，村史、家谱逐步完善，传统节日得到重振，乡村文化的传承为西湖李家村的乡风文明营造了良好的氛围。在产业发展方面，依托良好的生态环境和乡风文明，西湖李家村的旅游业发展起来了，旅游业又带动了当地的土特产品销售和餐饮业的发展。[①]

### （三）成立各种乡贤组织

在诱致性的建构路径中，来自民间的力量除了以个人为代表的乡村内生权威，还包括了民间自发成立的各种乡贤组织。学者贺雪峰在谈到乡村振兴时提到，实施乡村振兴战略的基本前提是将农民重新组织起来。[②] 相应地，新乡贤文化发展的前提也是要将新乡贤组织起来，聚合群体的力量去建构。在新乡贤的实践过程中，乡贤组织具备资源优势和效率优势，并在维持乡村内生秩序和满足公共服务需求方面发挥作用，未来乡贤组织应当进一步扩大自身优势、探索更多服务乡村的路径。

---

[①] 沈洋：《退休官员变身新乡贤 南昌市原市长还乡做农夫》，环球网，2016 年 3 月 13 日，HTTPS：//CHINA. HUANQIU. COM/ARTICLE/9CAKRNJUV2D，访问日期：2020 年 7 月 13 日。

[②] 贺雪峰：《乡村振兴与农村集体经济》，《武汉大学学报（哲学社会科学版）》2019 年第 4 期。

### 1. 乡贤组织的优势

乡贤组织将新乡贤群体聚集在一起，具有较为丰厚的资源优势。一般而言，新乡贤组织的成员数量多，且行业背景不同，社会关系各异，因而他们各自拥有不同的资源。例如，体制内的退休干部可能拥有较高的社会地位、管理能力、人脉资源等，知名作家可能具有较高的知名度、社会地位、文学素养等优势。当退休干部和知名作家分别返乡建设时，前者能够在乡村治理中发挥所长，后者可以在乡土文化中扮演传承者的角色。但是当两者一起加入新乡贤组织时，他们的资源能聚合在一起，可以发挥出"1+1>2"的效果，能够提升乡村基层治理和乡土文化传承的质量和效果，可以调动全体村民参与乡村建设的积极性，有利于乡风文明的营造。因此，乡贤组织在未来的工作中要进一步整合组织资源，对内部的各种资源进行优化配置，以激活组织内的各种资源，将组织的资源优势最大化，推动组织工作协调高效运转，为新乡贤文化建构工作提供有效的服务和有力的保障，进而有效达成"反哺乡里，服务乡民"的工作目标。此外，乡贤组织在扩展自身功能、提升治理能力的同时，必须动员和组织好内部成员的力量，开发好、利用好、建设好组织的资源，进而形成组织的整体优势，增强组织的实力。

乡贤组织成员之间可进行分工协作，从而获得工作的效率优势。正常情况下，个体的工作效率往往会低于组织的效率。为了达成工作目标，组织可以动员全体成员共同参与，一般会选择以分工协作的方式拆解任务，以快速达成目标。这种高效的工作方式能够最大程度地减少组织的资源消耗，是个体很难达成的。同时，组织分工协作的另一个好处是凸显每个成员的优势，从而高质量地实现工作目标。新乡贤组织在规划工作时，可以凝聚集体的智慧，用群体的力量来进行较为合理的规划设计。在具体的工作实践中，可以根据成员的资源和能力，统筹协调工作，为新乡贤提供合适的工作目标，从而"集中力量办大事"，在乡村治理和乡村建设的方方面面发挥作用，进而加速美丽乡村建设的步伐。此外，较之企业组织，新乡贤组织有着天然的文化基因，成员之间、成员与组织之间能够形成情感联结，这也有助于组织效率优势的彰显。然而，并不是所有的乡贤组织都能拥有效率优势，低效的组织会带来低质量的乡村参与，并且会导致新乡贤资源的浪费。因此，未来新乡贤组织必须不断提高组织管理能力、培育成员的工作能力、强化成员的团队合作意识、增强成员对组织的归属感，进而将组织的效率优势发挥到最高水平。

### 2. 乡贤组织的作用

乡贤组织可以维持乡村内生秩序。学者贺雪峰认为发育农村社会组织是维持农村基本秩序的途径之一①，这与乡贤组织的功能有关，乡贤组织参与乡村治理时能够促进政府和村民之间的互动，推动多元治理主体之间实现功能上的互补、行动的协调和资源的整合，从而构建基层社会秩序②，使乡村脱离"无序"的状态。政府自上而下的正式制度安排不能与乡村需求完美契合，乡村多年来形成的"人治"观念已经固化，难以在短时间内发生转变，这就需要新乡贤组织发挥其功用。一方面，新乡贤组织可以同时满足政府要求和乡村需求，它利用组织内部的资源优势参与乡村治理，融"自治、法治、德治"于一体，并在此过程中逐渐改变村民的传统意识，增强其主体意识，培育其参与民主自治的能力。另一方面，新乡贤组织通过乡土文化唤醒村民的集体记忆，将符合社会主义核心价值观的内容融入乡规民约和日常宣传之中，从而增进村民与村民之间、村民与乡村之间的情感沟通，增强村民的归属感，进而促进村民自觉遵循并维护乡村秩序。

乡贤组织能够满足乡村内部的公共服务需求。随着城市化速度的加快，村民对乡村公共服务的需求层次不断提高，这与财政经费有限的基层政府形成了矛盾。而新乡贤组织恰好能够弥补乡村公共服务的缺口，化解基层政府的财政困境，满足村民的需求。新乡贤组织依托自身的优势资源反哺乡村，在推动乡村产业经济发展的同时，也能够进一步提升乡村公共服务的水平，加强基础设施建设，如整改道路、建立垃圾处理中心等，以改造村容村貌、提升人居舒适度。此外，乡村公共服务还包括精神文明层面的，新乡贤组织可以带头修建图书馆、乡贤馆、休闲广场等，以满足村民不断增长的精神文化生活需求。新乡贤组织在满足村民对于乡村公共服务需求的同时，也能够让村民对新乡贤及新乡贤文化更加认可和赞同，从而鼓励其加入新乡贤文化的建构中来，激活其参与乡村治理和建设的主观能动性。此外，对于乡村长远的发展来说，公共服务水平的提高能够改善乡村的居住环境，能够增强乡村吸引力，进而吸引更多的乡村人才回流。

## 三、主体力量与路径变迁

在新乡贤文化的发展过程中，不同的主导力量决定了不同的建构路径：在政府的主导下，新乡贤文化沿着强制性路径进行建构；在民间力量的主导下，新乡贤文化沿着诱致性路径展开。但是，新乡贤文化的建构是一个长期且系统

---

① 贺雪峰：《乡村基层组织弱化不得》，《中国老区建设》2012年第6期。
② 卢志朋、陈新：《乡贤理事会：乡村治理模式的新探索——以广东云浮、浙江德清为例的比较分析》，《云南行政学院学报》2018年第2期。

的过程，政府力量和民间力量也会不断地发生联系和互动，甚至碰撞，这也会对路径中的具体内容产生影响，从而带来路径的变迁。

如果以主体力量为自变量，以路径变迁为因变量，以政府和民间基于路径效果的评估为核心，我们可以构建出一个主体力量与路径变迁的关联图，如图6.1所示。

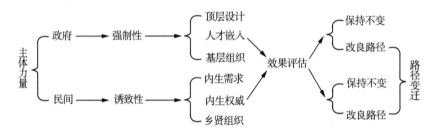

**图 6.1　主体力量与路径变迁关联图**

结合关联图和新乡贤文化建构的实践情况可知：第一，政府主导下形成了强制性的建构路径，并且政府从顶层设计、人才嵌入、基层组织三个方面着手开展具体的建构工作；民间主导下形成的是诱致性的建构路径，一般是在乡村内生需求的驱动下进行自下而上的建构，主要从内生权威的培育、乡贤组织的成立两个方面开展工作。第二，从建构的具体内容来看，政府和民间都高度关注人才和组织的建设及其作用的发挥，其原因在于新乡贤文化发展的关键是人，并且新乡贤文化担负着化解乡村发展困境的使命和任务。第三，从目前的实践情况来看，这两种建构路径基本不会发生根本性的变化，但是路径建构的具体内容会发生改变。第四，经过效果评估之后，政府和民间都会产生两种转向，若效果评估成绩良好，政府和民间都会继续沿着预定的建构路径开展工作；若效果评估不佳，政府和民间都会适时调整具体措施，并互相学习、借鉴彼此的建构经验，对路径进行一定程度的修正和改良。第五，在未来新乡贤文化的建构中，强制性和诱致性两条路径可能会产生更多交叉，政府和民间的互动关系也会更加密切，它们彼此之间的融合会进一步深化。

《诗经》有云"发乎情，止乎礼"，即不要因为感情而做出与礼法相悖的事情。对于新乡贤文化的建构来说亦是如此，在诱致性建构路径之下，新乡贤出自对乡村的感恩之情，积极主动地回归乡村，凭借其自带的优势资源参与乡村治理和乡村建设，但是新乡贤在实际工作中也不能只顾主观情感，而全然忘却法律和行政的界限和束缚，要有底线意识，要认识到"蓬勃生长"不是"野蛮生长"，不守规则的建构必然招致恶果。对于政府来说，在强制性建构新乡贤文化的工作中，既要调动新乡贤群体"反哺乡村，服务乡民"的积极性，也要规范其行为、弥补其短板，使其既有自由生长的空间，又有符合规范的姿态，由此方能彰显新乡贤文化的优势，发挥新乡贤的长处。

虽然新乡贤文化的建构路径不同，但是无论哪条路径，最终都指向相同、目标一致，都是为了建构新乡贤文化、促进乡村治理和乡村建设的现代化进程。同时，新乡贤文化的建构必定要经历一个漫长的过程，这其中需要政府自上而下强制地进行建构，也需要民间力量从下往上自发自觉主动作为。两条建构路径各有千秋，政府力量强大、动员能力强，但其建构的具体内容未必能与乡村需求完美契合，也未必能与乡民、新乡贤产生共鸣；民间力量在其内生需求的驱动下，主动进行新乡贤文化的建构，这种诱致性的路径能够满足村民的需求、与乡村发展相契合，但是民间往往缺乏完善的制度体系。因此，从新乡贤文化的长远发展来看，强制性和诱致性两条路径、政府和民间两个主体必然要进行更为紧密的交流，将政府的强大力量和民间的"接地气"结合起来，取长补短，以助推新乡贤文化的蓬勃发展。

## 第三节　新乡贤文化的建构模式

"模式"通常情况下被认为是解决某类问题的方法论，是对方法论的高度的理论概括，类似于"范式""样本"等词语的含义。王思斌在《社会工作概论》中指出："所谓模式，是工作过程中的理论架构。"因此在社会科学研究中，模式的内涵更偏向于经验、制度。

基于对模式概念的把握，新乡贤文化的建构模式指对全国各地发展较好的新乡贤文化的发展方式、特征、走向等方面进行高度概括，提供一种可供其他地区学习、借鉴的范式和样本。在这些优良的建构模式的指导下，其他地区能够更快更好地设计出适合当地新乡贤文化的发展方案，从而提高当地新乡贤文化的影响力，助力乡村振兴战略的实施。

近年来，新乡贤、乡贤治村成为助力乡村振兴的热门议题，特别是党的十九大报告提出乡村振兴战略之后，新乡贤的角色功用日渐突显，并获得了一定的社会认可和肯定，在乡村振兴中发挥着越来越重要的作用。随着新乡贤文化的推广和发展，全国各地政府和民众在充分把握其价值效用的基础上进行实践，不断探索契合当地实际的发展模式。从目前的实践情况来看，新乡贤文化以政府和民间力量为建构主体，基本形成了三种建构模式：由上至下建构模式、由下至上建构模式、上下联动建构模式。

## 一、由上至下建构模式

### （一）概念

由上至下建构模式，指政府根据当地新乡贤文化的发展基础进行调研评估，依据调查结果进行新乡贤资源的挖掘、培育、引导、监督、传播等工作而形成的建构模式。其中也会涉及政策和制度的确立。此外，政府会开展相关的活动项目，为新乡贤参与乡村振兴提供渠道、资源和平台。

### （二）特点

政府是发展新乡贤文化建设的重要推动力量，能够为基层组织授权赋能，为新乡贤授予合法的身份，从而调动其群体的积极性，进而使得由上至下模式具有强制性和规范性。

#### 1. 强制性

政府高度重视新乡贤文化在乡村发展中的价值，各地区积极响应党和政府的号召大力推动新乡贤文化的建构。中央一号文件已经连续多年对新乡贤保持关注，并对新乡贤促进乡村社会发展作出了肯定。政府多次提出要以传承乡村文明为目标，要创新乡贤文化，弘扬善行义举，发挥新乡贤的积极作用，深化村民自治实践，通过发展新乡贤文化来深化农村精神文明建设；要培育与社会主义新农村建设相适应的新乡贤文化，倡导新乡贤文化从认同走向自觉。特别是党的十九大召开后，许多地方更是将新乡贤作为乡村振兴的重要寄托，积极实施"乡贤回归"工程，陆续成立各类新乡贤组织。

#### 2. 规范性

政府为新乡贤文化的建构提供系统的谋划工作，包括政策和制度的制定、活动项目的开展，从而为新乡贤文化的健康规范发展保驾护航。政府自觉推广新乡贤文化，及时出台促进新乡贤文化发展的政策、制定完善的条例，建立起一个系统科学的工作体系，既保障新乡贤的权益，又明确他们所要承担的义务，为新乡贤们施展拳脚提供宽敞便利的平台，满足群众对新乡贤文化的期待，提高村民对其的认知和肯定。

### （三）具体实践

在由上至下建构模式中，由于各地新乡贤文化的发展基础不同，地方政府所采取的具体措施也不尽相同，但是基本都在党委统一领导下、以党委党组织为核心由上而下推动建构工作。以下将以白坭镇、唐村镇和宁晋县为例进行详细说明。

### 1. 白坭镇

白坭镇位于广东省佛山市三水区，该镇凭借"党建引领、三治融合、四会联动"基层治理模式而成为"高标准建成乡村振兴综合改革示范镇"，"白坭经验"也在全国各地推广开来。在新乡贤文化发展方面，白坭镇也有着独特的经验。白坭镇历史悠久，传统文化丰富多样，乡贤文化更是当地的特色文化之一，对当地的影响颇深。白坭镇的传统乡贤如梁士诒、梁知鉴、陈朝纲、陈冕、邓禹等人造福桑梓的事迹广为流传，影响了一代又一代的白坭人。在新乡贤文化建构工作中，白坭镇以打造文化 IP 和壮大新乡贤群体为重点。

打造白坭新乡贤的文化 IP。底蕴深厚的乡贤文化为白坭镇建构新乡贤文化提供了优渥的土壤，当地政府也高度重视新乡贤资源的挖掘。2018 年，白坭镇举办首届乡贤文化节，开展"白坭古贤"系列宣传活动，充分挖掘本土的乡贤故事，并筹备出版"白坭乡贤文化丛书"，打造文化精品。同时，白坭镇启动了"发现'古镇新贤'"的活动，寻找各行各业的白坭人，充分发挥新乡贤的文化传承、价值引领的榜样作用，塑造知贤、崇贤、颂贤、学贤、当贤的氛围，打造当代白坭新乡贤的文化品牌、党建品牌。在传播新乡贤文化方面，白坭镇综合运用新媒体技术，推出"我为白坭代言"抖音秀，带动村民参加"基层网络传播乡村达人培养行动计划"培训活动，打造新乡贤达人、孵化乡村网红，推动新乡贤文化传播得更广、更远。

壮大新乡贤群体。2013 年以来，白坭镇在全镇建立了乡贤慈善会和家乡建设委员会，以此吸引和凝聚新乡贤，为利用新乡贤推动乡村治理现代化打下基础。据不完全统计，近三年来，全镇村组通过该组织筹集乡村建设资金近5000 万元，有力推动了乡村的各项建设。2019 年，白坭镇举办了首届"十大新乡贤"和"新贤突出贡献奖"评选活动，以"贤、能、德、善、文"为主要标准，把新乡贤分为红色乡贤、慈善乡贤、产业新贤、文化乡贤四个类别，基本上囊括了各行各业的精英人士，为新乡贤赋予了新时代的内涵，提高了新乡贤文化的知名度。白坭镇有意识地培育未来新乡贤的资源，将返乡大学生、退伍军人、各界能人作为新乡贤的后备主力军，帮助他们了解家乡发展概况以及未来规划，引导其返乡就业、创业，在党组织和村组织中担任职位，为新乡贤文化发展建立人才资源库。

白坭镇利用新旧媒体全方位展示本地新乡贤文化，打造了独具特色的新乡贤文化 IP，让新乡贤文化获得镇内外群众的认同，并号召镇民集体加入新乡贤文化的建构当中。此外，白坭镇以"贤、能、德、善、文"为评选标准，最大限度地吸纳各类新乡贤。同时，该镇也高度重视孵化新乡贤资源，为新乡贤提供人才资源库。对其他同样拥有深厚乡贤文化历史的地区来说，白坭镇的发展模式值得借鉴。

2. 唐村镇

唐村镇隶属于山东省邹城市，和白坭镇相似，拥有着深厚的乡贤文化底蕴。与此同时，唐村镇书记在基层调研中发现部分乡村事务超出了党务村务的范畴，村委会遭遇服务尴尬。因此，近年来该镇借助孔孟文化大力发展新乡贤文化，逐渐探索出一条凝聚新乡贤力量、加强基层治理的新模式。唐村镇的新乡贤文化建构工作主要由两部分组成，即创设制度和营造氛围。

创设制度，为新乡贤文化成长保驾护航。唐村镇为了留住、壮大新乡贤，基层党委明确把"深入推进新乡贤文明行动"写进镇党委有关文件中，将选拔培训、服务保障纳入培育体系，建立乡贤列席村两委会议和村民代表会议制度，创设"乡贤恳谈"制度，并在各村设立乡贤工作室，将每周一作为乡贤工作日，邀请乡贤参与村级"四议两公开"工作全过程，制定规范的活动章程和制度，还开办了新乡贤讲堂进行培训。唐村镇在广纳贤士的基础上严格要求，确保新乡贤的质量过硬，同时也为他们发挥作用创造有利条件，充分发挥新乡贤文化在涵养文明乡风、维持社会稳定、助力乡村振兴方面的积极作用。

营造氛围，为新乡贤文化发展提供养分。2016 年，唐村镇启动了"儒风唐韵"新乡贤文明行动，为新乡贤赋予新的时代内涵，积极开展"四德榜""身边好人""乡风文明户"等评选活动，在老党员、老干部、老教师等退休人员中广泛搜寻新乡贤，搭建传习文明新风平台。在发展新乡贤文化方面，唐村镇有针对性地开展活动：针对村民，在镇上建设邹鲁乡贤馆，开展家风家训收集和宣传活动，进一步提升新乡贤文化在村镇的影响力。针对中小学生，建立潘榛图书馆，开展小乡贤阅读工程。此外，设立潘氏家祠、西田泥塑馆、王炉乡贤馆、孔家河戏曲小院、马庄记忆小院、秦刘开心菜园等七个小乡贤成长基地，每周末组织中小学生参观体验。针对老年人，每年在端午节举办"敬老幸福餐"，每年重阳节给老人们送去长寿面，活动期间，乡贤说唱团自编节目入村巡演。另外，唐村镇组织编撰《新乡贤三字经》《读孟子 做乡贤》《新乡贤归来》等读本，并成立邹城市乡贤文化研究会，挂牌孟子研究院国学传播基地和孟子书院唐村分院。在这些举措的作用下，唐村镇形成了知乡贤、学乡贤、争做新乡贤的良好氛围，新乡贤文化已经成为该镇的一张新名片。

唐村镇有着自己独特的文化，在新乡贤文化工作中，政府充分发挥自身的优势，通过一系列制度保障，为新乡贤参与乡村工作、发挥自身优势提供机会。同时，政府开展多样化活动，为新乡贤文化扩大了知名度，提供了生力军。

### 3. 宁晋县

河北省邢台市宁晋县同样拥有着丰厚的乡贤文化资源，2017 年该县开始布局新乡贤文化建设工作，以两级乡贤组织建设为重点，将党的领导和民事民治结合。当前，宁晋县已建立起 3000 多人的新乡贤队伍，收集村民意见 1000 余条，成功化解矛盾纠纷 5000 余次。宁晋县的新乡贤文化建构经历了夯实基础和全面提升两个发展阶段。

夯实基础阶段：完善乡贤组织，整合乡贤资源。2017 年，宁晋县以苏家庄镇为试点地区，先行建立全县首个乡贤会，并通过举荐的方式从民间选出 60 余名新乡贤。短短两个月，乡贤会便成功化解村民矛盾纠纷 50 多起，河北省内多家媒体对此进行了高度关注和系列报道。苏家庄镇乡贤会的成功给县政府打了一剂“强心针”，县委经过多次对苏家庄镇建设工作的考察调研后，决定在全县逐步推广乡贤组织。为更好发挥乡贤会的作用，宁晋县创新组织方式，分为“一村一会”和“镇总会—村分会”两种建构思路，各地区可根据自身情况选择更为适用的组织模式。为壮大更多新乡贤群体，宁晋县以“贤”“德”为评选标准，充分吸纳本土新乡贤和返乡新乡贤。在新乡贤队伍建设的基础上，宁晋县还出现了“爱帮嫂”志愿服务队。

全面提升阶段：加强制度保障，提高乡贤能力。宁晋县政府高度重视新乡贤文化工作，考虑到县乡两级层面，制定了《关于培育和发展新乡贤的意见》，对新乡贤工作的基本原则、培育路径、培育措施、工作保障等多方面进行了明确的规定。乡贤组织也实行制度化管理，制订了乡贤培训制度，对新乡贤组织和个人的工作进行了规范。此外，乡贤会的工作都要在县委县政府、乡镇党委、村党组织的领导下开展。为了进一步激活新乡贤参与积极性、提升新乡贤的工作能力，宁晋县组织开展各类评选活动，如“模范新乡贤”“杰出新乡贤”等，并利用媒体进行宣传报道，大大增强了新乡贤的荣誉感。宁晋县还选拔出一批有能力的新乡贤，给予其村干部的职位，以此提高其参与乡村建设的积极性。此外，还定期邀请知名专家学者、优秀干部，对新乡贤及志愿者进行专题培训；建立评议监督机制，对新乡贤的工作进行评价和监督，保证新乡贤队伍的纯洁性。

宁晋县通过两个阶段的发展，对本县的乡贤资源进行了充分地整合，对新乡贤的工作意识和能力全面加强，有助于新乡贤积极投身家乡治理和建设，发挥自身的榜样力量，帮助村民解决矛盾纠纷、反映民情民意，有力促进了乡村的精神文明建设。

政府在建构新乡贤文化时，往往更加注重政策和制度的设立，能够在平台、资金、资源、环境等方面为新乡贤提供便利的服务和坚固的保障。同时，政府往往会通过村两委将新乡贤主动纳入乡村治理体系中。此外，在部分经济欠发达、乡贤文化历史较短的地区，存在物质条件和精神文化的双重短板，由上至下建构模式更能够在政策支持、资金投入、文化培育等方面发挥巨大作用，甚至是关键性的作用。当前，随着新乡贤文化的影响力越来越大，各地区政府也根据当地情况积极思考本土新乡贤文化的建构（表 6.2）。

**表 6.2　由上至下建构模式**

| 案例 | 发展优势 | 建构主体 | 工作重点 | 适用地区 |
|------|---------|---------|---------|---------|
| 白坨镇 | 祠堂文化 | 白坨镇党委 | 打造新乡贤文化 IP、壮大新乡贤群体 | 乡贤文化感染力弱或地方经济欠发达地区 |
| 唐村镇 | 孔孟文化 | 唐村镇政府 | 创设制度、氛围营造 | |
| 宁晋县 | 历史文化 | 宁晋县政府 | 完善乡贤组织、加强制度保障 | |

## 二、由下至上建构模式

### （一）概念

由下至上建构模式，指民间也就是新乡贤凭借自身力量自发建构新乡贤文化，助力家乡乡村振兴而形成的建构模式。在这个过程中，企业、乡贤群体、公益组织、精英人士等都可能是参与建构的主体，他们以乡情、乡愁为情感动力，凭借自己在某个领域取得的成就反哺桑梓，或回乡投资，或保护传统文化，或保护乡村生态，为乡村的各方面发展献计献策。

### （二）特点

较之以政府为主体的由上至下的新乡贤文化建构模式，由下至上建构模式呈现出以下几个特点：第一，新乡贤文化建构的主体构成更加丰富多元，可以是个人，也可以是组织，还可以是企业，又或者是综合性的群体；第二，该模式常常在乡贤文化或传统文化底蕴较深厚的地区出现，以乡情、乡愁为主线，新乡贤主动回归乡村，自发对接乡村发展的薄弱环节，或者利用自身所长去发展乡村的某个领域；第三，往往缺少成文的制度体系，或者说制度体系不严密、不完善，但是新乡贤之间会达成一种稳定的信念，在心中形成一套具有约束力的行为规范；第四，通常情况下，先是个人加入乡村建设，到了后期，影响扩大，成立新乡贤组织，促成共同参与，行为举止也会逐渐规范。

(三) 具体实践

在由下至上建构模式中，由于各地新乡贤文化资源的发展情况不统一，各地区新乡贤所采取的措施、开展的活动、参与的路径也不相同。接下来以苍葭冲、翔云镇和慈溪市为例进行详细说明。

1. 苍葭冲

苍葭冲所在的湖北省黄冈市罗田县三里畈镇新铺村是"荆楚家学第一村"，但是在十余年前，它还是一个"空心村"和贫困村。2008 年以来，在以丁汗平为代表的新乡贤的带动下，当地大力开发民俗文化，整治村容村貌，发展特色产业，凭借着全新的面貌成为"乡建网红村"和湖北首个美丽乡村建设培训基地。2019 年，丁汗平凭借自己十余年的无私奉献获得"全国离退休干部先进个人"的荣誉称号。丁汗平主要围绕着苍葭冲的"文化振兴""生态振兴""产业振兴""人才振兴"来开展工作。

文化振兴。苍葭冲文化底蕴深厚，为了充分利用当地历史文化，丁汗平重建公祠，整理家训宗谱，举行十大孝善之星颁奖晚会等，在村里重振先辈们耕读传家的优良传统，倡导文明乡风和淳朴民风。

生态振兴。为了让家乡变得更美更富，丁汗平从各方面着手改造。针对当地"一盘散沙"式的乡村治理体系，丁汗平利用自己退休干部和家族长辈的身份召开村民大会，成立七人议事小组，负责管理和监督村务，向村民承诺完成建设村塆的五大目标。为解决村里脏乱差的环境，他提出拆掉村民们私搭乱建的猪圈、茅棚等"五小建筑"，把家畜家禽集中圈养，建沼气池代替传统能源等，举办"十星级文明户"和环境卫生评比活动，并多方筹措资金，用来建设家乡的基础设施。

产业振兴。村里环境的改善不仅提高了村民生活的幸福感，同时也带动了乡村旅游产业的发展，来自全国各地的游客纷纷在乡建网红村打卡、在苍葭冲体验荆楚家学。2017 年，丁汗平建立了苍葭生态农业专业合作社，村民可凭资金、土地、闲置房屋、劳动力入股。运营第一年，合作社的营收就达到135 万元。专业合作社既是一个经济合作的组织，又是一个服务村民的组织，承担着服务村民的职能。合作社下设爱心基金会、乡风文明理事会、卫生管理协会、民俗文化协会等，各组织根据村民的需要提供服务。

人才振兴。除了自己努力投入家乡建设，丁汗平还发出倡议，号召所有退休干部加入新乡贤的队伍之中，反哺家乡。目前，苍葭冲的新乡贤已达到15人。在以丁汗平为代表的新乡贤的努力下，苍葭冲在文化、生态、产业、人才等方面都得到了提升，村民生活的幸福感得到了提高。

## 2. 翔云镇

福建省泉州市南安市翔云镇是一个革命老区，由于地理位置偏僻、道路交通不便，该地的经济发展受阻。然而正是这样的情况使得翔云镇的商人"爱抱团"、爱家乡。近年来，在乡情、乡愁的感染下，在外打拼的翔云人始终关心村镇的发展，主动参与乡村慈善公益，形成了"凝心聚力、振兴翔云"的良好氛围。翔云镇的新乡贤文化建设呈现出"以投资带动乡建，以慈善传承精神"的特点。

以投资带动乡村建设。2011 年，翔云镇商会成立，设立四大基金项目，为翔云镇的发展提供充足的资金保障。具体在以下几个方面进行捐助：基础设施方面，新乡贤共同捐助了 1030 万元，新建 3 条共长 12 公里的出镇公路，为乡村脱贫致富提供了便利的交通。乡村教育方面，新乡贤投入 520 万元成立中小学教育基金；组织成员开展一对一帮扶，每学年提供帮扶资金 6000 元，直至大学毕业；对于高考优秀学子，商会提供游学机会，帮助搭建一个学习和交流的平台；之后，商会将游学改为捐款 20 万元，用于奖学金发放和开展夏令营活动。乡村文化方面，新乡贤捐款 230 万元，建立文化活动中心。乡村就业方面，新乡贤主动为大学生提供职位。同时，2014 年，商会成立翔云青年联谊会，捐资 100 万元设立翔云青年发展基金。截至 2017 年底，商会累计捐资 600 多万元用于乡村慈善公益事业，商会成员个人捐款累计超 1 亿元。①

以慈善传承新乡贤精神。在商会善举的带动下，翔云镇形成尊师重教的良好风尚，村民们的慈善义举也蔚然成风。商会对于教育的捐助，一方面提高了乡村教育的质量，另一方面也增强了学子对家乡的热爱之情，为新乡贤提供后备军资源，这也是对当地新乡贤文化的传承。同时，翔云镇新乡贤的慈善义举也是对革命老区精神的延续，对地域文化发展起到了推动作用。

革命老区精神和商人资源是翔云镇发展新乡贤文化的优势所在，从镇上走出去的翔云人有着较强的凝聚力和感恩意识，并常以捐款的方式反哺家乡，因此，翔云镇的新乡贤文化建设呈现出"以投资带动乡建，以慈善传承精神"的特点。

## 3. 慈溪市

浙江省慈溪市是一个人杰地灵的好地方，当地人文资源深厚、名人志士辈出，涌现出黄震、虞洽卿、路甬祥、余秋雨等知名人士，在全国都有较大影响

---

① 张加荣、苏清彬：《大山深处播撒希望的慈善商会》，《中国社会组织》2018 年第 20 期。

力。走出去的慈溪人依然心系家乡，部分乡贤默默地为家乡发展提供援助。在这样的环境氛围下，慈溪市形成了特有的"慈孝"地域文化，"慈孝、包容、勤奋、诚信"也成为当地人共同的价值观。这就为当地新乡贤文化的发展创造了机会、提供了优势。2015 年，在裴一挥、任永江等返乡人士的带领下，慈溪市成立了乡贤研究会，并以"整合各方资源，推动地方发展，弘扬乡贤精神，服务社会各界"为目的，决心为家乡文化发展和经济建设贡献力量。慈溪乡贤研究会的工作以全面研究和综合实践为中心，取得了较大成效。

全面研究，整合新乡贤文化资源。慈溪市乡贤研究会成立之前，裴一挥、任永江等人进行了多方调研和考察，先后去往中国乡贤第一家——上虞乡贤研究会，与会长陈秋强进行了深入的探讨；并拜访了当地的新乡贤和部分企业家，争取他们的支持和赞同，以吸纳更多的新乡贤。慈溪市乡贤研究会成立之后，该研究会致力于凝聚内外乡贤的力量，提出了"十个一"的工作计划，将工作重点集中在地方新乡贤文化发展的学术研究上。在整合新乡贤文化资源方面，研究会创办《慈溪乡贤》杂志，对本地乡贤故事进行挖掘、整理和宣传；举办"慈溪乡贤文化诗歌奖"、书画展，在鼓励艺术创作的同时，也宣传慈溪地域文化，歌唱慈溪的乡贤文化建设；参与举办关于本地乡贤文化建筑活动，如建立乡贤铜像雕塑、乡贤亭等活动，通过这些仪式性活动加强乡贤与家乡之间的情谊；研究会还与高校对接，对本地新乡贤精神进行提炼和研究。

综合实践，推动全市文化建设和经济发展。慈溪市乡贤研究会积极联络、组织市内各乡镇，鼓励它们开展新乡贤文化建设，并为其乡贤工作传授经验、指明方向。对新乡贤的工作进行总结，评选年度爱心公益形象大使、优秀会员、乡贤贡献奖等，通过奖项激励新乡贤群体和组织积极投入家乡建设事业中。以研讨会、座谈会的形式不断邀请在外乡贤返乡，就家乡发展进行头脑风暴及文化宣传。慈溪市乡贤研究会还通过一系列文化活动搭建起一个服务内外乡贤的平台，从而为本地招商引资提供了便利的渠道，为在外新乡贤群体返乡提供了动力。

慈溪市的新乡贤文化建设工作依托乡贤研究会，该会以新乡贤文化研究为中心工作，多次举办形式丰富的文化活动，不仅激活了当地的新乡贤文化基因，而且对于地域文化的发展也有助益。同时，该研究会通过这些文化活动搭建了一个便利的经济平台，对家乡经济产业有促进作用。此外，在进行新乡贤文化研究的同时，该研究会不忘脚踏实地，不断将学术研究运用到生活实践中，为全市新乡贤文化建设提供援助，并邀请新乡贤返乡参与家乡建设，发挥了新乡贤文化的优势。

来自民间的力量在建构新乡贤文化时，虽然在政策、制度等方面缺乏先天的优势，但是民间的资金、技术等资源要素会更加活跃，往往能够触发当地建构新乡贤文化的创新机制。同时，在乡村治理中，民间的新乡贤或组织通常更容易接近村民，能够有效化解邻里纠纷和矛盾，涵养文明乡风。同时，在乡贤文化底蕴深厚的地区，更容易形成以民间力量为主导的由下至上的建构模式。在现阶段，越来越多的地区建立新乡贤组织，对本土的新乡贤资源进行整合，使得民间的新乡贤文化发展更加规范、体系更加健全（表6.3）。

表 6.3　由下至上建构模式

| 案例 | 发展优势 | 建构主体 | 工作重点 | 适用地区 |
|---|---|---|---|---|
| 苍葭冲 | 民俗文化 | 丁汗平等退休干部 | 文化振兴、生态振兴、产业振兴、人才振兴 | 地域文化历史深厚、乡贤文化基因强，或地方经济发展好的地区 |
| 翔云镇 | 革命老区、商人群体 | 慈善商会 | 筹募资金 | |
| 慈溪市 | 地域文化、名人资源、经济基础 | 乡贤研究会 | 全面研究、综合实践 | |

## 三、上下联动建构模式

### （一）概念

上下联动建构模式，指在政府和民间双重推动的强大合力下形成的建构模式。两者各司其职，对当地新乡贤文化的发展进行系统严密的筹划，激活乡村资源，从而助力乡村振兴战略的实施。上下联动建构模式是一种较为常见的发展模式。

### （二）特点

较之由上至下建构模式和由下至上建构模式，上下联动建构模式中涉及政府和民间两股力量，在双元建构主体的影响下，上下联动建构模式呈现以下两个特征。

双元建构主体使得该模式会出现两种方向不同的类型，一种先政府后民间，也就是政府依据当地发展情况先行进行新乡贤文化的顶层设计，再鼓励新乡贤作为主体力量加入其中，为乡村发展献计献策；另一种是先民间后政府，当地已经有民间力量参与新乡贤文化建设，政府为加速或规范其发展而加入其中，为新乡贤发挥作用提供政策、制度等。

双元建构主体能够增强建构效果，使得该模式能够广泛应用于各地。在上下联动的建构模式中，虽然政府和民间力量的投入顺序不同，但均体现了政府与民间力量的互动，综合了两者的合力优势，同时也能满足不同地区的建构需求，因此，这在新乡贤文化的实践中也越来越普遍。但是由于该模式涉及主体多，在实践中需要注意协调政府和民间的关系，使两者在沟通中协作、在协商中建构。

（三）具体实践

由于不同乡村的文化基因有差别，并且地方政府乡村治理的经验偏好不同，各地区在上下联动建构模式的形成过程中也有所差异。本节选择上虞区和永川区两个建构过程略有不同的案例进行介绍。

1. 上虞区

浙江省绍兴市上虞区有着丰厚的乡贤文化资源，当地的乡贤数量多且覆盖各个领域，这就为上虞乡贤文化的建构提供了先天优势。作为全国最早开展乡贤文化研究的地区，上虞已经和新乡贤文化的发展紧密相连，新乡贤成为当地乡村振兴中不容忽视的重要力量。上虞区的乡贤文化研究被《光明日报》、中央电视台等多家主流媒体报道，"上虞现象"也成为全国样本被广泛学习，引发了其他地方对乡贤文化的讨论与思考。上虞的新乡贤文化建构经历了"挖掘、培育、内化"三个发展阶段，当地政府和民间社团组织全程参与。

挖掘新乡贤文化资源阶段。2001 年，上虞成立了乡贤文化研究会，致力于挖掘当地的乡贤文化资源、弘扬优秀乡贤精神，从而为本地经济社会的发展助力。乡贤文化研究会对当地从古至今的乡贤及其事迹进行了挖掘和梳理，先后出版了《上虞名人遗墨》《上虞名贤名人》《上虞乡贤文化》等文化价值较高的著述，并创办报刊《上虞乡贤报》，修建乡贤馆，创立乡贤之家；上虞区拥有不少珍贵的名人文物，乡贤文化研究会重修了多座名人建筑；修订了多个传统乡贤的家规家训；为团结在外乡贤，成立春晖校友会、虞商联谊会，与乡贤保持信息交流和情感联络。

上虞区政府也高度重视对新乡贤文化资源的挖掘，从"走出去"和"请进来"两个方面开展新乡贤工作。"走出去"策略即建立区领导联系走访制度，成立各类联络组织，借助虞商联谊会、同乡会等与乡贤保持长期联络，以促进资金回流、项目回归、信息回传、人才回乡；"请进来"即为乡贤提供政策优惠，优化本地政务环境，提高工作效率。同时，为新乡贤发挥作用提供参与平台，如特色小镇、"四季仙果之旅"等，提高新乡贤回乡的吸引力。在乡村治理层面，上虞区政府设立专业民间调解机构，如老娘舅工作室，推动"乡警回归"，引导新乡贤发挥亲缘、人缘、地缘优势，实施"乡贤＋"三大工程，促进乡村社会和谐发展。

培育新乡贤群体阶段。上虞乡贤文化研究会为培育新乡贤、扩大潜在新乡贤群体，为地方发展提供生力军，启动了"青蓝工程"，工程名字取自"青出于蓝而胜于蓝"，用老一辈乡贤带动新一辈乡贤。此外，该研究会还在乡镇建立了乡贤文化研究会分会，在社区设立乡贤传承基地。通过这些措施，上虞的新乡贤文化、新乡贤精神、新乡贤血脉能够得以延续和传承，并在青年群体中扎根、开花、结果。

新乡贤文化内化于心阶段。乡贤文化研究会在纪念日邀请国内外专家学者开展学术交流和专题研讨，进一步提炼上虞的乡贤文化精神，并加以传播和弘扬。在政府和乡贤研究会的共同努力下，上虞的新乡贤文化建设既有政策支撑、平台优势，又有广泛的新乡贤群体参与，越来越充满活力，全区形成了"人人学乡贤、人人做乡贤"的良好氛围。当前，越来越多上虞人自发成为新乡贤的一员，2018 年当地的新乡贤人数达到 8615，新推出的"乡警回归"项目也吸引了 678 名乡村警察加入。上虞的新乡贤文化内核已经深嵌于乡民的工作和生活之中，渗透到当地的每一个角落。

上虞区的新乡贤文化建构无疑是值得学习和借鉴的，从挖掘新乡贤资源到培育新乡贤群体，再到新乡贤文化内化于心，这三个阶段相辅相成，不断升级。在这个过程中，上虞乡贤文化研究会和区政府稳扎稳打、脚踏实地，与乡民携手向前，为乡贤文化赋予了新的生机和活力，让新乡贤文化大放异彩。

2. 永川区

2015 年，重庆市永川区为建设乡村，开始培育当地的新乡贤文化。2017年，永川区依托本土新乡贤文化发展基础，率先探索出了"三堂共治"的基层治理模式，在"学理堂""传理堂""评理堂"的帮助下，永川区不断推进自治、法治、德治"三治合一"的治理模式，为新时代乡村治理提供了可供参考的模式范本。2018 年，永川区凭借"乡贤评理堂"荣获"全国创新社会治理最佳案例奖"。永川区的新乡贤文化以政府和乡贤评理堂为建构主体。

政府由上而下的支持推动。永川区委区政府高度重视新乡贤文化的建构，2015 年该区从 261 个村（社区）中先后评选出 1009 名新乡贤，其中多数新乡贤是来自基层的普通人，他们有威信、接地气，能够与群众打成一片。之后为了探索乡村治理新模式、践行"枫桥经验"，永川区政府决定在全区设立乡贤评理堂，发挥新乡贤群体的作用，帮助化解乡村纠纷、调解村民矛盾。在遴选乡贤评理员的过程中，区政府优中选优，多次召开区委常委会、开展调研工作，严格遵循 7 道程序、20 字标准，最终从 1009 名新乡贤中评选出 107 名代表，并赋予其引领乡风文明、宣讲法律政策、调处矛盾纠纷、反映社情民意、倡导移风易俗等五个职能职责。同时，107 个乡贤评理堂也在各村成立，这些评理堂的建立因地制宜，有的建在文化中心、法治大院旁，有的则直接利用公共服务中心等场地，方便村民找寻、求助，政府也会对评理堂的建设提供物质资助。

乡贤评理堂由下而上的自治探索。实践证明，乡贤评理堂的作用不容小觑：2018 年，乡贤评理堂成功化解了 2082 件矛盾纠纷，共收集反映社情民意信息 1837 条，形成贴近村民生活实际的村规民约 150 余份，牵头创建平安示范大院 41 个。借助乡贤评理堂的力量，永川区基本实现了"小事不出院、矛盾不上交、邻里更和谐"的局面。

永川区的新乡贤文化建设证明，新乡贤在化解矛盾纠纷、反映社情民意方面有着天然的优势。乡贤评理堂在政府的支持和推动下建立，在本土新乡贤的努力下发展，在推进自治、法治、德治相结合的过程中发挥了更大的作用。永川区的乡贤评理堂是对基层治理机制的创新，促进了基层协商民主，带来了政府治理和村民自治的良性互动，也推动了乡风文明的传承，为全国各地探索治理和发展模式提供了借鉴。

在新乡贤文化的建构过程中，新乡贤组织在改善乡村社会秩序、传承乡风文明、化解村民矛盾、促进经济发展等方面发挥了重要作用。而政府的加入则为新乡贤组织提供了坚实的政策和制度保障，也为其后续发展提供了动力支持。地方政府和来自民间力量的良性互动，能够形成一种推动新乡贤文化向好、向上、向善发展的合力，能够为新乡贤文化的建构和后续发展提供源源不竭的动力（表 6.4）。

表 6.4　上下联动建构模式

| 案例 | 发展优势 | 建构主体 | 工作重点 | 适用地区 |
|---|---|---|---|---|
| 上虞区 | 乡贤文化 | 上虞区政府、乡贤文化研究会 | 挖掘乡贤文化资源、培育新乡贤群体、新乡贤精神内化于心 | 普遍适用 |
| 永州区 | 社会关联度高 | 永州区委区政府、乡贤评理堂 | 自治、法治、德治相结合 | |

## 四、新乡贤文化建构模式的差异化选择

当前，我国在新乡贤文化建构的过程中基本形成了三种模式，即由上至下建构模式、由下至上建构模式、上下联动建构模式。当然这些模式并不都是

"万金油"，各地区建构模式的选择需要因时因地制宜，主要根据乡村类型来确定，而乡村类型又与社会关联度和经济发展水平密切相关。其中社会关联度是指乡村内部人与人之间具体关系的性质、程度和广泛性，它是村民在乡村社会内部结成的各种具体关系的总称。[①] 乡村社会关联度的高低受到乡村集体记忆、宗族传统、利益联结等多个变量的影响。一般而言，乡村社区记忆越深刻、宗族影响越大、利益联结越广泛，乡村的社会关联度就越高，村民的民主意识和行动能力就越强。[②]

黄君录和何云庵两位学者根据社会关联度和经济发展水平两个变量，将我国的乡村分为四种类型：社会关联度和经济发展水平均高的属于经济发达的聚合型乡村；社会关联度高、经济发展水平低的是经济欠发达的聚合型乡村；社会关联度低、经济发展水平高的属于经济发达的离散型乡村；社会关联度和经济发展水平均低的是经济欠发达的离散型乡村。[③] 根据这四种乡村类型，结合上述各地新乡贤文化建构案例，本节对不同类型乡村的适用模式进行了分类，具体分类如表 6.5 所示。

**表 6.5　新乡贤文化建构模式的差异化选择**

| 村庄类型 | 社会关联度 | 经济发展水平 | 适用模式 |
| --- | --- | --- | --- |
| 经济发达的聚合型乡村 | 高 | 高 | 由下至上建构模式/上下联动建构模式 |
| 经济欠发达的聚合型乡村 | 高 | 低 | 由下至上建构模式/上下联动建构模式 |
| 经济发达的离散型乡村 | 低 | 高 | 由上至下建构模式/上下联动建构模式 |
| 经济欠发达的离散型乡村 | 低 | 低 | 由上至下建构模式/上下联动建构模式 |

通过上面的差异化选择表可知：第一，"上下联动"建构模式有较强的包容性，普遍适用于各个地区，原因有二。其一，当前中央政府、地方政府以及各个村庄高度重视新乡贤文化的建构，强调在乡村振兴战略中发挥新乡贤的角色价值；其二，就当前新乡贤文化的建设实践来说，不论是政府推动还是民间带动，最终政府和民间都会参与到新乡贤文化的建构中，为其贡献力量和智慧。第二，社会关联度是制约新乡贤文化建构模式选择的决定性要素，在社会关联度高的地区，民间推动模式较为适用，这是因为当地的地域文化基础深厚、新

---

[①] 贺雪峰、仝志辉：《论村庄社会关联——兼论村庄秩序的社会基础》，《中国社会科学》2002 年第 3 期。

[②] 黄君录、何云庵：《新时代乡村治理体系建构的逻辑、模式与路径——基于自治、法治、德治相结合的视角》，《江海学刊》2019 年第 4 期。

[③] 同上。

乡贤文化资源优势明显，新乡贤文化的建构容易沿着自下而上的路径展开。第三，经济发展水平对新乡贤文化建构模式的选择影响较小，这与当前国家对于新乡贤文化的重视相关，中央政府和地方政府乐于支持乡村开展新乡贤文化建构工作。但是，这并不意味着经济发展水平对文化建构的作用小，相反，在经济发展水平高的乡村，其新乡贤文化建构的难度更低，发展的水平更高。

在实践中新乡贤能够发挥榜样的力量，能够在经济产业、生态保护、乡风文明、人才回流等方面发挥作用，可以有力地推动乡村治理体系和管理能力的现代化，是实现乡村振兴的重要力量之一，也是乡村建设中不可或缺的珍贵资源。乡村建设要成功借力新乡贤，离不开新乡贤文化建构和传播，在新乡贤文化多维建构和立体传播中，使其能够感动人、激励人。因此在发展新乡贤文化时，既要注意对传统乡贤文化进行批判性继承，充分挖掘传统乡贤文化的资源和精神内核，并加以提炼；又要注重传播手段的运用，通过全方位、多角度、立体化的文化宣传，增强新乡贤文化和精神的知名度、影响力、感染力，使每一个村民和村外人都能感受到新乡贤的力量和精神，不断推动社会对新乡贤文化的认同，引领各界自觉加入到建构工作中来。此外，在新乡贤开展实际工作中，如何确立其权威身份的合法性也是重要的一环，它决定着新乡贤工作的水平和质量。在这个环节中，需要政府主动发挥作用，不断推进乡村治理进程。

"每座村庄都会有自己独特的脾气和秉性。"综合上述案例，我们发现：模式并不代表标准答案，好的模式应当有千变万化的实际执行方案。对于新乡贤文化的建构而言，无论是"由上至下"还是"由下至上"，抑或是"上下联动"，这些模式的选择都要经过一系列的调研考察。一方面，需要考虑到乡村的文化基因，特别是新乡贤文化的发展基础，在新乡贤文化发展基础好的地区，民间力量很可能会自发自觉自动为乡村发展尽心尽力；在新乡贤文化发展较差或经济基础薄弱的地区，则需要地方政府发挥功能，为其制定适用的建构模式，并引导村民接受、认可新乡贤文化。另一方面，也要考虑到村民的习惯偏好，对于村民习惯自行协商解决村务的地区，政府只需稍加引导，在制定新乡贤文化的相关规范后可大胆放手，由乡村自由建构，政府履行好监督职能即可；而在村民习惯政府规划的地区，民间带动模式则不适用，需要政府对新乡贤文化的建构制定严密的计划方案，然后进行执行。

所以，各地建构新乡贤文化时都应该结合地方文化特征、因时因地制宜，从而培育出各具特色的、多元的新乡贤文化。同时，我们也应该看到，无论是哪种建构模式，最终都需要政府和民间力量的共同参与，任何一方都不会是"袖手旁观"的。因此，在建构过程中需要眼光高远，立足社会，推动政府、新乡贤、村民三者全面参与，从而发挥出新乡贤文化的最大效用。

# 参考文献

[1] 费孝通. 乡土中国 [M]. 上海：华东师范大学出版社，2017.

[2] 瞿同祖. 清代地方政府（修订译本）[M]. 北京：法律出版社，2011.

[3] 袁灿兴，陈明. 中国乡贤 [M]. 北京：新星出版社，2015.

[4] 杜赞奇. 文化、权力与国家：1900—1942 年的华北农村 [M]. 南京：江苏人民出版社，2010.

[5] 田原史起. 日本视野中的中国农村精英：关系、团结、三农政治 [M]. 济南：山东人民出版社，2012.

[6] 秦晖. 传统十论——本土社会的制度、文化及其变革 [M]. 上海：复旦大学出版社，2004.

[7] 吉尔特·霍夫斯泰德. 文化与组织：心理软件的力量 [M]. 李原，孙建敏，译. 北京：中国人民大学出版社，2010.

[8] 爱德华·泰勒. 原始文化 [M]. 连树声，译. 桂林：广西师范大学出版社，2005.

[9] 郭于华. 仪式与社会变迁 [M]. 北京：社会科学文献出版社，2000.

[10] 詹姆斯·凯瑞. 作为文化的传播："媒介与社会"论文集 [M]. 丁未，译. 北京：中国人民大学出版社，2019.

[11] 约翰·杜威. 公众及其问题 [M]. 上海：复旦大学出版社，2015.

[12] 郎友兴，张品，肖可扬. 新乡贤与农村治理的有效性——基于浙江省德清县洛舍镇东衡村的经验 [J]. 中共浙江省委党校学报，2017（04）：16-24.

[13] 靳业葳. 新乡贤组织的制度设置与治理机制创新 [J]. 财经问题研究，2017（10）：126-131.

[14] 萧子扬，黄超. 新乡贤：后乡土中国农村脱贫与乡村振兴的社会知觉表征 [J]. 农业经济，2018（1）：74-76.

[15] 张兆成. 论传统乡贤与现代新乡贤的内涵界定与社会功能 [J]. 江苏师范大学学报（哲学社会科学版），2016（04）：154-160.

[16] 胡鹏辉，高继波. 新乡贤：内涵、作用与偏误规避 [J]. 南京农业大学学报（社会科学版），2017（1）：20-29.

[17] 李秀芸，杨雪英，李义良. 比较语境下新乡贤内涵之探讨 [J]. 江苏海洋大学学报（人文社会科学版），2020（03）：118-126.

[18] 王文峰. "新乡贤"在乡村治理中的作用、困境及对策研究 [J]. 未来与发展，2016（08）：87-91.

[19] 杨琴. 三治合一：乡村治理新模式——以浙江省上虞区祝温村为典型案例 [J]. 农村经济与科技, 2017 (22)：7-8＋13.

[20] 范景鹏. 乡村振兴战略中的新乡贤统战工作 [J]. 统一战线学研究, 2018 (4)：86-91.

[21] 刘淑兰. 乡村治理中乡贤文化的时代价值及其实现路径 [J]. 理论月刊, 2016 (02)：78-83.

[22] 王洋. 浅析乡村振兴中新乡贤文化的传承和发展 [J]. 人文天下, 2018 (15)：49-54.

[23] 高德. 乡村治理视域下乡贤文化的时代价值及其实现路径 [J]. 文化学刊, 2019 (08)：124-126.

[24] 舒隽. 乡村治理变迁与新乡贤的当代表达 [J]. 浙江工商大学学报, 2018 (05)：125-133.

[25] 刘传俊, 姚科艳. 乡村振兴背景下乡贤文化的时代价值与建设路径 [J]. 华中农业大学学报（社会科学版）, 2019 (6)：14-20.

[26] 张兴宇, 季中扬. 新乡贤：基层协商民主的实践主体与身份界定 [J]. 江苏社会科学, 2020 (02)：156-165＋243-244.

[27] 陈燕. 二元结构下乡村文化变迁的差序传播与重构 [J]. 新闻界, 2017 (09)：44-48.

[28] 徐浪静, 陆小赛, 王励. 档案治理现代化视域下文化礼堂价值建构研究 [J]. 浙江档案, 2020 (05)：58-60.

[29] 李兴亮. 符号、认同与文化经济：新媒体时代乡贤文化的主要作用与传播策略 [J]. 新闻研究导刊, 2016 (03)：6-8.

[30] 许思文. 新乡贤文化建设的实践与探索 [J]. 群众, 2017 (23)：64-65.

[31] 赵培浩, 彭先国. 乡村自治视角下传统乡贤的社会角色分析 [J]. 农村. 农业. 农民（B版）, 2019 (03)：50-52.

[32] 季中扬, 胡燕. 当代乡村建设中乡贤文化自觉与践行路径 [J]. 江苏社会科学, 2016 (02)：171-176.

[33] 李金哲. 困境与路径：以新乡贤推进当代乡村治理 [J]. 求实, 2017 (06)：87-96.

[34] 钱念孙. 乡贤文化为什么与我们渐行渐远 [J]. 学术界, 2016 (03)：38-44.

[35] 付翠莲. 乡村振兴视域下新乡贤推进乡村软治理的路径研究 [J]. 求实, 2019 (04)：76-83＋111-112.

[36] 任九光. "乡贤"的历史发展与近代突变——兼论新乡贤建设应汲取的历史经验教训 [J]. 教育文化论坛, 2016, 8 (03)：123-130.

[37] 张会会. 明代乡贤祭祀与儒学正统 [J]. 学习与探索, 2015 (04)：155-160.

[38] 赵浩. "乡贤"的伦理精神及其向当代"新乡贤"的转变轨迹 [J]. 云南社会科学, 2016 (05)：38-42＋186.

[39] 许晰美, 王树松. 马克思文化动力观对城乡文化一体化的指导意义 [J]. 理论观察, 2016 (10)：10-11.

[40] 任淑艳. 城乡一体化发展需有原则推进 [J]. 辽宁行政学院学报, 2013, 15 (06)：157-159.

[41] 胡剑南. 乡村振兴战略背景下的乡村文化研究 [J]. 重庆社会科学，2019 (05)：
　　　120-128.

[42] 李学同，李菲. 毛泽东统筹兼顾思想试析 [J]. 岭南学刊，2015 (01)：83-88.

[43] 张天佐. 乡村振兴战略研究 [J]. 当代农村财经，2018 (08)：2-9.

[44] 应小丽. 乡村振兴中新乡贤的培育及其整合效应——以浙江省绍兴地区为例 [J]. 探
　　　索，2019 (02)：118-125.

[45] 谢芬. 乡村振兴背景下的新乡贤文化建设探析 [J]. 农村经济与科技，2019，30
　　　(11)：258-260.

[46] 孙邦金，边春慧. 新乡贤参与乡村治理的功能再生与制度探索 [J]. 广西师范大学学
　　　报 (哲学社会科学版)，2019，55 (06)：54-62.

[47] 刘宝宏. 内生需求外生需求及其营销管理模式 [J]. 东北财经大学学报，2003 (05)：
　　　68-72.

[48] 熊烨，凌宁. 乡村治理秩序的困境与重构 [J]. 重庆社会科学，2014 (06)：23-29.

[49] 贺雪峰. 乡村振兴与农村集体经济 [J]. 武汉大学学报 (哲学社会科学版)，2019，72
　　　(04)：185-192.

[50] 贺雪峰. 乡村基层组织弱化不得 [J]. 中国老区建设，2012 (06)：17.

[51] 卢志朋，陈新. 乡贤理事会：乡村治理模式的新探索——以广东云浮、浙江德清为例
　　　的比较分析 [J]. 云南行政学院学报，2018，20 (02)：96-102.

[52] 张加荣，苏清彬. 大山深处播撒希望的慈善商会 [J]. 中国社会组织，2018
　　　(20)：35.

[53] 贺雪峰，仝志辉. 论村庄社会关联——兼论村庄秩序的社会基础 [J]. 中国社会科学，
　　　2002 (03)：124-134＋207.

[54] 黄君录，何云庵. 新时代乡村治理体系建构的逻辑、模式与路径——基于自治、法
　　　治、德治相结合的视角 [J]. 江海学刊，2019 (04)：226-232.

[55] 王敏静. 兴平市新乡贤文化建设研究 [D]. 西安：西安理工大学，2019.

[56] 边春慧. 新乡贤文化研究 [D]. 温州：温州大学，2018.

[57] 王伟林. 乡村振兴背景下的乡贤文化传承与应用研究 [D]. 济南：山东大学，2019.

[58] 徐丹. 中国新乡贤文化建设研究 [D]. 株洲：湖南工业大学，2018.

[59] 刘阁. 政治文化视角下的乡贤治理研究 [D]. 南京：南京师范大学，2018.

[60] 张雯婧. 新乡贤文化的时代价值及其发展 [D]. 杭州：浙江理工大学，2018.

[61] 庞申伟. 榜样文化及其当代建设研究 [D]. 长沙：湖南大学，2017.

[62] 陈宝玲. 强镇改革缘起与进程研究：一个制度变迁视角 [D]. 南昌：南昌大学，2018.

[63] 张玉娟. 明清时期乡贤祠研究——以河南乡贤祠为中心 [D]. 开封：河南大学，2009.

[64] 程渝. 城乡统筹发展中城乡文化冲突及整合研究 [D]. 成都：西南石油大学，2012.

[65] KITA S M. Barriers or enablers? Chiefs, elite capture, disasters, and resettlement in
　　　rural Malawi [J]. Disasters，2019 (1)：135-156.

[66] SHEELY R. Mobilization，Participatory Planning Institutions，and Elite Capture：Evi-

dence from a Field Experiment in Rural Kenya [J]. World Development, 2015 (3):
251-266.

[67] HAN H, GAO Q , Community-based welfare targeting and political elite capture: Evidence from rural China [J]. World Development, 2019 (3): 145-159.

[68] WEGREN S K. Socioeconomic Transformation in Russia: Where is the Rural Elite? [J].
Europe-Asia Studies, 2000, 52 (2): 237-271.

[69] ROMERO F A, PEREZ R V. Beyond Lords and Peasants: Rural Elites and Economic
Differentiation in Pre-modern Europe [J]. American Journal of Obstetrics & Gynecology, 2014, 156 (6): 1473-9.

[70] SUSANNE S. Conditioned receptiveness: Nordic rural elite perceptions of immigrant
contributions to local resilience [J]. Journal of Rural Studies, 2018, 64 (11):
220-229.

[71] PANIAGUA A. Geographical trajectories, biographical determinants and (new) place
political elites in selected remote rural areas of north-central Spain [J]. The
Geographical Journal, 2015, 181 (4).

[72] ZHANG F L, WEI Z P. Rural Elite Flow and Protection of Intangible Cultural
Heritage in the Social Transformation Period [J]. Journal of Landscape Research,
2017, 9 (05): 82-90.

[73] BRANDA S A. The Global Cultural city Spatial Imagining and Polities in the (Multi)
cultural Market Place of South-east Asia [J]. Urban Studies, 2005 (6): 945-958.

[74] MCCARTHY J. The Application of Policy for Cultural Clustering: Current Practice in
Scotland [J]. European Planning Studies, 2006 (3): 397-408.

# 后　记

　　本书选题来源于本人主持的国家社会科学基金一般项目"乡村振兴战略中新乡贤文化建构与传播研究"（项目批准号 19BXW074），是项目研究中的一个重要子课题，本书内容是该项目的阶段性研究成果。

　　我对乡贤文化的最早感知来自我童年时代对我祖父的印象。我祖父曾是家乡的私塾先生，乡亲们亲切地称他为"穿长衫的文化人"，在当地有较高的威望。我老家的刘家祠堂是一座规模较大、漂亮气派的四合院，曾作为当地小学所在地发挥教学育人的主要功能。我母亲是这所学校的教师，因而我的童年和小学求学阶段大部分时间在这座祠堂里度过。现今祖父的模样依然清晰，祠堂那扇古朴厚重的大门和那方洒进阳光、仰望星空的天井也从未在我记忆中消逝和远去。这种童年就植入的记忆伴随着我走到今天，并经时间的窖藏而演化成对新乡贤文化的关注和思考。

　　2004 年，我加入中国民主建国会，以民建会员身份建言献策。这期间，开始涉足"三农"问题研究，多半围绕"农家书屋"建设和管理、新型职业农民培养等话题撰写社情民意稿件，得到民建湖南省委的采用。2013 年，我主持湖南省社科基金重点课题"城乡资源统筹提振百姓文化伟力研究"，在这项课题研究中，着重分析城乡资源的不同，探求以工促农、以城带乡的作用机制。这些点滴积累为国家社科基金研究的进行和本书的写作打下了较好的基础。

　　2019 年，我成功申报国家社科基金课题，以新乡贤文化为研究对象，这是对我自己原先研究视角的一次切换。乡村文化千姿百态、内涵丰富，新乡贤文化是其重要组成部分。新乡贤文化作为当下乡村一种新型文化形态，生长于乡村肥沃土壤之中，致力于社会主义新农村建设和乡村振兴战略的实施，具有独特魅力与价值。建构好这种文化形态以更好地发挥其价值，是解决乡村文化空洞化的关键举措之一，因而萌生了写作本书的念头，期望能对新乡贤文化建设有较好的参考作用。凭着这份兴趣与激情，我一方面研读文献，从现有研究成果中汲取营养；一方面关注实践，从乡村广袤大地获取鲜活案例。经过一年多的努力，终于完成书稿的写作。捧着书稿，内心百感交集，书稿中的一字一句既是我对新乡贤文化建构整体研究的内容呈现，更是我热爱乡村、钟情于新乡贤文化的情感释放！

本书写作得到了湖南大学新闻与传播学院博士生导师向志强教授的大力支持和无私帮助。在选题确定、框架搭建、观点凝练等方面，向教授以他敏锐的学术思维和扎实的学术功底给予了专业指导，使得书稿具备理论的高度和宽广的视野；同时，向教授还挤出宝贵时间为本书撰写序言，进行点评。在此，谨对向教授表达崇高的敬意和诚挚的感谢！

本书写作中参考和吸收了众多专家学者的重要观点和研究成果，囿于篇幅，未能一一注明，谨向众多专家学者表示深深的谢意。

为了提升学生的科研水平和能力，特让研究生加入国家社科基金课题研究团队。2018 级硕士研究生刘彧冰、谢惠莹、毛言、戴璐、刘子勤、董子昂、王虹，2019 级硕士研究生万颖、刘宇轩、曾潇、陈然、彭玉洁、何芷萱参与了课题研讨、资料搜集、调查问卷设计、实地走访等环节，他们思想活跃，勤奋好学，本书的有些观点来自他们的思考，真心为他们点赞。

本书出版获得湖南大学出版社 2020 年度图书出版基金立项资助。该社党总支书记雷鸣和总编室陈建华、邹丽红对本书的出版给予了高度的关注，副总编王和君、社长助理刘峰对本书进行了认真的审阅，责编方雨轩聪慧、热情、负责，为本书的顺利出版付出了辛勤劳动，在此一并致谢！

受认知水平影响，本书难免存在漏误，恳请读者朋友不吝赐教，以期在后续研究中进行修正和提升。

**刘社瑞**
2020 年 6 月于长沙岳麓山凤凰村寓所